Band 463

OutdoorHandbuch

Fabian Schmitz

Survival

Überleben in der Wildnis

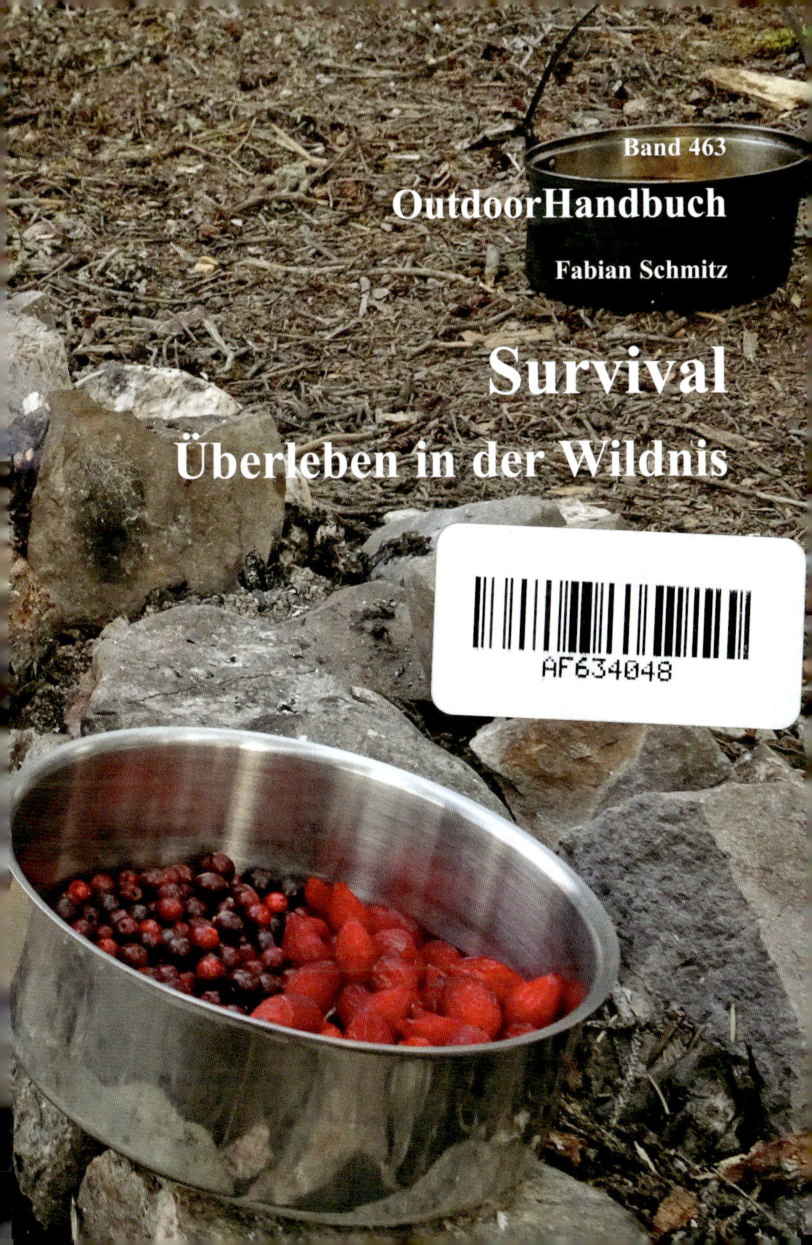

Survival · Überleben in der Wildnis

Der Autor und der Verlag sind für Lesertipps und Verbesserungen (besonders per E-Mail) unter Angabe der Auflagen- und Seitennummer dankbar.

Dieses OutdoorHandbuch hat 192 Seiten mit 113 farbigen Abbildungen. Es wurde auf chlorfrei gebleichtem Papier gedruckt, in Deutschland klimaneutral hergestellt und transportiert und wegen der größeren Strapazierfähigkeit mit PUR-Kleber gebunden.

Klimaneutral
Druckprodukt
ClimatePartner.com/53106-2207-1027

Dieses Buch ist im Buchhandel und in Outdoor-Läden erhältlich und kann im Internet oder direkt beim Verlag bestellt werden.

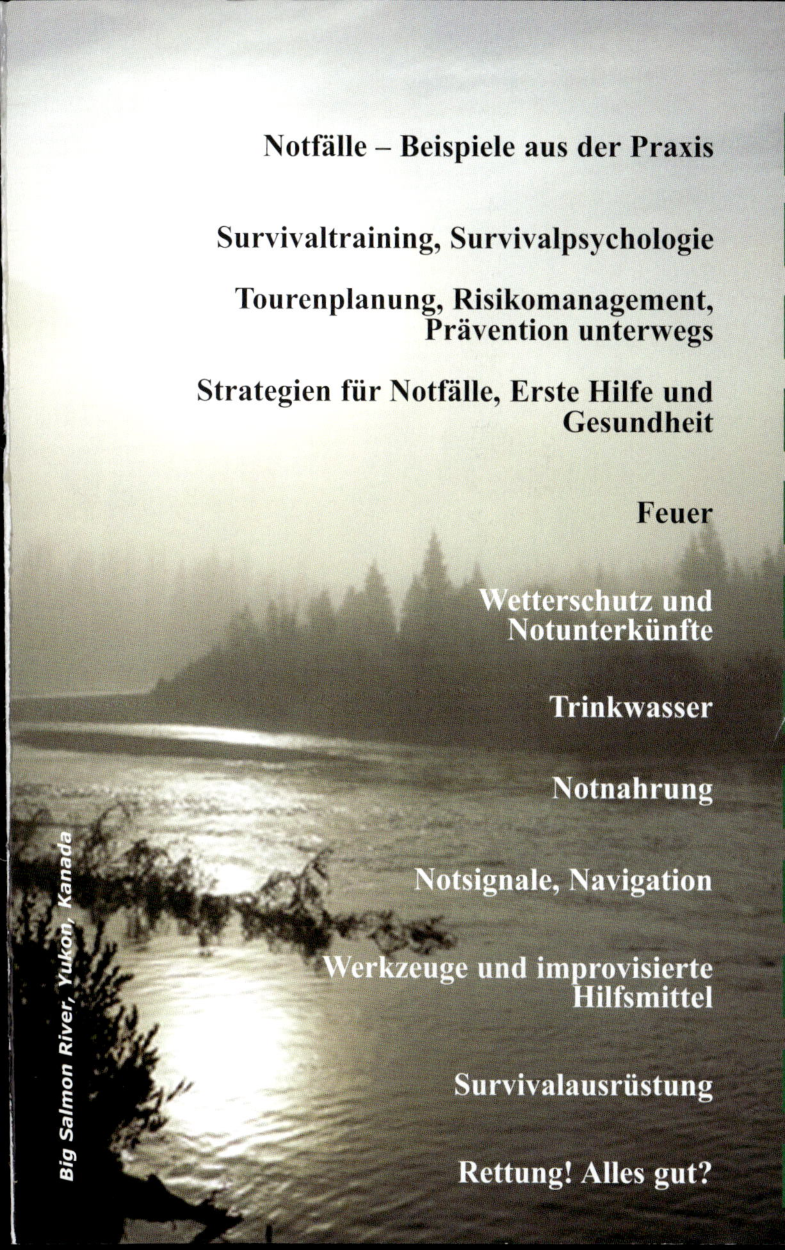

Big Salmon River, Yukon, Kanada

Notfälle – Beispiele aus der Praxis

Survivaltraining, Survivalpsychologie

Tourenplanung, Risikomanagement, Prävention unterwegs

Strategien für Notfälle, Erste Hilfe und Gesundheit

Feuer

Wetterschutz und Notunterkünfte

Trinkwasser

Notnahrung

Notsignale, Navigation

Werkzeuge und improvisierte Hilfsmittel

Survivalausrüstung

Rettung! Alles gut?

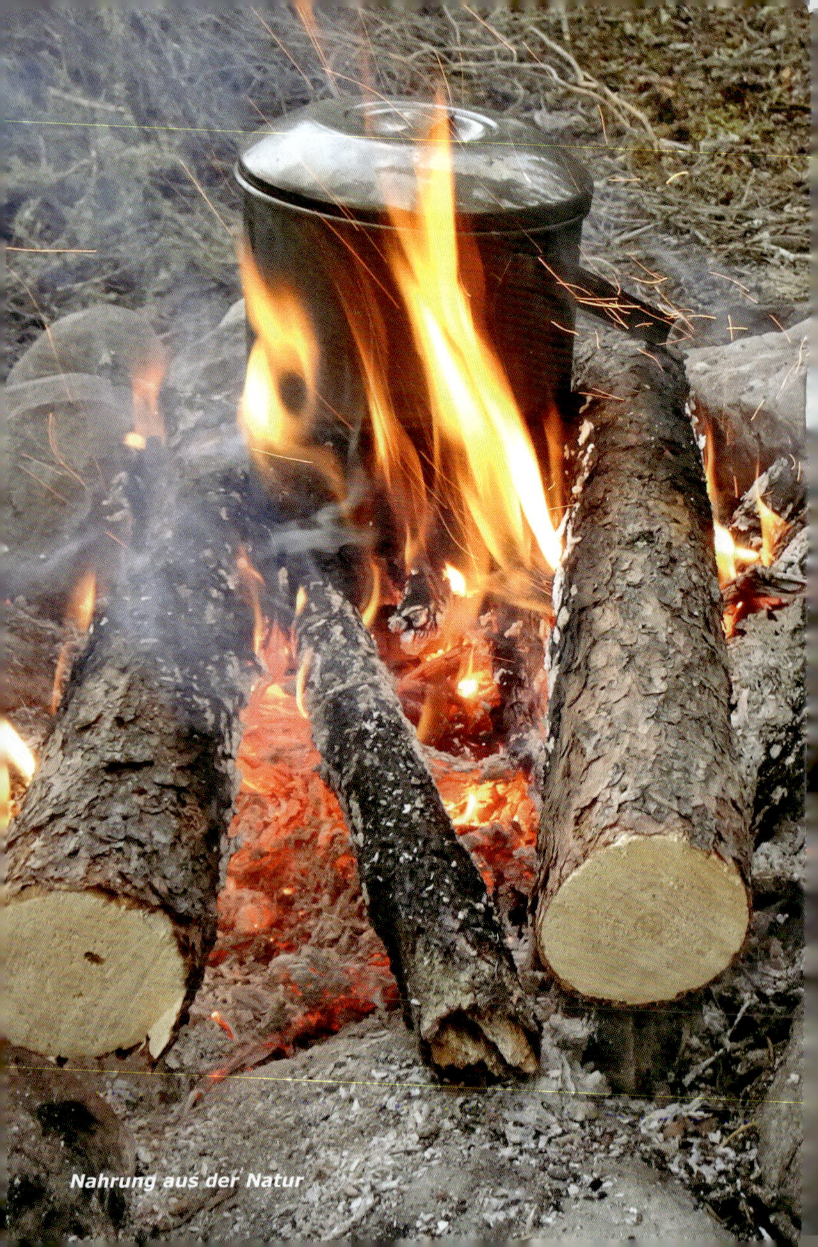
Nahrung aus der Natur

OutdoorHandbuch Band 463

ISBN 978-3-86686-785-7 Nachdruck der 1. Auflage 2022

Text und Fotos: Fabian Schmitz
Illustrationen: Manuela Dastig
Lektorat: Amrei Risse
Layout: Alexandra Sauerland und Manuela Dastig

Gesamtherstellung: AZ Druck und Datentechnik GmbH, Kempten

Dieses OutdoorHandbuch wurde konzipiert und redaktionell erstellt vom:

Conrad Stein Verlag GmbH, Kiefernstr. 6,
59514 Welver, ☏ 023 84/96 39 12
info@conrad-stein-verlag.de,
www.conrad-stein-verlag.de

Besuchen Sie uns bei Facebook & Instagram:

www.facebook.com/outdoorverlag

www.instagram.com/outdoorverlag

Titelfoto: Survivaltraining am Teslin River, Yukon, Kanada

Inhalt

Haftungsausschluss

Dieses Buch soll Lesern und Leserinnen helfen, Notsituationen zu vermeiden und im Extremfall sinnvolle Entscheidungen zu fällen und potenziell lebensrettende Maßnahmen einzuleiten. Ein solches Buch kann in keinem Fall praktisches Training mit einem Experten ersetzen und darf lediglich als Diskussionsbeitrag zu einer umfangreicheren Survivalausbildung betrachtet werden.

Es unterliegt vollends der Verantwortung der Leser und Leserinnen, die nötigen Kenntnisse und Techniken für Aktivitäten in der Wildnis zu erlangen. Autor und Verlag übernehmen keinerlei Verantwortung und sind nicht haftbar für mögliche Schäden oder Verletzungen, die aus der Umsetzung der hier beschriebenen Techniken entstehen.

Einige beschriebene Techniken sind in manchen Gebieten illegal und nur für die Anwendung in Notfällen gedacht. Es liegt in der Verantwortung der Leser und Leserinnen, sich über geltende Gesetze und Verordnungen zu informieren und sich daran zu halten.

Dank

Eine ganze Reihe toller Menschen haben zu diesem Buch beigetragen!

In der weltweiten Survival- und Bushcraftgemeinschaft wird das Lernen von- und miteinander großgeschrieben. Über fast drei Jahrzehnte habe ich von anderen Enthusiasten, Buchautoren und Survivaltrainern lernen dürfen. Ich möchte all jenen danken, die meinen Lernprozess so positiv beeinflusst haben. Dazu gehören auch die vielen Teilnehmer meiner Survivalkurse und Wildnistouren, die mich mit interessanten Fragen immer auf Trab halten und zum weiteren Lernen anspornen!

Besonders erwähnen möchte ich meinen alten Freund Thomas Ittel, der vor vielen Jahren in Bezug auf Survival eine Tür geöffnet hat. Mein Dank gilt außerdem meinem Freund Stefan Wackerhagen und den Survivaltrainern Rainer Besser, Argus Eymann (†), Kelly Harlton, Dale Kiselyk und Mors Kochanski (†), welche die faszinierende Welt hinter dieser Tür mit Leben füllten und mich zu weiterem Lernen inspirierten.

Nicole Berger, Michael und Ulrike Schmitz, Elke Stoltenberg und Stephan Klump haben bei den Korrekturen am Manuskript geholfen und mit ihren kritischen Kommentaren erheblich zu dem Ergebnis, das Sie nun in den Händen halten, beigetragen. Danke!

Der größte Dank gilt Claudia Wickert, ohne deren fantastische Unterstützung und Geduld dieses Projekt niemals möglich gewesen wäre.

Einleitung

Mit großen Augen starrte der kleine Waldkauz von seinem Ast herunter. Langsam hob ich die Kamera und schoss ein paar Bilder von dem Vogel, bevor er sich wieder in die Lüfte schwang und davonflog. Plötzlich knackten ein paar Zweige im Wald und ein paar Stücke Rotwild waren zu sehen. Vorsichtig bewegte ich mich in ihre Richtung, doch die Tiere hatten mich schon längst bemerkt und verschwanden im Dickicht.

Damals arbeitete ich im Schwarzwald und hatte einen freien Tag. Ich schlief am Morgen erst einmal aus und startete meinen Tag später als geplant. Mit dem Mountainbike fuhr ich ein paar Kilometer in den Wald. Auf einer Wanderkarte hatte ich ein kleines Sumpfgebiet entdeckt und wollte es erkunden und ein paar schöne Fotos heimbringen.

Am Ziel angekommen bemerkte ich, dass ich das Fahrradschloss vergessen hatte. Also versteckte ich es abseits des Weges in einem Gebüsch. In diesem Moment flog der Waldkauz an mir vorbei. Aufgeregt rannte ich der kleinen Eule hinterher zu der Baumgruppe, wo sie gelandet war.

Nun war der Waldkauz verschwunden, die Rothirsche hatten Reißaus genommen. Ich beschloss, zu meinem Rad zurückzukehren und meine Exkursion etwas gezielter fortzusetzen. Ich stolperte durch das Gestrüpp und folgte einem Wildwechsel in die Richtung meines Ausgangspunktes. Schon nach ein paar Schritten wurde mir bewusst, dass ich mich vertan hatte. Also korrigierte ich meine Richtung und marschierte los. Mir wurde schnell klar, dass ich erneut danebenlag.

Insgesamt hatte ich mich nur 200 bis 300 m von dem Wanderweg und meinem Fahrrad entfernt, dabei jedoch komplett meine Orientierung verloren!

Das gesamte Gebiet war eigentlich nicht besonders weitläufig und komplett von einem Wanderweg umrundet. Wenn es mir gelingen würde, in einer geraden Linie zu laufen, müsste ich also in spätestens 2 km wieder auf den Weg stoßen. Egal in welcher Richtung.

Keine Chance! Die Sonne war hinter dichten Wolken versteckt und ich schaffte es nicht, in einer geraden Linie zu laufen. Stundenlang irrte ich – vermutlich immer wieder im Kreis – durch Wald, Dickicht und Sumpf. Schließlich stand ich knietief im Feuchtgebiet. Nun waren auch noch meine Schuhe, Socken und die Hose nass.

Dann ging die Sonne unter und es wurde dunkel. Nach ein paar weiteren Stunden Stolperei durch die Dunkelheit rissen endlich die Wolken auf und der Mond kam zum Vorschein. Im hellen Mondlicht konnte ich wieder besser sehen und plötzlich hatte ich einen Wanderweg unter den Füßen. Nach ein paar Kilometern auf dem Pfad fand ich schließlich mein Fahrrad und machte mich auf den Weg nach Hause.

Diese Geschichte war in vielerlei Hinsicht eine äußerst lehrreiche Erfahrung. Ich hatte Glück und fand zurück zum Wanderweg. So entstand nie eine wirklich lebensbedrohliche Situation. Dennoch handelt es sich um ein Paradebeispiel dafür, wie sich viele Notsituationen entwickeln: durch eine Vielzahl von meist kleinen Fehlern, die in der Summe ein großes Problem ergeben.

Ich war erst spät aufgestanden und hatte meinen Ausflug mehrere Stunden später begonnen als geplant. Ich hatte niemandem Bescheid gegeben, wohin ich wollte. Es hätte mich also auch niemand gezielt suchen können, wenn mein Wegbleiben schließlich bemerkt worden wäre. Am Zielort angekommen, wurde ich abgelenkt und rannte wie mit Scheuklappen hinter dem Waldkauz her, ohne auf meine Umgebung oder wenigstens eine grobe Richtung für den Rückweg zu achten.

Als ich bemerkte, dass ich mich verlaufen hatte, hielt ich nicht inne und plante meine weiteren Aktionen mit Bedacht. Stattdessen stolperte ich kopflos durch die Gegend und machte die Situation dadurch erst einmal schlimmer. Hätte ich die Nacht dort im Wald verbringen müssen, hätte ich sicherlich gelitten, weil ich durch meine Kopflosigkeit meine Bekleidung und Schuhe durchnässt hatte.

Die größte Lehre aus meinem misslichen Ausflug jedoch zog ich in Bezug auf meine mentale Verfassung. Die Stunden im Wald waren eine emotionale Achterbahn! Als ich nicht mehr wusste, in welche Richtung ich laufen musste, bekam ich einen richtigen Schrecken und Adrenalin schoss nur so durch meinen Körper – ein Survivalmechanismus, der uns in Notsituationen kurzfristig „unter Drogen setzt“ und so Energie freisetzt und Schmerzen erträglich macht. In der Folge habe ich mich dann über meine Schusseligkeit geärgert. Ich bekam eine ganz undefinierte und allgemeine Angst, schämte mich für meine Blödheit und wollte auf gar keinen Fall die Hilfe von z. B. Suchtrupps in Anspruch nehmen und mich jemandem erklären müssen. Dann kamen plötzlich Hoffnung und fast schon Euphorie auf, als ich dachte, ich hätte den richtigen Weg eingeschlagen – nur wieder gefolgt von Frustration und sogar Traurigkeit, wenn ich merkte, dass die

Lösung doch nicht vor mir lag und ich wieder falsch gelegen hatte. Bei all dem hatte ich auch gleichzeitig den Eindruck, mich selbst zu beobachten, und ich war erstaunt, all diese Gefühlsregungen bei mir ausmachen zu können. Diese doch recht kühle und distanzierte Beobachterrolle wiederum ermöglichte mir dann eine etwas objektivere und analytische Betrachtungsweise meiner Situation.

In den Jahren danach und auch besonders während meiner freiwilligen Arbeit als Retter bei Search & Rescue in Kanada, aber auch als Survivaltrainer und Erste-Hilfe-Ausbilder dachte ich oft an diese aufwühlenden Stunden im Schwarzwald zurück. Viele Leitfäden für das richtige Verhalten in Stress- und Notsituationen scheinen davon auszugehen, dass man völlig objektiv und rational die Lage betrachten kann. Davon konnte bei mir damals keine Rede sein. Und ich halte mich eigentlich für einen recht besonnenen und rationalen Typen.

Als ich mit der Arbeit an diesem Buch begann, war es mein Ziel, einen Leitfaden zu erarbeiten, der zum einen dabei helfen soll, diese sich langsam „anschleichenden" Notsituationen, die aus vielen kleinen Fehlern entstehen, bereits so früh zu erkennen, dass die große Katastrophe vermieden werden kann, bevor sie entsteht. Zum anderen will ich Ihnen dabei helfen, in Notlagen zielgerichtete, rationale Entscheidungen zu fällen und nicht einfach kopflos herumzustolpern, egal ob sich die Situation langsam entwickelt oder plötzlich und brutal zugeschlagen hat.

Ich hoffe, dass Sie nach der Lektüre dieses Buches eine bessere Risikoanalyse während der Tourenvorbereitung durchführen. Und dass Sie unterwegs auf Tour aufmerksamer und bewusster sind in Bezug auf Ihre Situation, um Probleme ganz zu vermeiden oder bereits frühzeitig lösen zu können.

Außerdem hoffe ich, dass Sie neue Techniken und Improvisationsmöglichkeiten lernen, um mit möglichen Notlagen umzugehen. Mögen Sie diese Tricks und Kniffe viel und häufig anwenden – zum Üben und zum Spaß oder weil Sie sie auf Ihren Touren als praktisch empfinden. Aber hoffentlich nie, weil Ihr Leben davon abhängt!

Notfälle – Beispiele aus der Praxis

In unserer persönlichen Entwicklung lernen wir durch Erfolge, aber eben auch durch Fehler. Zum Glück müssen wir nicht alle Fehler selbst machen, sondern können auch bei anderen abschauen, wie es eher nicht geht oder was man vielleicht besser machen könnte und sollte. Oder aber auch, wie sich Notleidende richtig verhalten haben und dadurch ihr Leben retten konnten.

Wenn es um das Überleben von Unfällen und Notfällen in der Wildnis geht, lassen sich leicht zahlreiche Beispiele finden. Sie müssen nur einmal die Zeitungen oder die Tiefen des Internets durchstöbern. Die meisten Nachrichtenbeiträge geben nicht genug Details preis, um alle Aspekte der Geschehnisse nachvollziehen zu können. Ganz sicher aber eignen sich diese Fälle, um aufzuzeigen, dass eben doch immer wieder etwas passieren kann – auch wenn die meisten Wanderer, Urlauber und Reisenden denken, dass sie vor Unglück gefeit seien. Und hin und wieder werden bei diesen Fällen auch öffentlich Einzelheiten diskutiert, die für unsere Zwecke durchaus interessant sind.

Ich habe hier ein paar Beispiele von Notfällen zusammengetragen, die sich in den letzten Jahren zugetragen haben. Es handelt sich dabei um eine bunte Mischung aus Ereignissen, die ich in internationalen Nachrichten gefunden habe.

Ich hoffe, dass diese Geschichten dabei helfen, die Notwendigkeit für eine sorgfältige Tourenvorbereitung und eine entsprechende Kenntnis von Überlebensstrategien in Notfällen zu verdeutlichen.

11 Tage durch die Wildnis von Manitoba

Im August 2017 berichtete die kanadische Nachrichtenseite von CBC über zwei deutsche Touristen, die mit ihrem Kanu auf einem abgelegenen Fluss gestrandet waren. Die beiden jungen Männer hatten sich zu einer dreiwöchigen Bootstour aufgemacht, mit dem Ziel, die Hudson Bay zu erreichen. Unterwegs mussten sie durch etliche Stromschnellen navigieren. Am Ende des elften Tages jedoch wurde das Kanu in einer dieser Stromschnellen so stark beschädigt, dass sie die Tour abbrechen mussten.

Weitab von jeglicher Zivilisation beschlossen die beiden, ihren Rückweg zu Fuß anzutreten. Von dem Gepäck, das die Havarie überstanden hatte, nahmen die beiden Deutschen nur das Wichtigste mit, um die zu tragende Last klein zu halten.

Rund 115 km kämpften sich die beiden durch die Wälder und Sümpfe der kanadischen Provinz Manitoba, bis sie schließlich eine Straße in der Nähe von Gillam erreichten und dort um Hilfe bitten konnten. Mehrmals täglich mussten sie auf ihrem Weg Flüsse durchschwimmen.

Den CBC-Reportern berichteten sie, dass es eine der größten Herausforderungen gewesen sei, eine positive Einstellung zu behalten. Die beiden Abenteurer hatten mit Heerscharen von Mücken, hohen Temperaturen am Tag und Eiseskälte in der Nacht, nassen Schuhen und einem beinahe undurchdringlichen Gelände zu kämpfen. Zunächst dachten die beiden, dass die Wanderung zurück in die Zivilisation etwa vier bis fünf Tage dauern würde. Tatsächlich brauchten sie aufgrund des schwierigen Terrains mehr als doppelt so lange.

Ortsansässige, die sich der beiden annahmen, bewunderten die mentale Stärke und Ausdauer, die die jungen Männer auf ihrer Odyssee bewiesen hatten. Aber es gab in den Medien auch einige Stimmen, die Kritik äußerten. Das Kanu sei für eine solche Wildnistour nicht geeignet gewesen und die beiden hätten nicht genügend Erfahrung für die Durchführung einer solch anspruchsvollen Wildwasserkanutour gehabt. Auch die fehlenden Satellitenkommunikationsgeräte wurden erwähnt, hätten sie es doch ermöglicht, direkt Hilfe anzufordern. Dadurch hätte man das Risiko der Querfeldeinwanderung vermeiden können.

Motorboot ade!

Drei Jäger begaben sich auf eine mehrtägige Tour mit dem Motorboot auf einem der riesigen Seen im kanadischen Yukon-Territorium. Laut einem Bericht der Agentur „The Canadian Press“ hatten die Männer ihren Ausflug gerade erst begonnen, als sie sich entschieden, an Land zu gehen, um nach Wild zu suchen. Keiner der drei band jedoch das Motorboot am Ufer fest. Und während sie die Hänge des Sees und der umliegenden Berge nach Wild absuchten, drehte der Wind unerwartet und trieb das ungesicherte Boot auf das offene Wasser hinaus. Die Seen im Norden Kanadas sind selbst im Sommer – und erst recht im späten Herbst – mit einer Wassertemperatur von nur wenigen Grad über dem Gefrierpunkt meist zu kalt zum sicheren Schwimmen und so geriet das Boot außer Reichweite.

Die Jäger hatten ihren Familien genaue Details zur geplanten Route gegeben und wussten, dass sie ein paar Tage später gesucht werden würden. Ausgestattet nur mit der Bekleidung am Leib, einem Messer, mehreren Feuerzeugen, einem schwimmfähigen Rettungsanzug und Ferngläsern, bauten sie sich einen improvisierten Unterschlupf aus Fichtenreisig. Sie entzündeten ein Feuer zum Warmbleiben und als Notsignal, ernährten sich von reifen Hagebutten und tranken das Wasser des Sees. Außerdem legten sie den grellbunten Rettungsanzug gut sichtbar am Strand aus, damit Retter die Gruppe vom Hubschrauber aus besser sehen würden.

Tatsächlich alarmierten die Familien nach der ausbleibenden Rückkehr vier Tage später die Polizei. Nachdem das Auto am See gefunden wurde, suchte ein Hubschrauber die Ufer ab und wurde fündig. Die drei konnten ohne gesundheitliche Schäden gerettet werden.

Ich habe einen der Beteiligten bei einer Vortragsreihe zum Thema „Sicherheit in der Wildnis" kennengelernt und es war ausgesprochen spannend, seinen Bericht aus erster Hand zu hören. Besonders interessant fand ich die emotionale Komponente. Obwohl die Jäger relativ ruhig blieben, wurden sie mit einem Auf und Ab der Gefühle konfrontiert, während sie ihr Boot auf dem See schwimmen sahen. Immer wieder trieb der Wind das Boot näher ans Ufer, was Hoffnung aufkeimen ließ. Dann wurde es jedoch wieder abgetrieben und schließlich nahmen die Wellen so zu, dass das Boot komplett mit Wasser volllief.

Trotz ihrer erheblichen Wildniserfahrung kam es zu diesem – glücklicherweise glimpflich ausgegangenen – Malheur. Keiner der drei hatte sich für die Sicherheit des Motorbootes verantwortlich gefühlt, alle waren freudig erregt gewesen ob der anstehenden Jagd.

Manchmal reicht ein kleiner Moment der Unaufmerksamkeit. Zum Glück hatten die drei in der Vorbereitung der Tour alles richtig gemacht und die Familien genauestens über ihre Pläne informiert. Außerdem hatten sie ein paar wichtige Hilfsmittel an sich. Ein kleines, wohl sortiertes Survivalkit in der Gürteltasche hätte den Aufenthalt bestimmt noch etwas angenehmer gestalten können.

Allein in die Wildnis

Greg S. hatte einige anstrengende Jahre hinter sich und freute sich auf ein paar Tage alleine inmitten unberührter Natur. Bereits ein Jahr lang hatte er die Kanutour in das Wildnisgebiet des Big Island Lake in dem US-Bundesstaat Michigan geplant. Laut „The Detroit News" hatte der 29-Jährige zwar kaum Wildniserfahrung, war jedoch hervorragend ausgerüstet und hatte sich sehr gut auf seinen Ausflug vorbereitet. Er plante eine entspannte Zeit im Busch und wollte beim Angeln in den Seen seine Ruhe genießen.

Im September 2019 machte er sich auf den Weg zu einem abgelegenen Camp auf einer der Inseln im McInnes-See. Dafür paddelte er etliche Kilometer durch verschiedene vorgelagerte Seen und trug Kanu und Ausrüstung über die verbindenden Portagen. Bereits am ersten Abend erreichte er sein Ziel.

Als Greg S. jedoch nach der vereinbarten Zeit nicht wieder daheim auftauchte, alarmierte seine besorgte Ehefrau die Behörden und eine Suche nach dem vermissten Kanuten wurde ausgelöst. Tatsächlich wurden Polizei und Ranger fündig. Aber die Retter kamen um Tage zu spät. Die darauf folgenden Ermittlungen ergaben, dass sich Greg bereits am ersten Abend eine lebensgefährliche Verletzung zugezogen hatte.

Die Ermittler gehen davon aus, dass er bei dem Versuch, seine Lebensmittel vor wilden Tieren sicher zwischen die Bäume zu hängen, auf dem nassen und glitschigen Untergrund ausgerutscht und dabei auf das Messer in seiner Hand gefallen war. Dabei hatte er sich mit der Klinge einen tiefen, lebensbedrohlichen Schnitt im Oberschenkel zugezogen.

Die Behörden gehen ferner davon aus, dass er – trotz seiner Versuche, die Blutung erst mit einer Bandage zu stoppen und die Wunde dann abzubinden – innerhalb von etwa zehn Minuten verblutet war.

Mit seinem Revolver hatte er mehrere Schüsse als Notsignal abgegeben, die in der Nebensaison und so weit ab von anderen Campern jedoch ungehört verhallt waren. Der Hilferuf an seine Frau, den er per SMS abschickte, wurde erst empfangen, als Polizei und Ranger seine Ausrüstung zurück in die Zivilisation gebracht hatten. Draußen in der Wildnis hatte er keinen Empfang gehabt.

Vermisste Wanderer nach 19 Tagen in Neuseeland lebend gefunden

Nach einem Bericht der BBC hatten sich Jessica O. und Dion R. Anfang Mai 2020 zu einer etwa einwöchigen Wanderung in Neuseelands Kahurangi-Nationalpark aufgemacht. Doch nachdem sich die beiden Abenteurer im dichten Nebel verlaufen hatten, kam es zu einem Sturz, bei dem sich beide verletzten. Die beiden beschlossen, an Ort und Stelle zu bleiben, und schlugen auf einer kleinen Lichtung ihr Lager auf. Sie fanden in der Nähe des Lagers Trinkwasser und entzündeten ein Lagerfeuer.

Neun Tage nach dem Start ihrer Wanderung begannen die Behörden mit der Suche nach den beiden Vermissten. Die Anstrengungen der Rettungskräfte blieben zunächst erfolglos. Schließlich entdeckte die Mannschaft eines Suchhubschraubers jedoch den Rauch des Feuers zwischen den Bäumen und die Bergung der beiden Wanderer konnte erfolgen.

Die Polizei berichtete, dass zwar das Essen ausgegangen sei, die beiden aber ansonsten in guter Verfassung gewesen seien. Besonders gelobt wurde, dass sie sich an Ort und Stelle niedergelassen und versucht hatten, mit einem Signalfeuer auf sich aufmerksam zu machen.

Tod auf dem Appalachian Trail

Technisch sind die meisten Abschnitte des bekannten Appalachian Trail, eines rund 3.500 km langen Fernwanderwegs im Osten der USA, eher einfach zu bewältigen. Der gesamte Weg ist gut markiert und die größte Herausforderung liegt wohl eher in der benötigten Ausdauer der Wanderer.

Im April 2013 begab sich die 66-jährige Geraldine L. auf den Appalachian Trail. Zunächst wanderte sie mit einer Freundin, die jedoch noch vor dem Endpunkt des bekannten Wanderwegs aufgab. Geraldines Ehemann begleitete seine Frau mit dem Auto und traf die Wanderin an vereinbarten Treffpunkten, um sie bei der Versorgung oder auch mit der ein oder anderen Hotelnacht abseits des Wanderwegs zu unterstützen. Zu einem dieser Treffen tauchte Geraldine jedoch nicht auf und die Behörden leiteten die Suche nach ihr ein.

Auf der Suche nach einem abgelegenen Ort, um sich zu erleichtern, hatte Geraldine den markierten Wanderweg verlassen und nicht mehr zurückgefunden. Diese Erkenntnis wurde aus dem Tagebuch gewonnen, das sie während ihrer verzweifelten Zeit im Wald weiterführte. Ohne Orientierung hatte sie zwei Tage lang vergebens nach einem Ausweg gesucht. Dabei hatte sie auch versucht, per Mobiltelefon ihren Mann zu kontaktieren – ohne Erfolg. Durch ihre Suche nach dem Wanderweg hatte sie sich nur noch mehr verirrt und weiter von ihrem Ziel entfernt. Immer noch im Besitz ihrer gesamten Ausrüstung hatte sie schließlich ein Lager aufgeschlagen und auf Hilfe gewartet.

Als Geraldines sterbliche Überreste schließlich ganze zwei Jahre später von einem schockierten Forstarbeiter gefunden wurden, hatte sie in ihren Notizen auch mehrere Nachrichten für ihre Familie verfasst.

Die Auswertung der Einträge lässt keinen Zweifel daran, dass sie sich sehr bewusst gewesen war, dass sie dort draußen sterben würde. Tatsächlich überlebte sie mit den wenigen vorhandenen Vorräten nach ihrem Verschwinden noch etwa einen Monat lang.

Geraldines Lager befand sich in einem dichten Waldstück. Nur etwa 60 m weiter war der Wald offener und wäre gut einsehbar gewesen. Eine sichere Forststraße lag nur etwa 25 Minuten weit weg und der gut markierte Appalachian Trail war weniger als 3 km entfernt.

Noch mal davongekommen? Lernen wir daraus!

Wir können aus solchen Fällen, wie sie oben beschrieben sind, hoffentlich lernen. Es ist aus der Ferne und im warmen Wohnzimmer sitzend leicht, diese Menschen für begangene Fehler abzuurteilen. Stattdessen können wir jedoch auch versuchen, uns in ihre Lage zu versetzen, und überlegen, wie wir reagiert hätten, was man hätte besser machen können und wie man die prekäre Situation vielleicht hätte vermeiden können.

Ich müsste lügen, wenn ich behauptete, dass bei meinen Wanderungen, Kanutouren, Winterausflügen usw. immer alles glattgegangen wäre. Besonders zu Beginn meiner fast 30-jährigen Leidenschaft für Outdoor- und Wildnisabenteuer lief nicht immer alles rund.

Auf einer mehrwöchigen Wanderung in Nordschwedens Wildnis standen wir einmal vor einem Fluss, der für uns – anders als geplant – nicht sicher zu durchqueren war. Die gesamte Tour musste umstrukturiert werden und wir hatten ein paar harte Tage vor uns.

Auf einer dreiwöchigen Skitour mit ein paar Freunden riss die Gummidichtung eines Benzinkochers und setzte fast die gesamte Biwakhütte mitsamt unserer Ausrüstung in Flammen.

Bei einer schlecht geplanten Kanutour verloren meine Freundin und ich die Kontrolle über unser Boot und wurden unter einen umgestürzten Baum gezogen. Am Ende war das Kanu schwer beschädigt und wir beide wegen falscher Bekleidung unterkühlt.

Beim Sportklettern passte mein Sicherungspartner nicht richtig auf und ich stürzte aus fast 15 m beinahe ungebremst zu Boden. Warum ich mir damals nichts gebrochen habe, ist mir immer noch nicht klar.

Während eines Ausflugs mit dem Hundeschlitten versagte die Bandscheibe und ich lag mit enormen Schmerzen und bewegungsunfähig auf dem Boden einer Blockhütte abseits jeglicher Straßenanbindung. Ohne die warme Hütte wäre der Ausgang für mich im winterlichen Wald bei frostigen Minusgraden vielleicht ein anderer gewesen.

Haben Sie auch schon das ein oder andere Mal gedacht: „Das war knapp!"? Solche Momente hat vermutlich jeder schon einmal erlebt.

Ignorieren Sie diese Grenzerfahrungen nicht! Sie sind ausgesprochen wichtig und stellen eine Chance dar. Sie ermöglichen uns zu lernen, besser zu werden und unsere Touren und Ausflüge sicherer zu gestalten.

Aber bitte verstehen Sie mich hier nicht falsch! Ich rufe gewiss nicht zu unsicheren Aktionen zu Lernzwecken auf. Ich fordere nur dazu auf, im Falle von möglicherweise erlebten schwierigen oder sogar gefährlichen Situationen eine genaue Analyse vorzunehmen, damit Sie in Zukunft Ihren Ausflug in die Wildnis sicherer genießen können.

Survivaltraining

Damit Sie im Notfall Survivaltechniken auch unter Stress, erschöpft oder vielleicht sogar verletzt und unter widrigen Wetterbedingungen sicher anwenden können, müssen Sie im Vorfeld dieses Handwerk nicht nur erst erlernen, sondern auch danach regelmäßig üben.

Das Tolle daran ist, dass **Survivaltraining** für Wildnisreisende nicht nur sinnvoll ist, sondern vor allem auch Spaß macht. Und viele der Tricks und Kniffe lassen sich auch im Tourenalltag sinnvoll anwenden und dadurch immer wieder üben.

Ein Buch zu lesen – so wie dieses hier – ist ein guter Anfang. Aber letztendlich ist es wichtig, die Theorie auch draußen in der Wildnis in die Praxis umzusetzen. Vergleichen Sie Survival mit anderen Aktivitäten wie etwa Skilaufen. Eigentlich ganz einfach – wenn man weiß, wie es geht und entsprechend geübt hat. Sie würden aber nicht auf die Idee kommen, nur ein Handbuch zu lesen und sich dann ohne Erfahrung oder praktische Anleitung durch einen Profi mit ein paar Brettern an den Füßen einen Berg herunterzustürzen.

Ich habe mich am Anfang nur mit dem einen oder anderen Survivalbuch unter dem Arm aufgemacht und im Wald geübt, wie man Unterstände baut oder ein Feuer macht. Oft kam ich dabei an meine Grenzen. Entweder weil die Erklärungen nicht ausreichend waren oder weil ich etwas nicht richtig verstanden hatte.

Wirklich große Fortschritte habe ich immer dann gemacht, wenn ich entweder gemeinsam mit Freunden geübt oder von jemandem mit mehr Erfahrung – sei es ein professioneller Survivaltrainer oder einfach ein Freund oder Bekannter – etwas gezeigt bekommen habe. Die Kombination aus Demonstration und der anschließenden Möglichkeit, es selbst auszuprobieren, während eine erfahrene Person Manöverkritik übt, ist einfach unschlagbar.

Auch heute noch besuche ich gerne Kurse und Seminare von anderen Wildnisexperten, Trappern, Jagdausbildern, Erste-Hilfe-Ausbildern und Survivaltrainern. Ich habe noch nie eine Veranstaltung besucht, bei der ich nicht wenigstens eine Handvoll neuer Tricks lernen konnte.

Survivaltraining: Gemeinsam Lernen macht Spass und erhöht den Erfolg!

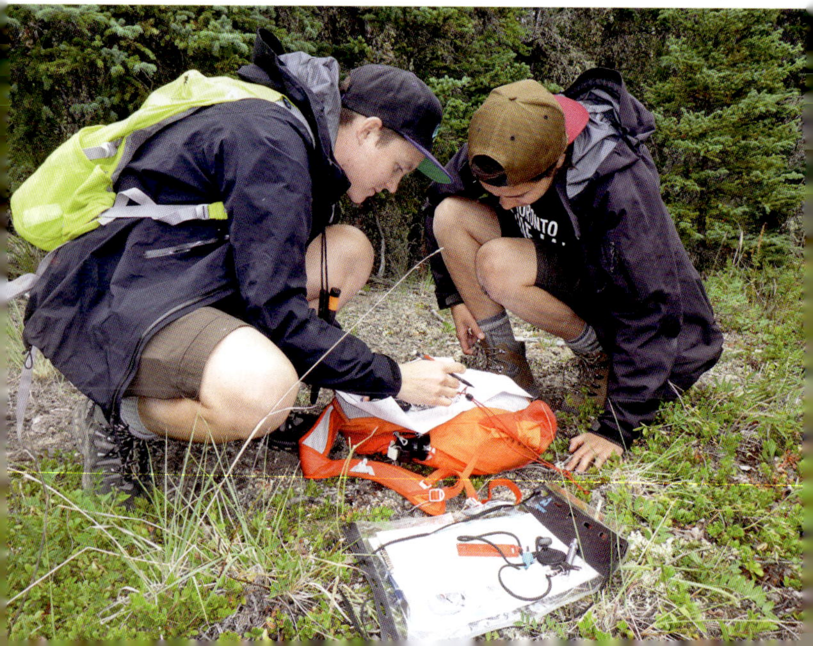

Ich möchte Ihnen also ans Herz legen, wenigstens am Anfang mal einen ein- oder zweitägigen **Survivalkurs** bei einem erfahrenen Ausbilder zu besuchen. Sie werden dort viel Neues lernen und mit Gleichgesinnten üben können.

Sie finden im Internet zahlreiche Angebote von individuellen Trainern und Survival- und Wildnisschulen. Suchen Sie sich Ihren Trainer mit Umsicht aus. Wenn Sie sich ganz konkret auf eine Wildnisreise vorbereiten wollen, sind vermutlich weder das esoterisch angehauchte „Geheimwissen nordamerikanischer Ureinwohner" noch eine „Einführung zur Krisenvorbereitung für den Fall ziviler Unruhen" eine wirkliche Hilfe. Überlegen Sie genau, was Sie lernen müssen, um eine Notsituation in der Wildnis überstehen zu können, und suchen Sie einen Kurs, der Sie entsprechend schult. Manchmal können Erfahrungsberichte früherer Teilnehmer bei der Wahl eines Mentors helfen.

Beschäftigen Sie sich kritisch mit der Materie eines Survivalkurses und den Techniken, die Sie während des Überlebenstrainings lernen. Es ist leicht, vor lauter Begeisterung für all die tollen Tricks und Kniffe den roten Faden zu verlieren. Für eine wirklich wertvolle Lernerfahrung ist es jedoch notwendig, das Gelernte in einen realistischen Kontext einzubetten.

Wenn Sie Überlebenstechniken lernen wollen, egal ob in einem Kurs oder auf eigene Faust, nehmen Sie sich nicht zu viel vor! Ziehen Sie nicht gleich für mehrere Tage in den Wald, um dort nur mit Messer und Feuerstahl den Ernstfall zu üben. Fangen Sie klein an! Nehmen Sie sich zuerst nur eine Technik vor und üben Sie diese ausgiebig. Vieles können Sie bequem im Stadtpark, im Garten oder beim Spaziergang mit dem Hund ausprobieren. Sammeln Sie dort essbare Wildpflanzen, üben Sie mit Ihrem Messer zu schnitzen, lernen Sie neue Knoten, wenn Sie die Hängematte für die Kinder im Garten aufhängen. Auf diese Weise können Sie Ihren Erfahrungsschatz sicher und komfortabel enorm erweitern, bevor Sie sich auf ein längeres und intensiveres Survivaltraining begeben.

Wann immer Sie etwas lernen, ist es auch wichtig, die **Grenzen Ihrer neuen Fertigkeit auszuloten**. Sie müssen zum Beispiel nicht nur wissen, wie Sie einen Feuerstahl benutzen. Sie sollten auch erfahren, dass Sie die nötige Kraft nicht mehr aufbringen können, falls Ihre Finger zu kalt geworden sind. Oder dass ein Feuerstahl nur dann funktioniert, wenn Sie auch perfekten Zunder vorbereitet haben.

Beim Überlebenstraining geht es nicht nur darum, ein paar Techniken zu lernen oder ein paar pfiffige Tricks und Kniffe aufzuschnappen.

Beim Überlebenstraining haben Sie auch die **Chance, Ihre psychischen und physischen Grenzen auszuloten**. Lernen Sie unter kontrollierten Bedingungen und fachmännischer Aufsicht, wie es sich anfühlt, wenn Sie für ein paar Tage nichts zu essen finden oder an Schlafmangel leiden. Erhöhen Sie den Stress, indem Sie wichtige Ausrüstung weglassen, sich unter zeitlichen Druck setzen oder mal ein paar Kilometer mehr marschieren. Machen Sie die nächste Wanderung doch mal nachts und versuchen Sie sich dabei mit Karte und Kompass zu orientieren. Gut geplantes und fachmännisches Survivaltraining bietet Ihnen die Möglichkeit, solche Herausforderungen in Angriff zu nehmen und Grenzen auszuloten. Nur durch Ausprobieren und Übung lernen Sie, wie Körper und Geist unter Stress reagieren und wie Sie unter Druck Gefahrensituationen effektiv meistern können.

Durch ein solches Training werden Sie auch auf **Gefahren und Risiken** aufmerksam, die mit gewissen Outdooraktivitäten verbunden sind. Auch unter diesem Aspekt halte ich Survivaltraining für wichtig. **Risikomanagement** ist ein essenzieller Bestandteil von Wildnisexpeditionen. Dafür muss man wissen, was passieren und wie man mit potenziellen Gefahren und Risiken umgehen kann.

Ein nicht weniger wichtiges Ziel von Survivaltraining ist es, sich mit der **Natur als Lebensraum und als Quelle von Ressourcen** vertraut zu machen. Sie lernen zum Beispiel, welche Gräser als Zunder geeignet sind, welche Bäume das beste Feuerholz produzieren, welche Fische in den Gewässern schwimmen und wie sie am besten gefangen werden können oder etwa welche Pflanzen Sie als Nahrung verwenden können. Je mehr Sie über Ihre Umwelt lernen, desto weniger werden Sie die Wildnis, in der Sie sich bewegen, als Gefahr wahrnehmen. Statt des „dunklen bösen Walds" sehen Sie nun die vielen Ressourcen, die er Ihnen bietet und die Sie in einer Notsituation zu Ihrem Vorteil nutzen können.

Alle Aspekte von Survivaltraining, die ich hier aufgezählt habe, haben einen weiteren Effekt: **Sie stärken Ihr Selbstbewusstsein und Selbstvertrauen!** Wenn Sie sich auf Ihre handwerklichen Fähigkeiten verlassen können, wenn Sie Ihre körperlichen und geistigen Stärken kennen, wenn Sie gelernt haben, mit Stress in schwierigen Lagen umzugehen, wenn Sie um die Gefahren und Risiken in Ihrer Umgebung wissen, wenn Sie das Potenzial natürlicher Ressourcen erkennen, haben Sie wenig zu befürchten!

Und damit haben Sie sich erarbeitet, was Survivalexperten auf der ganzen Welt als besonders wichtige Eigenschaften von Überlebenden katastrophaler Notfälle erkannt haben: mentale Stärke durch Selbstbewusstsein und Selbstvertrauen!

Survivalpsychologie

Meine kleine Verirrungsepisode aus dem Schwarzwald hatte ich schon in der Einleitung beschrieben. Die interessanteste Beobachtung war für mich die **emotionale Achterbahn**, die Vielzahl von teilweise gegensätzlichen Gefühlen, die mich überkamen – Gefühle, die eine rationale Betrachtung meiner Situation für mich damals unmöglich machten.

Die Untersuchungen von Notfällen, Unfällen und katastrophalen Ereignissen haben ergeben, dass psychologische Aspekte oft eine wesentliche Rolle dabei spielen, wie Menschen mit der Situation umgehen, was sich wiederum auf ihre Überlebenschance auswirken kann.

Die Erforschung von Notsituationen und den menschlichen Reaktionen darauf unter psychologischen Gesichtspunkten wurde und wird vor allem von militärischen Organisationen weltweit vorangetrieben. Soldaten im Einsatz begeben sich immer wieder in lebensgefährliche Situationen und müssen dann entsprechend reagieren können. Aber auch im zivilen Bereich ist es wichtig, dass zum Beispiel Rettungskräfte wie Feuerwehren, Sanitäter oder Bergrettungsmannschaften mit stressigen Notsituationen umgehen können. Das Gleiche gilt auch für Sportler wie etwa Fallschirmspringer, Extremskifahrer, Taucher und alle, die sich in eine Umwelt begeben, in der es nur wenig Spielraum für Fehler gibt. Und natürlich für Wildnisreisende, die sich in abgelegenen Gebieten aufhalten, wo man alleine mit einer Notsituation umgehen muss, die bei falschem Verhalten tödlich ausgehen kann.

Besonders in älteren, teilweise militärisch geprägten Survivalhandbüchern wird oft vom „Will to live", also einem **unerschütterlichen Überlebenswillen**, bei jenen Opfern gesprochen, die auch schlimmste Katastrophen und Unfälle aufgrund ihrer Willensstärke überlebt haben. Unter diesen besonders willensstarken Überlebenden sind auch immer wieder Personen, die kaum oder keine Survivaltechniken beherrschten und die teilweise mit schweren physischen Verletzungen zu kämpfen hatten. Währenddessen überleben manche Menschen mit nur geringen physischen Verletzungen nicht, und das, obwohl sie über entsprechendes Training und Ausrüstung verfügen. Diese Tatsache verdeutlicht die enorme Bedeutung von psychologischen Aspekten für die Bewältigung von Notlagen.

Der starke Überlebenswille wurde schon in Büchern und Filmen thematisiert. Ein Beispiel ist der Bericht des britischen Bergsteigers Joe Simpson, der nach einem Absturz in den Anden mit schweren Verletzungen tagelang durch das

Labyrinth eines Gletschers zum Basislager kroch. Oder die Geschichte von Aron Ralston, der sich mit einem Taschenmesser den Unterarm amputierte, nachdem er in einem Canyon durch einen herabgestürzten Felsbrocken eingeklemmt wurde.

Doch der britische Psychologe John Leach etwa, der seit Jahrzehnten das Verhalten von Menschen in lebensbedrohlichen Notsituationen untersucht, hält dagegen, dass es nicht ausreiche, den Überlebenswillen zu betrachten. Vielmehr müsse man auch diejenigen untersuchen, die verstorben sind, obwohl es nicht nötig gewesen wäre. Was hat dazu geführt, dass es Todesopfer gab, die physisch so gut wie unversehrt waren und obwohl Ausrüstung und Nahrung zur Verfügung standen?

Notsituationen sind durch **enormen Stress gekennzeichnet**. Leach kommt zu dem Schluss, dass manche Menschen in solchen stressigen Notlagen **nicht die vollen kognitiven Fähigkeiten** besitzen, derer es bedarf, um sich auf diese neue und unbekannte Situation einzustellen und entsprechend zu reagieren.

In unserem Alltag begegnen wir regelmäßig lebensgefährlichen Situationen. Man denke nur an unseren städtischen Straßenverkehr. Allerdings haben wir uns an diese Bedrohungen gewöhnt und haben das Verhalten gelernt, um mit diesen Gefahren umzugehen. Diesem verinnerlichten und natürlichen Überlebensverhalten des Alltags steht das Überlebensverhalten in uns unbekannten, eben nicht alltäglichen Gefahrensituationen gegenüber. Finden wir uns in einer unbekannten Gefahrensituation wieder, sind wir extremem Stress ausgesetzt. Unter solchen Bedingungen kann es zum einen passieren, dass das Arbeitsgedächtnis massiv beeinträchtigt wird, das sowohl zur kurzfristigen Speicherung von Informationen, aber auch zur Bewertung von Situationen und zur Planung von lebensrettenden Maßnahmen benötigt wird. Zum anderen gibt es Hinweise darauf, dass unter dem Stress einer Notsituation bei manchen Menschen der **Abruf von Informationen aus dem Langzeitgedächtnis** nur eingeschränkt funktioniert. Das bedeutet, dass man eventuell auch vorher erlerntes Survivalwissen unter extremem Stress nur bedingt nutzen kann.

Menschen, die Notlagen aufgrund ihrer Handlungsfähigkeit überlebt haben, waren besonders gut in der Lage, die Bedrohungslage zu erfassen, zu analysieren und einen Plan für weitere Handlungen zu entwickeln.

Der reine Wille zu überleben ist also nur ein Teil der Qualifikationen eines „Survivors". Die **Fähigkeit, unter Stress zu beobachten, zu denken und rational zu handeln, ist eine weitere Voraussetzung**, um zu überleben.

Während individuelle Eigenschaften eine gewisse Rolle zu spielen scheinen, wenn es um unsere kognitiven Fähigkeiten unter Lebensgefahr geht, gibt es aber auch Möglichkeiten, ganz objektiv unsere Chancen in psychologischer Hinsicht zu verbessern. Sie erinnern sich, dass ich vom Überlebensverhalten in uns bekannten (und dadurch weniger stressigen) und uns unbekannten (und dadurch erheblich stressigeren) Gefahrensituationen gesprochen habe? Je öfter wir uns in Trainingssituationen solchen Stressmomenten aussetzen und lernen, mit solchen Extremsituationen umzugehen, desto besser können wir – hoffentlich – in realen Notsituationen mit Stress umgehen. Die Idee dahinter ist, dass die trainierten Notsituationen Teil unseres alltäglichen Überlebensverhaltens werden, also auf der gleichen Ebene stehen wie das Überlebensverhalten, das Sie abrufen, wenn Sie sich durch den lebensgefährlichen Straßenverkehr des Alltags navigieren.

Das ist auch der Grund, warum etwa Soldaten oder Rettungskräfte immer wieder unter extremen Bedingungen trainieren. Es geht dabei nie nur um das reine Erlernen von technischen Fähigkeiten und Fertigkeiten, sondern immer auch um die psychologische Vorbereitung.

Tests haben zwar ergeben, dass bei manchen Menschen unter Stress kognitive Fähigkeiten und der Zugriff auf das Langzeitgedächtnis eingeschränkt sind. Bei Untersuchungen mit Fallschirmspringern wurde aber auch deutlich, dass erfahrenere Springer im Vergleich zu Anfängern nach der Stresssituation schneller wieder zu solchen geistigen Leistungen in der Lage waren. Auch hier wird also deutlich, dass man durch regelmäßiges Training und Erfahrung nach dem Eintreten von Stresssituationen schneller wieder zu analytischem Denken und zielorientiertem Handeln fähig ist. Sie haben also in lebensgefährlichen Situationen bessere Chancen, wenn Sie ähnliche Situationen bereits vorher regelmäßig simuliert haben.

Wenn wir uns in Notsituationen befinden, wirken zahlreiche **Stressfaktoren** auf unseren Körper und unsere Psyche. Alleinsein, Hunger, Durst, Schmerzen durch Krankheit oder Verletzung, Müdigkeit und Erschöpfung, Wettereinflüsse wie etwa extreme Temperaturen oder Wind haben einen enormen Einfluss auf unseren Gemütszustand und bestimmen unsere Emotionen und Gefühle.

In Notsituationen, egal ob als unmittelbar betroffene Person, als Helfer oder als inaktiver Beobachter, werden wir oft von einer Vielzahl von **Emotionen und Gefühlen** förmlich überrannt. Ich habe mich bereits in all diesen Rollen befunden und war bisher immer fasziniert davon, eben jene Emotionen und Gefühle nicht nur in der eigentlichen Situation zu registrieren, sondern auch im Nachhinein analysieren und daraus lernen zu können.

Lassen Sie uns einige der in Notfällen oft auftretenden Emotionen etwas genauer betrachten.

Angst, Furcht und Panik

Während Angst ein eher unspezifisches und allgemeineres Gefühl beschreibt, ist die Furcht gerichteter und auf konkrete Bedrohungen bezogen – also etwa die allgemeine Angst vor Höhe und Ausgesetztsein, aber die konkrete Furcht, in einer spezifischen Situation den Halt zu verlieren und abzustürzen.

Obwohl viele Menschen mit den Begriffen **Angst und Furcht** – verständlicherweise – eher negative Assoziationen verbinden, sind sie **wahre Lebensretter**. Aufkeimende Angst und Furcht sind erste Signale für uns, dass etwas nicht stimmt, dass Gefahr droht. Zum Beispiel würden wir ohne die Furcht, von einem Auto überfahren zu werden und zu Schaden zu kommen, vermutlich ständig in den fließenden Verkehr laufen.

Problematisch wird es dann, wenn Angst völlig diffus bleibt. Zum Beispiel haben viele Menschen Angst davor, alleine im Wald zu sein oder nachts spazieren zu gehen. Fragt man genauer nach, gibt es meist keinen spezifischen Grund, warum man hier Angst haben müsste. Dunkelheit ist erst einmal nicht schädlich und Wald auch nicht. Vielmehr herrscht hier oft eine **unkonkrete – und oft auch unbegründete – Angst vor etwas Unbekanntem**.

Ein weiteres Problem entsteht, wenn Furcht oder Angstgefühle – seien sie nun berechtigt oder nicht – so überwältigend werden, dass die blanke **Panik** einsetzt, also Kopflosigkeit herrscht.

Wie können Sie nun in einer Survivalsituation Angst und Furcht unter Kontrolle bringen und Panik vermeiden?

Wenn ich von Furcht oder diffusen Ängsten befallen werde, hilft es mir enorm, die jeweilige Situation zu analysieren und zu hinterfragen, was denn nun eigentlich die konkrete Bedrohung ausmacht. Dies ist eine Strategie, die ich beim Bergsteigen gelernt habe. In schwierigen Situationen, in denen ich an der Grenze meiner Leistungsfähigkeit kletterte, kam manchmal ein Gefühl von Panik auf. Was, wenn ich nun stürzte? Mein Körper verkrampfte sich und während ich dort in luftiger Höhe am Felsen klebte, begannen meine Arme und Beine unter der Anstrengung zu zittern. Es gab in solchen Situationen eigentlich immer zwei Möglichkeiten. Ich konnte mich entweder Furcht und Angst ergeben, was schließlich immer in einem Sturz in das Seil endete, oder ich schaffte es, die aufkeimende Panik zu unterdrücken. Nicht weiter über die Angst und die möglichen Folgen nachzudenken und mich stattdessen auf Auswege zu konzentrieren, war die Lösung. Meine Problemsituation hatte ich in der Regel immer dadurch hervorgerufen, dass ich mich in eine Position begeben hatte, in der ich nicht mehr flexibel war, den nächsten Griff oder Tritt nicht mehr erreichen konnte. Es galt also zu analysieren, was denn nun das eigentliche Problem war. Und meist präsentierte sich dadurch die Lösung: Ich musste meine Position verändern, den Körper etwas eindrehen und auf einmal lag der schier unerreichbare Griff plötzlich in Reichweite und es ging sicher weiter.

Diese kleine Anekdote vom Bergsteigen wurde für mich zum Sinnbild für Problemlösungen in schwierigen Situationen, sei es nun beim Klettern, beim Survival oder auch ganz generell in allen problematischen Lebenslagen. Wenn es nicht weitergeht, wenn uns die Panik überkommt, hilft es meist, die Lage zu überdenken, die Schwierigkeiten in meisterbare Stücke zu zerlegen, die Position zu verändern und die Herausforderungen auch einmal aus einer anderen Perspektive zu betrachten.

Überleben in der Gruppe

Ob man alleine oder in einer Gruppe mit einer Notsituation zurechtkommen muss, ist selten eine Frage der Wahl und hat neben rein praktischen und logistischen Folgen auch psychologische Auswirkungen.

Unter logistischen Gesichtspunkten kann man zum Beispiel aufführen, dass eine Gruppe sich viele der **anfallenden Arbeiten**, wie etwa das Sammeln von Feuerholz oder den Bau einer Notunterkunft, **teilen** kann und auch die Versorgung von verletzten Gruppenmitgliedern leichter fallen wird. Sie können in einer Gruppe hoffentlich von den unterschiedlichen Kenntnissen und Erfahrungshorizonten Ihrer Mitmenschen profitieren. Hingegen hat ein Einzelner eventuell bessere Chancen, wenn limitierte Ressourcen nicht geteilt werden müssen.

In diesem Abschnitt wollen wir jedoch eher die psychologischen Aspekte betrachten.

In einer Gruppe werden negative Emotionen wie etwa Einsamkeit und Langeweile alleine schon durch die Anwesenheit anderer Mitmenschen leichter zu kontrollieren sein. Man kann sich gegenseitig aufbauen und Mut machen.

Aber eine Gruppe birgt auch **Gefahren für die Moral**. Es kann zu Streitereien kommen, Angst und Panik werden leicht verbreitet. Konflikte kochen hoch, wenn es zum Beispiel um die Leitung der Gruppe geht oder Entscheidungen nicht gemeinsam getragen werden. Manchmal sind es aber auch persönliche Differenzen, die das Klima vergiften können.

Eine Gruppe erfolgreich durch eine schwierige Stresssituation zu bringen, erfordert gute Führungsqualitäten und den positiven Einsatz eines jeden Einzelnen für das Team. Eine ausführliche Betrachtung von Führungsstrategien und gruppendynamischen Prozessen würde den Rahmen dieses Buches allerdings sprengen. Für hier soll es genügen, darauf hinzuweisen, dass Sie in Ihrer Gruppe mit Spannungen zu rechnen haben und dass es der Bemühungen **eines jeden Einzelnen bedarf**, dem Wohlbefinden der anderen zuzuarbeiten, damit **das gesamte Team** Erfolg haben kann. Und manchmal gehört es auch einfach dazu, die eigenen Bedürfnisse zurückzustellen. Arbeiten Sie ganz gezielt an einer grundlegend positiven Stimmung in Ihrer Gruppe – auch wenn Ihnen manchmal zum Heulen zumute ist. Eine aufmunternde Umarmung, ein lobendes Wort, ein aufrichtiger Dank, aber auch das Eingestehen von gemachten Fehlern können helfen, **Spannungen abzubauen und Konflikte zu minimieren**.

Tourenplanung, Risikomanagement, Prävention unterwegs

Einer der wichtigsten Aspekte von Survival, der jedoch oft übersehen wird, ist wohl die Vermeidung von Notsituationen und Unfällen. **Gefahren** zu erkennen, **Risiken** einzuschätzen, **vorausschauend zu planen** und **besonnen zu handeln**, kann viele Problemsituationen verhindern.

Wenn man sich im Wald verlaufen hat und nun mit wenigen Hilfsmitteln einen Unterschlupf bauen muss, während man auf einer Handvoll Wildkräuter herumkaut, dann ist in der Regel schon einiges schiefgelaufen. Deshalb muss Survival auch die **Vermeidung von Notlagen** beinhalten.
Der Tourenplanung, die ich im Folgenden besprechen möchte, kommt also eine besonders wichtige Bedeutung zu.

Tourenplanung

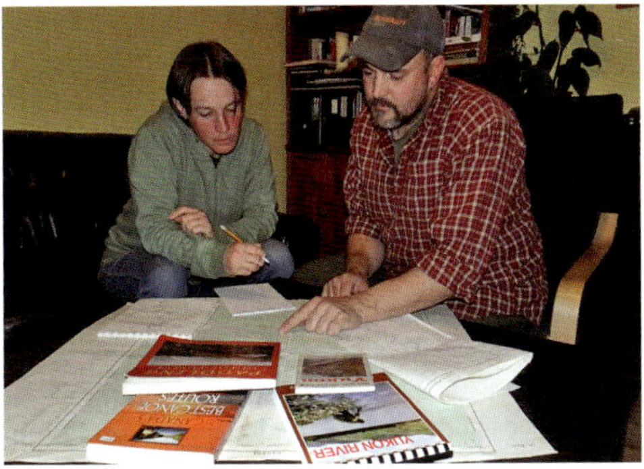

Tourenplanung

In der **Planungsphase** vor einer Tour müssen wichtige Fragen für die bevorstehende Unternehmung geklärt werden. Wenn es sich um organisierte Gruppentouren, sei es für einen kommerziellen Anbieter, einen Verein oder irgendeine andere Organisation, handelt, ist eine formelle Tourenplanung für den Gruppenleiter oft vorgeschrieben. Aber auch wenn Sie nur mit ein paar Freunden oder sogar alleine auf Wildnisreise gehen, möchte ich Ihnen eine **sorgfältige Tourenplanung** ans Herz legen.

Mit zunehmender Erfahrung werden Sie diesen Prozess sicherlich immer effizienter und bestimmt auch schneller abhandeln können. Aber gerade als Anfänger oder auch, wenn Sie Touren in unbekannte Gebiete, mit erhöhter Schwierigkeit oder neuen Reisepartnern vorhaben, sollten Sie eine detaillierte Planung vornehmen.

Während der Tourenplanung müssen unter anderem folgende Aspekte behandelt werden:

- ▷ Wo soll die Reise hingehen? Welche Route wird gewählt?
- ▷ Welche Fahrzeuge, Transportmittel und Hilfsmittel werden verwendet?
- ▷ Was für Bedingungen herrschen vor Ort? (Wetter, Oberflächenbeschaffenheit und Steilheit des Geländes, Fließgeschwindigkeit und Temperaturen von Gewässern usw.)
- ▷ Welche Ausrüstung wird für die sichere Durchführung der Tour benötigt?
- ▷ Welche Art von Verpflegung ist für diese Tour angemessen?
- ▷ Sind die Teilnehmer den Anforderungen gewachsen (Können, Erfahrung, Gesundheitszustand usw.)?

Wir wollen uns hier im Rahmen eines Survivalhandbuches nur ganz grob mit dem Thema der Tourenvorbereitung beschäftigen und uns vor allem den sicherheitsrelevanten Aspekten zuwenden. Aber alle oben genannten Fragen haben auch einen Einfluss auf die Sicherheit unterwegs und darauf, wie man auf eventuelle Problemsituationen reagieren kann und muss.

Risikomanagement

Was könnte schiefgehen? Und was machen wir dann? Das sind zwei ganz saloppe Fragen, die bei genauerer Betrachtung bereits ein relativ informelles **Risikomanagement** einläuten.

Der Begriff des Risikomanagements und die verschiedenen Facetten, wie etwa die **Identifikation, Analyse und Bewertung von Risiken**, stammen aus dem Wirtschaftsbereich und dienen meist dem Management von finanziellen Risiken. Doch die Methodik lässt sich auch auf andere Bereiche wie etwa Outdoor- und Bergsport anwenden und kann bei der **Reduzierung von Unfällen und Notlagen** helfen.

Zunächst geht es um die Identifikation von Gefahren. Wo liegen die Gefahren auf der geplanten Tour? Die folgende Liste ist nur beispielhaft. Sie muss je nach Unternehmung angepasst und ergänzt werden.

Gelände:

- ▷ Wie steil ist es? Besteht Absturzgefahr? Besteht Lawinen- oder Steinschlaggefahr?
- ▷ Passieren Sie loses Geröll oder schwieriges Blockwerk?
- ▷ Wandern Sie durch offenes Grasland, durch dichten Wald oder knietiefe Sümpfe?
- ▷ Müssen Gewässer durchquert werden? Wie stark ist die Strömung? Wie tief und wie kalt ist das Wasser?

Wetter:

- ▷ Besteht die Möglichkeit von Unwettern mit Schnee, Hagel, Regen, starken Winden, Gewittern mit Blitzschlag?
- ▷ Muss mit extrem hohen oder niedrigen Temperaturen gerechnet werden?

Fahrzeuge, Werkzeuge und Hilfsmittel:

- ▷ Gehen von der gewählten Art der Fortbewegung und eventuell gewählten Fahrzeugen Gefahren und Risiken aus?

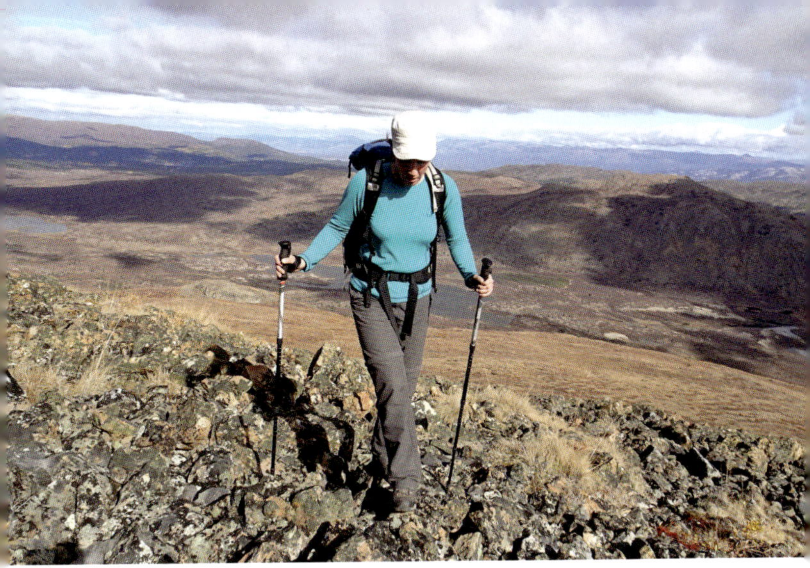

Mögliche Gefahren, wie etwa schwierige Wegabschnitte, sollten bereits bei der Planung identifiziert werden

- ▷ Gehen von den mitgebrachten Werkzeugen besondere Gefahren und Risiken aus?

Wilde Tiere und giftige Pflanzen:

- ▷ Gibt es gefährliche Tiere wie etwa aggressive Bären, krankheitsübertragende Insekten, giftige Fische?
- ▷ Kommen giftige Pflanzen vor, die bei Berührung oder durch Verzehr Krankheiten und Allergien auslösen können?

Teilnehmer:

- ▷ Gibt es Teilnehmer mit bekannten gesundheitlichen Problemen?
- ▷ Gibt es Schwächen im technischen Können oder mangelt es an Erfahrung, sodass für die Unternehmung ein Problem entstehen könnte?

Wenn Sie versuchen, Gefahren zu identifizieren, fällt die Betrachtung zunächst natürlich sehr subjektiv aus. Der Prozess ist durch Ihre persönliche Erfahrung, Ihr eigenes Wissen etc. beeinflusst. Besprechen Sie die sicherheitsrelevante Planung deshalb auch mit anderen Outdoorenthusiasten, die Ihnen so eventuell weiterhelfen können.

Bei der Identifikation von Gefahren ist es natürlich wichtig, dass Sie überhaupt wissen, was vor Ort zu erwarten ist. Wenn Sie dieses Wissen nicht durch eigene Erfahrung und Ortskenntnis bereits haben, müssen Sie die entsprechende Recherche betreiben.

Wanderführer, Tourenbeschreibungen, Reiseberichte, Routenskizzen und topografische Karten, aber auch direkte Kontakte zu Menschen mit Ortskenntnissen sind dabei eine Hilfe. Auch die Analyse von Notsituationen anderer Outdoorenthusiasten, die ähnliche Aktivitäten durchführten oder in vergleichbarem Gelände unterwegs waren, kann Ihnen helfen, Gefahren zu identifizieren.

Im Rahmen meiner Ausbildung für die kanadische Such- und Rettungsgruppe wurde ich auf eine Studie aufmerksam, die das Verhalten von Personen untersuchte, die sich verlaufen hatten („Lost Person Behavior" von Robert J. Koester). Ursprünglich ging es darum herauszufinden, ob es typische Verhaltensmuster von Patienten mit Alzheimer und Altersdemenz gibt, wenn diese sich verlaufen haben. Die Forscher untersuchten Tausende von Fällen weltweit mit statistischen Methoden und fanden heraus, dass es durchaus Muster gibt, die Polizei und Rettungsmannschaften nun helfen können, orientierungslose Menschen mit solchen Krankheitsbildern schneller aufzufinden und in Sicherheit zu bringen.

Nach dem Erfolg dieser Studie wurde der Kreis der untersuchten Fälle erweitert und man fand heraus, dass sich auch andere Fälle von vermissten Personen in Gruppen einteilen und klassifizieren lassen. So konnten zum Beispiel Wanderer, Angler, Jäger, Höhlenkletterer, Mountainbiker und viele andere Gruppen aufgrund ihrer Aktivitäten und den daraus resultierten Notlagen kategorisiert werden.

Für uns als Outdoorenthusiasten können Studien dieser Art eine interessante Quelle für potenzielle Gefahren und Risiken sein, wenn wir uns diesen Aktivitäten verschrieben haben. Wenn wir also als Beispiel die Gruppe der verloren gegangenen Mountainbiker betrachten, so ergab die vorliegende Studie, dass sich 52 % dieser Radler verfahren hatten. 25 % waren überfällig, weil sie entweder nicht fit genug waren für die Strecke, von der Dunkelheit überrascht wurden oder eine Reifenpanne hatten. 16 % der gemeldeten Mountainbiker waren verletzungsbedingt „auf der Strecke geblieben". Außerdem stellte die Studie fest, dass fast alle erfassten vermissten Mountainbiker zu wenig Proviant, Ausrüstung und Bekleidung dabeihatten.

Man darf bei der Betrachtung nicht vergessen, dass hier natürlich nicht alle Mountainbiker, sondern nur diejenigen erfasst wurden, die unterwegs ein Problem hatten und dadurch eine Alarmierung von Rettungsmannschaften hervorgerufen haben. Was wir aber durch solche Quellen lernen können, ist, dass wir als Angehörige der Gruppe „Mountainbiker" rein statistisch betrachtet besonders durch Orientierungslosigkeit, mangelnde Fitness, einbrechende Dunkelheit oder Verletzungen durch Stürze zu Schaden kommen könnten. Mit diesem Wissen können wir dann besser planen, was wir für eventuelle Notsituationen auf eine Mountainbiketour mitnehmen können und auf welche **„Fallen"** wir besonders achtgeben müssen.

Im nächsten Schritt Ihrer Analyse der Gefahren und Risiken müssen die Fragen geklärt werden, wie hoch die **Wahrscheinlichkeit** ist, dass in Bezug auf die identifizierte Gefahr auch wirklich etwas passiert, und was im schlimmsten Fall die **Konsequenzen** wären. Diese beiden Aspekte müssen eng im Zusammenhang betrachtet werden, denn die Antworten darauf entscheiden eventuell darüber, ob Sie überhaupt mit Ihrer Tourenplanung fortsetzen sollten.

Hier ist ein Beispiel: Eventuell haben Sie herausgefunden, dass es in Ihrem Gebiet nur so von Brennnesseln wimmelt. Das Risiko, von einer Brennnessel am Arm „verbrannt" zu werden, ist also vermutlich recht hoch. Sollten Sie die Tour nun abbrechen?

Erst die Beschäftigung mit den Konsequenzen macht die Bewertung jedoch komplett. Die Folgen der allergischen Hautreaktion einer Brennnessel sind für einen gesunden Erwachsenen eher harmlos und allenfalls unangenehm. Das Risiko, also die Wahrscheinlichkeit der Verletzung, mag hoch sein, die Konsequenzen der drohenden Verletzung hingegen sind so harmlos, dass Sie den Spaziergang durch die Brennnesselwiese durchaus wagen könnten.

Und hier ist ein Gegenbeispiel: Sie planen eine Kanutour im Frühjahr und wollen dabei einen riesigen See überqueren. Das Wetter in diesem Gebiet ist meist gut, kann aber innerhalb kurzer Zeit umschlagen, und starker Wind verursacht auf dem Gewässer hohe Wellen. Ihre Partner sind unerfahren bei der Selbstrettung mit dem Kanu. Laut Wetterbericht ist die Wahrscheinlichkeit, dass Sie in schlechtes Wetter geraten, eher gering. Aber eine Kenterung mit unerfahrenen Paddlern in großem Abstand zum Ufer – und das alles bei den kalten Wassertemperaturen im Frühjahr – kann schnell zu einer lebensgefährlichen Situation heranwachsen.

Notfallplan

Region:

Tourenbeginn:

Ort: Datum: Uhrzeit:

Art der Tour:

O Wanderung O Kanutour O Skitour O Schneeschuhtour O__________

Fahrzeug:

Marke und Modell: Kennzeichen:

Gruppenleiter:

Name: Telefon: E-Mail:

Im Notfall zu benachrichtigen:

Name: Telefon: E-Mail:

Teilnehmer:

Name	Telefon	E-Mail	Im Notfall benachrichtigen	Medizinische Probleme	Medikamente

Satellitentelefonnummer der Gruppe:

Vorhandene Notfallausrüstung/Verpflegung:

Routenbeschreibung (inklusive Lagerplätzen und geplantem Zeitverlauf):

Mögliche Alternativrouten in Notfällen:

Ausrüstungsbeschreibung (Zelt, Rucksack, Kanu/Farbe, Marke, Modell):

Tourenende:

Ort: Datum: Uhrzeit:

Sie haben die Möglichkeit, das Notfallplanformular kostenlos von der Website des Verlages als PDF herunterzuladen.

Die Konsequenzen einer solchen Notsituation wären also möglicherweise extrem weitreichend. Demnach wäre eine alternative Route entlang des Ufers angebracht, wo man bei einem drohenden Wetterumschwung schneller anlanden kann.

Wenn man also Gefahren und Risiken identifiziert hat, können im nächsten Schritt Maßnahmen für eine **Reduzierung von Risiko und Konsequenzen** untersucht werden.

- ▷ Was können Sie tun, um die Gefahr zu vermeiden?
- ▷ Wie können Sie die Wahrscheinlichkeit, zu Schaden zu kommen, reduzieren?
- ▷ Welche Maßnahmen sind notwendig, um die negativen Auswirkungen, die von der Gefahr ausgehen, zu reduzieren? Kann spezielle Ausrüstung oder zusätzliches Training dabei helfen?

Am Ende muss jeder für sich selbst entscheiden, welchen Gefahren man gegenübertreten will, welche Risiken man einzugehen bereit ist und welche Konsequenzen man bei seiner Freizeitgestaltung tragen möchte. Dabei darf man jedoch auch die Menschen nicht vergessen, die man mit seinen Aktionen ebenfalls beeinflusst. Das sind die Tourenpartner ebenso wie Freunde und Verwandte, aber auch diejenigen, die eventuell ihr Leben riskieren, um Sie aus der Bredouille zu holen.

Bedeutet das, man solle im Leben keine Risiken eingehen und sich keiner Gefahr stellen? Ganz sicher nicht! Aber ich hoffe, dass Sie sich die möglichen Gefahren, Risiken und Konsequenzen einer geplanten Reise bewusst machen und dann Ihre Entscheidungen zu sicherheitsrelevanten Aspekten vor und während der Tour wissensbasiert und rational fällen können.

Der Notfallplan

Teil der Tourenplanung ist auch, sich mit potenziellen Notfällen auseinanderzusetzen. Sich mental auf Problemsituationen vorzubereiten und einen **Notfallplan** bereit zu haben, kann Ihnen im Extremfall helfen, schnell und effizient zu reagieren, und ermöglicht Rettungstruppen, gezielt nach Ihnen zu suchen und zügiger Hilfe zu leisten.

Beschäftigen Sie sich vorab mit folgenden Fragen:

- ▷ Was tue ich, wenn trotz der guten Planung etwas schiefgeht?

- ▷ Wie gehe ich damit um, wenn jemand verletzt ist? Wer in der Gruppe hat Erste-Hilfe-Training?
- ▷ Wie kommen wir nach Hause, wenn der Wanderweg nicht mehr begehbar ist oder eine Kanutour bei Hochwasser zu gefährlich wird?
- ▷ Wie verständigen wir Rettungsdienste, wenn wir in Not geraten sind?
- ▷ Was sind alternative Routen? An welchen Stellen können wir die Tour abkürzen oder beenden?
- ▷ Wer ist unser Notfallkoordinator daheim, wenn wir nicht wie verabredet nach der Tour wieder auftauchen? Was genau soll dieser Notfallkoordinator tun?

Die Abbildung auf S. 34 zeigt ein Formular, das Sie für Ihre Touren nutzen können. Hinterlassen Sie diesen Notfallplan bei einer Person Ihres Vertrauens und geben Sie exakte Instruktionen, was zu tun ist, falls Sie nicht zur verabredeten Zeit auftauchen. So erhalten Rettungstruppen wichtige Informationen, wo und nach wem sie zu suchen haben.

Prävention unterwegs

Eine sorgfältige Tourenplanung kann viele Probleme von vornherein vermeiden und ist damit ein wichtiger Beitrag, um Notfällen aller Art vorzubeugen. Aber auch unterwegs können wir wichtige Beiträge zur **Vermeidung von Unfällen und Notlagen** leisten. Bereits indem wir für die Bereitstellung **guter Ernährung, eine ausreichende Wasseraufnahme und erholsamen Schlaf** sorgen, tragen wir zu unserer Sicherheit bei.

Besonderes Augenmerk möchte ich hier jedoch auf ein **Evaluierungssystem** legen, das man während der Tour anwenden kann. Dabei geht es darum, den Verlauf der Tour in allen Facetten zu beobachten und zu bewerten, um potenzielle Probleme bereits frühzeitig zu erkennen. Im Verlaufsdiagramm in der vorderen Umschlagklappe befindet sich im Abschnitt „Tourenphase" eine Liste an Fragen, die mir bei der Durchführung meiner Touren helfen, die Situation unterwegs im Auge zu behalten.

„Verläuft alles nach Plan?" ist dabei sicherlich die übergeordnete Frage, die sich jedoch in Teilaspekte aufsplitten lässt. Dabei geht es darum, sowohl das allgemeine Wohlbefinden der Gruppe als auch die Bedingungen vor Ort, die Einhaltung des Zeitplans, die Versorgungssituation, den Zustand der Ausrüstung und natürlich den eigenen Standort zu beobachten. Viele Notfälle entwickeln sich durch eine Verkettung vieler kleiner Fehler und Unaufmerksamkeiten, die sich anhäufen und schließlich zu einem riesigen Problem auftürmen.

Solche Fehler bereits früh zu erkennen und ihnen entsprechend entgegenzuwirken, ist ein schwieriges Unterfangen. Das Diagramm in der vorderen Umschlagklappe kann dabei eine Hilfe sein.

Es ist wichtig, dass diese **Evaluation im Verlauf Ihrer Tour immer wieder** durchgeführt wird. Setzen Sie sich Termine. Gehen Sie den Fragenkatalog jeden Abend vor dem Schlafengehen durch, lassen Sie Ihre Gruppe beim Abendessen den Tag Revue passieren. Aber vor allem fragen Sie sich „Verläuft alles nach Plan?", **wenn sich die Bedingungen unterwegs ändern** – wenn das Wetter umschlägt, der Weg schwieriger wird, Sie sich bei der Orientierung vielleicht nicht ganz sicher sind oder einfach ganz generell irgendetwas Besonderes passiert ist.

Dabei geht es nicht nur darum, **kurzfristige Ereignisse** zu erfassen, sondern auch darum, den Tourenverlauf über **längere Zeiträume** zu analysieren. Es ist vielleicht nicht so tragisch, wenn Sie am ersten und zweiten Tag der Tour etwas weniger Strecke machen. Wenn Sie jedoch jeden Tag der Woche 5 km weniger als geplant erwandern, brauchen Sie vielleicht über die Tourenwoche hinaus ein bis zwei Tage länger, um Ihr Ziel zu erreichen. Das alleine kann schon ein – wenn auch vielleicht nicht lebensbedrohliches – Problem darstellen.

Wenn Sie kleine Probleme frühzeitig erkennen, können Sie meist durch eine Änderung in Plan und Durchführung zusätzlichen Stress und größere Probleme verhindern.

Um unterwegs auf Veränderungen, ungeplante Ereignisse und unbekannte Gefahrensituationen reagieren zu können, müssen wir diese natürlich erst einmal wahrnehmen. Dazu benötigen Sie ein sogenanntes **Situationsbewusstsein** („Situational Awareness"). Sie müssen also in der Lage sein, Ihre Umwelt zu beobachten, die Objekte und Prozesse in der Umgebung zu erfassen, ihre Bedeutung zu verstehen und vorauszusagen, welche Veränderungen eintreten könnten oder eintreten werden. Bei manchen Menschen ist das Situationsbewusstsein stärker ausgeprägt als bei anderen. Aber man kann es auch trainieren. Es gibt zahlreiche Übungsprogramme, die Ihnen helfen können, eine ganz allgemeine Aufmerksamkeit mit kleinen Spielchen im Alltag zu verbessern.

Dem ausgeprägten Situationsbewusstsein steht der oft zitierte **Tunnelblick** gegenüber, bei dem man sich nur auf ein oder wenige Aspekte der Umwelt konzentrieren kann. Das kann an einer Überladung unserer Denkprozesse unter Stress liegen, aber auch an einem eingeschränkten Interesse, das sich nur auf ein oder wenige Objekte fokussiert.

Die erwähnte Studie zum Verhalten von verloren gegangenen Personen („Lost Person Behavior") hat zum Beispiel bei vermissten Jägern und Pilzesammlern festgestellt, dass sie auf ihre Suche nach Pilzen oder jagdbarem Wild konzentriert sind, sodass sie Faktoren außerhalb dieses Fokus nicht oder nur eingeschränkt wahrnehmen. Das führte dann oft zum Verlaufen oder zog andere Probleme nach sich.

Auch bei Athleten in sogenannten Adventure Races, die zu Fuß, per Kanu, auf Skiern oder mit dem Hundeschlitten unter oft extremen klimatischen Bedingungen teilweise über Hunderte Kilometer beeindruckende Höchstleistungen vollbringen, kann man dieses Phänomen beobachten. Eine **extrem ausgeprägte Zielorientierung** lässt manchmal den Blick für eventuell lebensgefährliche Situationen und erforderliche Lösungsansätze nicht zu.

Machen Sie sich diesen Tunnelblick nicht zu eigen! Halten Sie Ihre Sinne in alle Richtungen geschärft und evaluieren Sie Ihre Umgebung!

Entscheidungshilfen und Strategien für Notfälle

Die Entscheidungen, die wir während einer Tour fällen, haben – logischerweise – einen erheblichen **Einfluss auf den Verlauf und den Ausgang unserer Unternehmung**. Viele Notfälle entstehen überhaupt erst durch Fehlentscheidungen in der Vorbereitung oder unterwegs. Genauso wichtig ist es natürlich, richtige und vernünftige Entscheidungen zu treffen, wenn erst einmal ein Problem vorliegt oder sogar ein Notfall eingetreten ist.

Das ist manchmal leichter gesagt als getan. Ich habe bereits in dem Kapitel über Survivalpsychologie darüber gesprochen, wie schwierig es sein kann, unter extremem Stress klar zu denken und gelerntes Wissen zur Anwendung zu bringen. An dieser Stelle möchte ich noch ein anderes Problem ansprechen.

Bei der Evaluation unserer Situation sind wir leider nur selten völlig rational und wertfrei.

Vermutlich haben Sie sich auf Ihre Tour lange vorbereitet und gefreut, haben sich ein neues Paar Wanderschuhe zugelegt, den Jahresurlaub aufgespart und eine ordentliche Stange Geld für den Flug an das Ziel Ihrer Träume hingeblättert. Vielleicht haben Sie ja sogar mit dem Lauftraining angefangen, um wieder fit zu werden, haben vor den höhnenden Freunden und Bekannten schon im Vorfeld große Sprüche über Ihre zukünftige Leistung geklopft und der Lokalzeitung Bericht und Bilder von der geplanten Expedition versprochen. Und nun stellen Sie bereits am zweiten Tag Ihrer Wanderung fest, dass der Bach durch die Regenfälle so stark angeschwollen ist, dass Sie beim Versuch einer Durchquerung bis zur Hüfte im eiskalten Wasser des reißenden Gebirgsbaches stehen würden. Aber Sie müssen doch auf die andere Seite! Die Traumtour droht zu platzen.

In solchen Situationen sind wir nur selten rational, weil wir in die Unternehmung schon so viel **investiert** haben. Wir sind finanziell und – meist viel wichtiger – emotional in Vorleistung getreten und jetzt erwarten wir für unsere Investition eine Gegenleistung. Wird schon gut gehen! Was soll schon passieren? Mit etwas Glück komme ich da schon durch! Die berühmten letzten Worte!

In solchen Momenten gilt es, Ruhe zu bewahren. Setzen Sie sich hin, ruhen Sie sich aus, kochen Sie etwas zu essen, treffen Sie keine Entscheidung, solange Sie emotional aufgewühlt sind. Versuchen Sie alle Gefühle (außer der berechtigten Furcht vor dem reißenden Wasser) beiseitezulegen und die Situation rational zu betrachten. **Ihre Investition darf bei der Entscheidungsfindung in einer potenziell lebensgefährlichen Situation keine Rolle spielen.**

Wenn sich unterwegs Bedingungen und Situationen ändern, der ursprüngliche Plan so nicht mehr auszuführen ist oder sogar plötzlich und abrupt ein Notfall eingetreten ist, müssen Sie gezielt und konzentriert auf eine Lösung hinarbeiten. Natürlich hat jeder Notfall seine ganz besonderen, eigenen Charakteristika und es wird niemals gelingen, eine Verhaltensregel aufzustellen, die sämtlichen Notsituationen gerecht wird. Aber das Akronym **STOP** kommt einer universellen Handlungsanweisung schon recht nahe.

Dabei steht STOP für die englischen Begriffe ***stop, think, observe, plan***.

▷ **Stop! Halten Sie an!** Verlassen Sie einen unmittelbaren Gefahrenbereich, aber dann bleiben Sie vorerst an Ort und Stelle! Beruhigen Sie sich!

- ▷ **Think! Denken Sie nach!** Was ist eigentlich passiert? Wie hat sich die Situation entwickelt? Auf welchem Weg oder aus welcher Richtung sind Sie hergekommen?
- ▷ **Observe! Beobachten Sie!** Welche Hilfsmittel haben Sie dabei? Was ist an Nahrung und Trinkwasser vorhanden? Welche Ressourcen bietet Ihre Umwelt?
- ▷ **Plan! Planen Sie** Ihre weiteren Handlungen basierend auf den vorangegangenen Überlegungen und Beobachtungen.

Bei der Planung Ihrer Reaktion auf die eingetretene Notsituation kann Ihnen die sogenannte **Dreierregel** helfen. Danach können Sie

- ▷ 3 Minuten ohne Sauerstoff,
- ▷ 3 Stunden ohne Wetterschutz und Wärme,
- ▷ 3 Tage ohne Wasser,
- ▷ 3 Wochen ohne Nahrung

überleben.

Dieses Konzept ist natürlich nicht wörtlich zu nehmen. Sie können eventuell sogar vier Minuten die Luft anhalten, erfrieren vielleicht bereits nach zwei Stunden, kommen noch einen vierten Tag ohne Wasser über die Runden und haben genug Reserven für eine vierte Woche Fasten. Es geht hier vielmehr um eine Rangordnung zwischen den Grundbedürfnissen, die es zu befriedigen gilt, wenn Sie auf längere Sicht in der Wildnis überleben wollen. Die Liste der Dreierregel soll Ihnen helfen, die **Prioritäten in einem Notfall** festzulegen, wenn die Frage lautet: „Was mache ich als Nächstes?“

Die erste Priorität ist also Sauerstoff. Dies steht stellvertretend für **Erste Hilfe** und alle lebenswichtigen **medizinischen Maßnahmen**. Die Versorgung von lebensgefährlichen Verletzungen hat immer Vorrang.

Danach müssen Sie sich um **Wetterschutz und Wärme** kümmern. Ziehen Sie sich den Wetterbedingungen entsprechend an, bauen Sie einen Regenschutz auf und entfachen Sie ein wärmendes Feuer.

Dehydration, also Mangel an **Wasser**, ist eine ernste Gefahr in der Wildnis. Trinken Sie genug Wasser, damit Sie physisch und mental leistungsfähig bleiben!

Nahrung steht auf der Liste ganz unten, weil der menschliche Körper genug Reserven gespeichert hat, um wenigstens mehrere Tage ohne Essen auszukommen.

Wenn Sie diese Grundbedürfnisse während der Notsituation befriedigen können, können Sie in der Wildnis eine lange Zeit überleben. Im weiteren Verlauf dieses Handbuches werden wir uns also besonders diesen Aufgaben widmen.

In einem Notfall wollen oder müssen Sie jedoch vermutlich möglichst zügig wieder die Nähe der Zivilisation aufsuchen. Sie müssen also entweder – unter der Zuhilfenahme von **Navigation** – selbst wieder nach Hause finden oder mithilfe von **Notsignalen** Hilfe herbeirufen. Das sind die beiden anderen Survivaldisziplinen, die ich später im Buch besprechen werde.

Die Abbildung in der vorderen Umschlagklappe zeigt ein relativ komplexes Verlaufsdiagramm. Die meisten Aspekte, die wir hier bereits besprochen haben, finden sich darin wieder. Das Diagramm ist in drei Phasen gegliedert: die Planungsphase, die Tourenphase und die Problem- und Notfallphase. Es soll Ihnen in jeder dieser Phasen helfen, wichtige sicherheitsrelevante Aspekte zu berücksichtigen, den Tourenverlauf zu evaluieren, potenzielle Probleme zu identifizieren, den ursprünglichen Plan anzupassen und bei eingetroffenen Notsituationen entsprechend zu handeln und die Prioritäten für Ihren Überlebensplan festzulegen.

Dieses Diagramm ist ein Werkzeug, das ein wenig Übung bedarf. Machen Sie sich mit dieser Abbildung und ihren Komponenten frühzeitig vertraut. Nehmen Sie eine Kopie mit auf Tour, damit Sie unter Stress einen kompakten Leitfaden für Ihre Entscheidungsfindung dabeihaben.

Erste Hilfe und Gesundheit

Gesund zu bleiben ist unser oberstes Ziel – nicht nur im Alltag, sondern natürlich auch unterwegs auf Tour und selbstverständlich ganz besonders in einem Notfall. Menschen sterben nicht daran, dass sie sich verlaufen haben oder ins Wasser gefallen sind. In letzter Konsequenz führen alle fatal endenden Notfälle am Ende zu einem **medizinischen Problem**, das dem menschlichen Körper so zusetzt, dass er die lebenswichtigen Funktionen nicht mehr aufrechterhalten kann.

Wenn Sie ins Wasser fallen und ertrinken, werden Ihr Körper und damit Ihr Gehirn nicht mehr mit Sauerstoff versorgt. Wenn Sie zu stark unterkühlen, kann im Extremfall Ihr Herz versagen und so wird Ihr Gehirn ebenfalls nicht mehr ausreichend versorgt. Wenn Sie sich massive Blutungen zugezogen haben, versagt ebenfalls der Kreislauf und es kommt zur Unterversorgung von lebenswichtigen Organen mit Blut und Sauerstoff. Ich will Ihnen mit diesen drastischen Beispielen vermitteln, wie wichtig es ist, sich mit gesundheitlichen Notfällen auseinanderzusetzen. Es wäre eine Verkennung der Realität, wenn wir denken, dass man sich nur auf Notfälle wie Verlaufen, Verlust von wichtiger Ausrüstung und ähnliche Szenarien vorbereiten sollte. Die meisten Wildnisnotfälle haben eine medizinische Komponente, weil sich Abenteuerlustige unterwegs verletzen, krank werden oder anderweitig physisch und psychisch belastet werden.

Erste Hilfe

Organisationen wie etwa die Johanniter-Unfall-Hilfe oder das Rote Kreuz bieten spezielle **Erste-Hilfe-Kurse für Wildnisreisende** und Outdoorsportler an, bei denen der Fokus nicht nur auf typische Verletzungen in der Natur gelegt wird, sondern Sie auch lernen können, wie Sie über längeren Zeitraum für Kranke und Verletzte sorgen können, wenn Hilfe für Tage nicht erreichbar ist. Diese Kurse machen nicht nur Spaß, sondern können wirklich Leben retten! Bilden Sie sich weiter, üben Sie die gelernten Techniken mit Ihren Reisepartnern und wiederholen Sie einen solchen Kurs regelmäßig!

Packen Sie ein Erste-Hilfe-Set, das genug Material beinhaltet, um mit den Verletzungen fertigzuwerden, die Sie im schlimmsten Fall mit der zur Verfügung stehenden Ausrüstung und der geplanten Aktivität zu erwarten haben – und zwar für mehrere Tage, bis Hilfe eintrifft oder Sie evakuieren können. Viele Erste-Hilfe-Sets, die Sie bereits fertig kaufen können, sind gerade unter diesem Aspekt nicht ausreichend!

Gesundheit

Nicht immer passiert gleich ein schlimmer Unfall und Sie müssen mit Bandagen massive Blutungen stillen, Wiederbelebungsmaßnahmen einleiten oder Brüche schienen. Sehr viel öfter müssen wir uns auf Reisen mit ganz anderen gesundheitlichen Aspekten auseinandersetzen. Probleme wie etwa Atemwegserkrankungen, Durchfälle, Allergien, Migräne usw. sind wesentlich häufiger und können Ihren Aufenthalt in der Wildnis negativ beeinflussen oder sogar zu richtigen Notfällen führen.

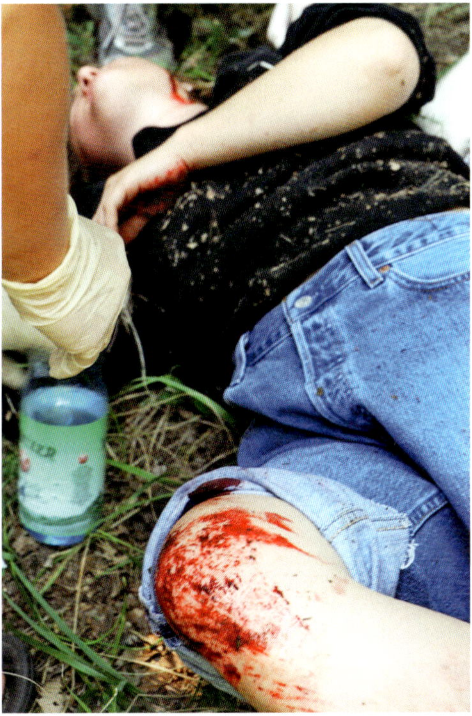

Erste-Hilfe-Kurs

Das Problem an solchen gesundheitlichen "Wehwehchen" ist, dass ihre Behandlung nicht unter Erste Hilfe fällt und in entsprechenden Kursen gar nicht behandelt wird.

Packen Sie also nicht nur Verbandsmaterial in Ihr Erste-Hilfe-Set, sondern haben Sie auch eine Auswahl an Medikamenten dabei, die Sie eventuell benötigen. Sprechen Sie mit Ihrem Arzt über mögliche gesundheitliche Probleme und wie Sie ihnen unterwegs auf Tour begegnen können. Packen Sie nicht nur einfach irgendwelche Medikamente ein! Sie müssen auch wissen, wie Sie anzuwenden sind und wo die Risiken liegen!

Befolgen Sie auch unterwegs normale **Hygienestandards**. Hautentzündungen, Pilzerkrankungen, wunde Stellen, Blasen an den Füßen, Parasitenbefall und viele andere –zum Teil schmerzhafte – Probleme lassen sich vermeiden, wenn Sie sich und Ihre Bekleidung **regelmäßig waschen und auslüften**. Vermindern Sie das Risiko, ansteckende Krankheiten an Ihre Begleiter weiterzugeben, indem Sie Hände, Essbesteck und Geschirr sauber halten und regelmäßig reinigen. Wenn Sie auch im Notfall die **Zähne putzen**, verhindern Sie Zahnprobleme und Entzündungen im Mundraum. Sie können eine Zahnbürste improvisieren, indem Sie einen grünen Ast an einem Ende ausfransen.

Entwickeln Sie in längerfristigen Notfällen eine **Hygieneroutine**. Das kann Ihnen auch mental helfen, Ihren Tag zu strukturieren und sich nach einem Unfall oder einer Notlage wieder „wie ein Mensch" zu fühlen. Simple Dinge wie etwa ein Stück Seife oder etwas Klopapier können eventuell ein Gefühl von Normalität vermitteln und helfen, die Situation wieder etwas positiver zu sehen.

Legen Sie in der Nähe Ihres Lagers eine einfache **Latrine** an, um Ihre Notdurft zu verrichten. Achten Sie auf einen ausreichenden Abstand von etwa 50-100 m von Ihrer Trinkwasserquelle, um eine Verunreinigung und eventuell folgende Krankheiten zu vermeiden. Als Latrine eignet sich ein etwa 50 cm tiefes Loch.

Wenn Sie es besonders komfortabel wollen, können Sie Ihre Wildnistoilette für längere Sitzungen auch noch mit einem quer liegenden Donnerbalken ausstatten. Nach jedem Gang zum Klo können Sie Ihre Hinterlassenschaften mit etwas ausgehobener Erde abdecken.

Auch **Ruhephasen und Schlaf** sind essenziell für unsere Gesundheit und Leistungsfähigkeit. Während Ruhephasen, in denen wir durchaus auch wach sein können, erholt sich unser Körper, Muskeln regenerieren, aber auch die Psyche wird positiv beeinflusst.

Schlaf ist besonders für die **Regeneration unseres Gehirns** notwendig. Wichtige Informationen und Erlebnisse werden verarbeitet und im Langzeitgedächtnis abgespeichert. Während des Schlafes durchlaufen wir – im Idealfall – mehrere Schlafphasen von unterschiedlicher Dauer. Und während einer ganzen Nacht ungestörten Schlafs durchlaufen wir diese Sequenz sogar mehrmals.

Sie können ein paar Tage ohne oder mit sehr wenig Schlaf auskommen. Auf Dauer führt ein Mangel an Ruhe und Schlaf allerdings zu physischer Erschöpfung sowie zu einem erhöhten Stressniveau, einem geschwächten Immunsystem, Kreislaufstörungen, Konzentrationsschwächen und einer reduzierten Leistungsfähigkeit des Gehirns.

Eine Notsituation ist sicherlich ein stressiges Erlebnis und es mag schwierig sein, zur Ruhe zu kommen und Schlaf zu finden. Bemühen Sie sich dennoch um ausreichenden Schlaf! Die Schlafforschung geht davon aus, dass wir täglich zwischen sieben und neun Stunden Schlaf benötigen. Natürlich kommen wir auch kurzfristig mit weniger zurecht, müssen diesen verpassten Schlaf jedoch innerhalb der folgenden Tage aufholen.

Feuer

Die Fähigkeit, **Feuer zu entfachen und zu kontrollieren**, gilt als eine der **wichtigsten Errungenschaften in der Entwicklungsgeschichte des Menschen**. Auch wenn wir es oft nicht so direkt wahrnehmen, bestimmen Verbrennungsprozesse auch in unserer modernen Welt unseren Alltag: Autos fahren mit Verbrennungsmotoren, Strom wird teilweise immer noch durch Verbrennung erzeugt, Metallprodukte werden unter der Einwirkung von Verbrennungshitze hergestellt, Essen wird auf den Flammen von Gasherden zubereitet und unsere Häuser werden durch die Verbrennung von Öl geheizt. Wir sind umgeben und abhängig von Feuer!

Wildnistouren sind eine gute Gelegenheit, sich der Bedeutung von Feuer wieder bewusst zu werden, wenn wir am prasselnden Lagerfeuer unsere kalten Glieder wärmen und die nassen Kleider trocknen, während ein Topf heißer Suppe vor sich hin köchelt.

Ein warmes Lagerfeuer kann im Notfall eine entscheidende Hilfe sein

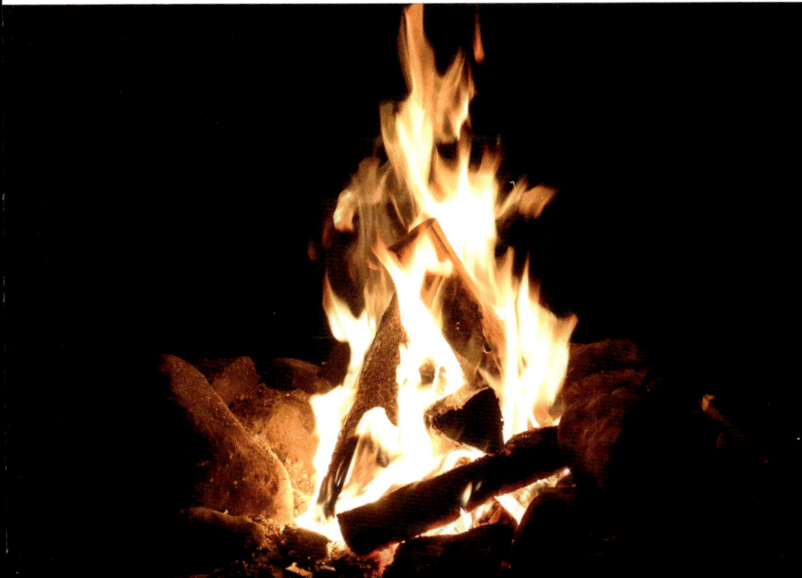

Während einer Notlage kann ein Feuer **elementare Grundlage für das Überleben** in der Wildnis sein. Mir sind Fälle bekannt, bei denen Menschen einzelne Gliedmaßen oder sogar ihr Leben verloren haben, weil sie nicht in der Lage waren, in der Wildnis ein Feuer zu entfachen und zu unterhalten.

Ein Feuer dient nicht nur als externe **Wärmequelle** für unseren Körper. Wir können über dem Feuer **Nahrung kochen** und damit leichter genießbar machen. Manche Zutaten werden sogar erst durch Erhitzen sicher zum Verzehr. Sie können **Wasser abkochen** und damit schädigende Krankheitserreger abtöten oder medizinische Werkzeuge wie etwa eine Pinzette oder ein Skalpell **sterilisieren**.

Das **Licht** der Flammen oder der Rauch Ihres Feuers können Rettungsmannschaften auf Ihre Position aufmerksam machen. Sie können Feuer nutzen, um **Werkzeuge und Gefäße herzustellen. Rauch hält Fliegen und Mücken fern** und man kann Asche rund um das Lager streuen, um kriechende und krabbelnde Tiere abzuhalten.

Auch **psychologisch** ist Feuer eine wichtige Unterstützung! Ich habe schon so manche Stunde alleine in der Wildnis verbracht. Besonders nachts in der Dunkelheit wird ein Feuer dann fast schon zu einem guten Freund.

Feuer und Sicherheit

Ein Feuer, das in der Wildnis außer Kontrolle geraten ist, kann riesige **Waldbrände** verursachen und zum tödlichen Desaster für Menschen und Tiere werden.

Wenn Sie eine **Feuerstelle** anlegen, müssen Sie deshalb unbedingt darauf achten, dass der Untergrund **nicht aus brennbarem organischen Material** besteht. Sonst besteht die Gefahr, dass sich das Feuer unterirdisch weiter ausbreitet. Schaufeln oder schaben Sie die obere Bodenschicht aus Zweigen, Reisig, Blättern, Moos etc. beiseite, bis Sie auf mineralischen – also nicht brennbaren – Boden aus Sand, Kies oder Steinen stoßen.

Um die Feuerstelle herum sollten Sie außerdem eine sichere Fläche schaffen, die ebenfalls kein brennbares Material enthält, für den Fall, dass Funken und größere Glutstücke aus dem Feuer fallen, von Wind verblasen werden oder brennende Harzstücke aus Koniferen (also Nadelbäumen wie Fichte, Kiefer oder Tanne) herumspritzen. Den Umfang dieser **„Sicherheitszone"** müssen Sie von der Größe des Feuers und der Feuergefahr in Ihrer Umgebung abhängig machen. In den

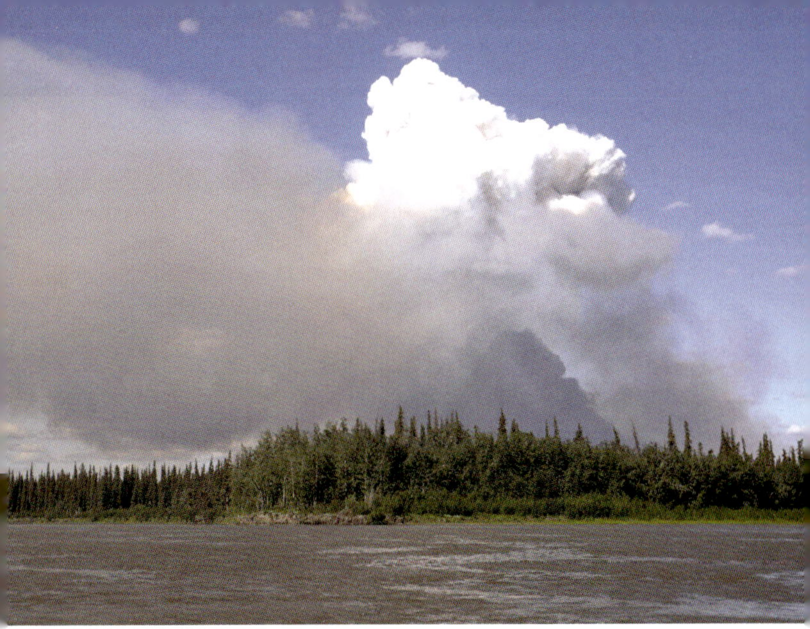

Waldbrand in Alaska

meisten Fällen reichen 1-3 m rund um die Feuerstelle. Bei besonders trockenen Bedingungen müssen Sie einen noch größeren Sicherheitsabstand einplanen. Achten Sie auch darauf, dass keine brennbaren Äste über dem Feuer hängen.

Viele Leute legen einen **Steinring** um die Feuerstelle. Bilden Sie sich bitte nicht ein, dass ein solcher Ring der Sicherheit dient. Er mag ein wenig **Windschutz** beim Anzünden bieten und vielleicht können Sie darauf prima einen Grillrost legen, aber er hält kaum Funken zurück.

Manche **Steine können im Feuer explodieren**. Oft werden nasse Flusssteine, bei denen sich durch die Erwärmung Wasser im Inneren ausdehnt, für solche Explosionen verantwortlich gemacht. Aber es können auch die unterschiedlichen Materialien im Gestein oder der Aufbau der Steine selbst sein, die unter der Hitzeeinwirkung gefährliche Spannungen aufbauen. Verzichten Sie auf Steine, in denen verschiedene Gesteinsfragmente eingebettet sind (z.B. Konglomerate und Brekzien), die viele Risse und Hohlräume haben oder porös sind, die in Schichten und mehreren Lagen aufgebaut sind (z. B. Schiefer) oder die amorph (also glasähnlich, z. B. Flint) sind.

Wenn Sie die Feuerstelle verlassen, müssen Sie das **Feuer gut löschen**! Es reicht nicht, einfach nur etwas Wasser darüberzukippen oder ein wenig Schnee daraufzuschaufeln und das Beste zu hoffen. Wenn Sie genug Wasser zur Verfügung haben, **fluten Sie die gesamte Feuerstelle**. Dann **rühren** Sie ordentlich mit einem Stock darin herum, bis alles gut durchnässt ist. Dann fluten Sie die Feuerstelle ein zweites Mal! Danach suchen Sie mit Ihrer Hand nach heißen Stellen. Eine gut abgelöschte Feuerstelle ist so kalt, dass Sie alle Stellen anfassen können.

Achten Sie besonders auf den **äußeren Rand der Feuerstelle**. Wenn sich das Feuer in brennbare Bodenschichten gefressen hat, können hier katastrophale **Schwelbrände** entstehen. Stechen Sie mit einer Schaufel oder Ihrem Grabstock den Rand der Feuerstelle ab und werfen Sie alles heiße oder sogar glühende Material in die Mitte Ihrer Feuerstelle, wo Sie es dann mit den anderen brennenden Resten ablöschen können.

Nehmen Sie das nicht auf die leichte Schulter! Im Norden Kanadas zum Beispiel entstehen jedes Jahr riesige katastrophale Waldbrände, weil unbedarfte Wildnistouristen ihre Feuerstellen nicht richtig löschen oder weil jemand sein Klopapier im trockenen Wald angezündet hat.

Basiswissen für Feuerteufel

Feuerwehrleute lernen in ihrer Ausbildung, dass ein Feuer drei Elemente braucht, um effektiv zu brennen. Oft wird dies als das sogenannte **Feuerdreieck** dargestellt. Man kann ein Feuer effektiv bekämpfen, indem man mindestens ein Element entfernt.

Nun geht es uns ja eher darum, ein Feuer anzubekommen und am Brennen zu halten. Wir können dafür dieselbe Information nutzen: Wenn Sie die drei Elemente in richtiger Kombination zusammenführen, entsteht ein Feuer.

Sie führen Ihrem Feuer Hitze zu, indem Sie durch den Anzündvorgang eine starke **Hitzequelle** schaffen. **Sauerstoff** befindet sich in unserer Luft und Sie können ihn Ihrem Feuer verstärkt zuführen, indem Sie in die Glut blasen oder Luft zuwedeln. Als Brennstoff stehen Ihnen in der Wildnis vor allem verschiedene Hölzer zur Verfügung. Aber auch trockene Gräser, getrockneter Tierdung sowie Fette und Öle pflanzlichen und tierischen Ursprungs können als **Brennstoff** genutzt werden.

Besonders wenn Ihr Feuer nicht so richtig brennt, sollten Sie sich das Feuerdreieck wieder ins Gedächtnis rufen. Mindestens eines der Elemente bereitet Ihnen Probleme!

Es **schmort und raucht**, aber es kommt keine richtige Flamme zustande? Vermutlich **fehlt Sauerstoff**, um eine effektive Verbrennung zu ermöglichen. Vielleicht haben Sie Ihr Zunderbündel zu dicht gepackt und es kommt nicht genug Luft an Ihre Flamme. Auch wenn Ihr Brennstoff von schlechter Qualität ist oder aus grünem Holz besteht, qualmt es meist ganz ordentlich. Doch auch hier könnte eine Verbrennung stattfinden, wenn Sie nur genug Sauerstoff und Hitze zuführen.

Sie haben eine kleine Flamme, aber das Feuer frisst sich nicht effektiv durch den lose gepackten Brennstoff? Ihr Problem ist vermutlich eine zu **geringe Hitze.** Die Wärme der kleinen Flamme reicht nicht aus, um den umliegenden Brennstoff zu entzünden. Abhilfe können Sie schaffen, indem Sie kleineren Zunder und feineres Anmachholz verwenden, das auch bei geringerer Hitze zu brennen beginnt. Oder Sie müssen Ihr Bündel dichter packen, damit die Hitze der kleinen Flamme auch das nächste Hölzchen erreichen und entzünden kann.

Feuerdreieck

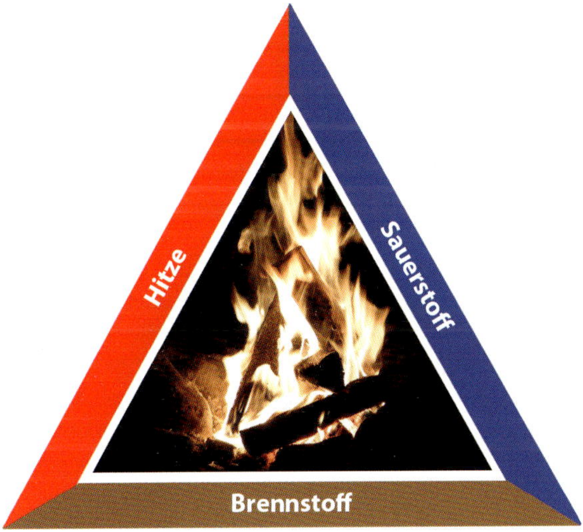

Wann immer Ihr Feuer nicht richtig brennt, sollten Sie sich fragen, warum das so ist. Was fehlt? Was kann man verbessern?

Gute und effektive Feuer zu entzünden ist fast schon Handwerkskunst. Sie müssen es lernen und immer wieder üben! Und wenn Sie ein Feuer erfolgreich entfacht haben, probieren Sie es doch mal mit einer anderen Methode oder anderem Zunder. Oder versuchen Sie es bei strömendem Regen oder starkem Wind und Schneefall.

Nicht immer wird bei Ihrem Survivaltraining alles funktionieren, aber wenn Sie sich auch an die schwierigeren Methoden des Feuerstartens wagen, werden Sie insgesamt ein besserer „Feuerteufel".

Ich habe zum Beispiel während meiner geführten Kanutouren über Monate hinweg immer nur Feuer mit dem Feuerstahl entfacht. Das ist mit etwas Übung gar nicht so schwierig. Aber dadurch, dass ich es immer wieder unter variierenden Bedingungen und mit dem unterschiedlichsten Zunder erfolgreich üben konnte, habe ich viele allgemeingültige Dinge über Zunder und Feueraufbau lernen können. Diese kommen mir nun auch zugute, wenn ich ganz simpel mit Streichhölzern oder Feuerzeugen ein Feuer unter schwierigen Bedingungen anzünden will.

Wenn Sie zuverlässig auch unter widrigen Umständen ein wärmendes Feuer starten können, ist das in einer Notsituation oft schon die halbe Miete.

Brennstoff

Als Wildniswanderern steht uns vor allem **Holz** als Brennstoff zur Verfügung. Auch andere organische Brennstoffe wie etwa **Fette oder Öle** können wie bereits erwähnt Verwendung finden.

Um ein Feuer zu entfachen, sind verschiedene Arten von Brennstoff nötig. Sie beginnen zunächst mit sehr feinem Material, dem **Zunder**, und wenn das Feuer dann wächst und immer mehr Hitze produziert, legen Sie erst dünnes **Anzündholz** und dann immer dickeres **Brennholz** auf.

Um es anders auszudrücken: Sie beginnen mit Material, das eine geringe Dichte und extrem viel Oberfläche hat, und unterhalten Ihr gut brennendes Feuer schließlich mit Brennstoff von großer Dichte mit verhältnismäßig geringer Oberfläche.

Zunder

Zunder ist feinstes Brennmaterial, das bereits durch einen Funken zum Glühen gebracht oder sogar gänzlich entzündet werden kann. Fein, fluffig und knochentrocken sind die Kriterien, nach denen Sie Ihren Zunder auswählen sollten.

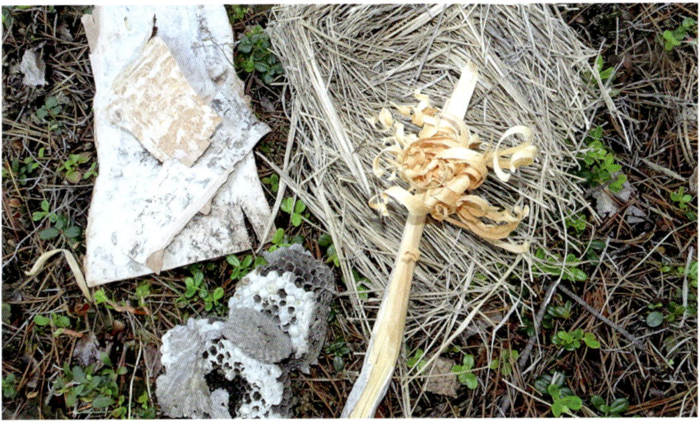

Natürliche Zunder: Birkenrinde, trockenes Gras (oben), Feathersticks, Wespennest (unten)

Gute **natürliche Zunder**, die wir in der Wildnis finden können, sind zum Beispiel trockenes Gras, die feinen Haare mancher Pflanzensamen, das papierartige Material verlassener Wespennester oder auch feine Birkenrinde.

Besonders **Gras** muss oft noch ein wenig bearbeitet werden, bevor es so richtig als Zunder funktioniert. Sammeln Sie nur das trockenste Gras, das Sie finden können. Entfernen Sie alle grünen oder feuchten Halme, die sich doch irgendwie in Ihr Zunderbündel verirrt haben. Dann formen Sie das Gras zu einem Ball und zerwirken es zwischen Ihren Händen. Kneten Sie es ordentlich durch, fasern Sie es mit den Fingern wieder auf und rollen Sie es wieder zwischen den Handflächen hin und her. Sie werden dabei zwangsläufig etwas Material verlieren, aber schließlich bleibt ein Bündel feinster Pflanzenfasern übrig. Wenn Sie eine Anzündmethode wählen, die nur Funken produziert, können Sie aus dem Grasbündel ein **kleines und lockeres Nest** formen, das die Funken leichter auffängt.

Vogel- oder Eichhörnchennester sind oft an wettergeschützten Stellen gebaut und verlassene Nester sind bereits fertige Zunderbündel für Ihr Feuer. Aber bedenken Sie die Unfallgefahr, wenn Sie in einem Baum herumklettern, um ein solches Nest zu „ernten"!

Trockenes Grasnest als Zunder

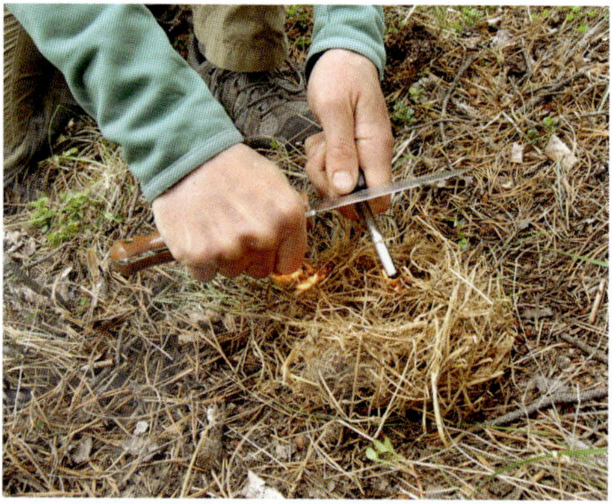

Feine Pflanzenhaare lassen sich leicht entzünden

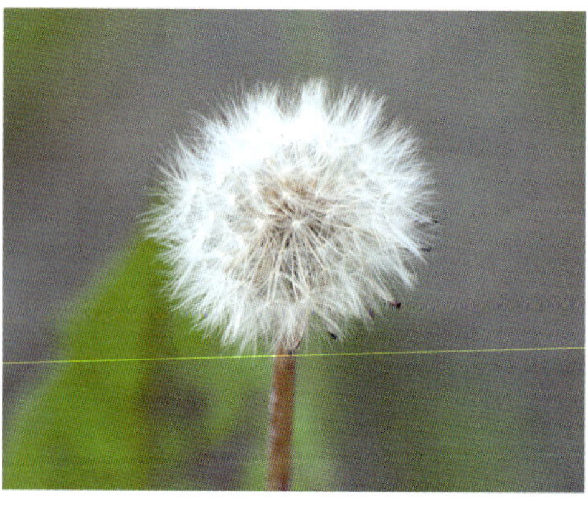

Manche **Pflanzen produzieren feine Haare an** ihren Samen, die bei der Verbreitung der Samen durch Wind oder vorbeilaufende Tiere helfen. Wir alle kennen solche Haare von der **Pusteblume**, dem verblühten Löwenzahn. Oft sind diese feinen Haare auch gut als Zunder geeignet. Man muss hier ein wenig experimentieren, wie dicht man diese Bündel aus Pflanzenhaaren zu packen hat, damit sie effektiv funktionieren. Meist nehmen die Haare Funken sehr gut auf, verbrennen aber auch extrem schnell wieder oder glühen dann nur vor sich hin. Ich verwende solche Haarbündel am liebsten in **Kombination mit anderen Zundern** wie etwa einem Grasnest.

So wie auch andere Tiernester werden **Wespennester** oft an geschützten Stellen gebaut. Sie sind in der Regel auch bei starkem Regen trocken und brennen hervorragend, wenn sie einer Flamme oder auch nur einem heißen Funken ausgesetzt werden. Zerpflücken Sie das Nest ein wenig und formen Sie einen Haufen, den Sie dann entzünden können.

Ein besonders tolles Material als Zunder ist **Birkenrinde**. Diese enthält ätherische Öle, die sehr gut brennen. Dank dieser Öle kann man Birkenrinde sogar vom lebenden, also grünen Baum schälen und entzünden. Sammeln Sie aber nur die äußeren Lagen, die sich bereits von alleine ablösen. Wenn Sie die gesamte Rinde von einem Baum entfernen, schädigen Sie ihn so sehr, dass er vermutlich absterben wird.

Birkenrinde kann direkt vom lebenden Baum als Zunder verwendet werden

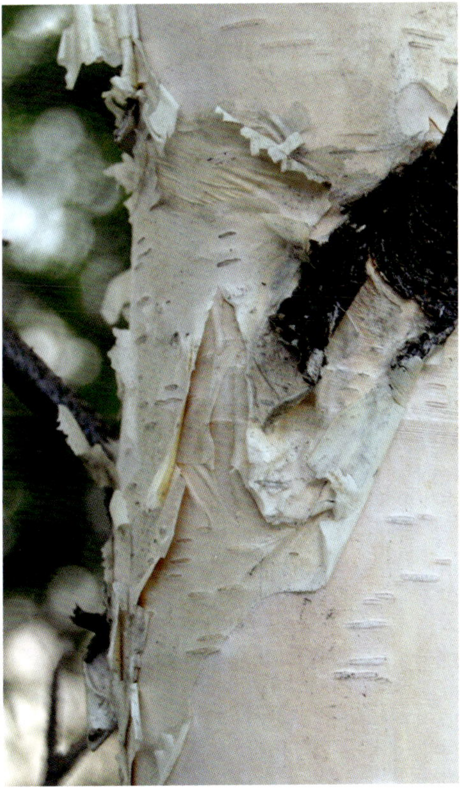

Wenn Sie die Birkenrinde als Zunder nur mit einem Funken anzünden wollen, empfiehlt es sich, auf der Außenseite der Rinde mit dem Messer **feines Pulver** abzuschaben. Ein kleines Häufchen dieses Pulvers ergibt sehr effektives Zundermaterial.

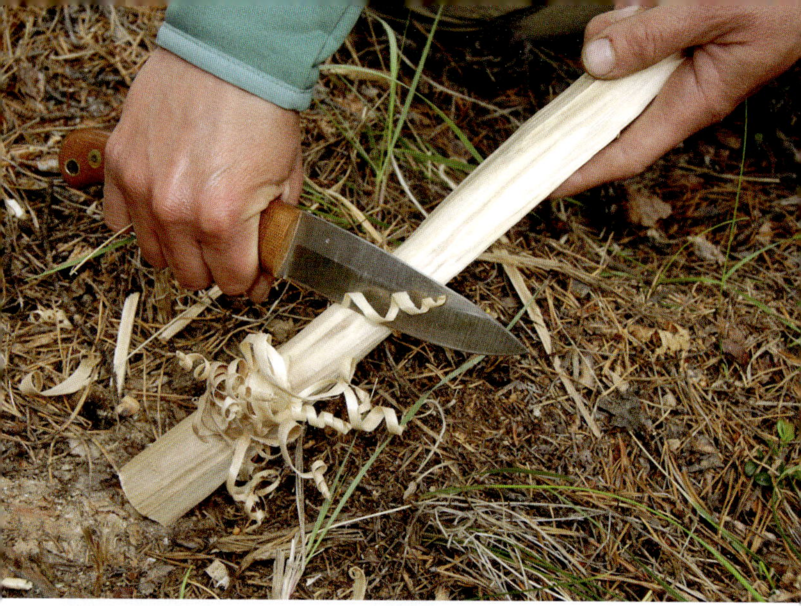

Die Herstellung von Feathersticks erfordert ein scharfes Messer und ein wenig Übung

Wenn Sie kein ausreichend feines oder trockenes Zundermaterial in Ihrer Umgebung finden, können Sie auch mithilfe eines scharfen Messers sogenannte **Feathersticks**, also Stöckchen mit **Holzlöckchen**, schnitzen, die so fein sind, dass sie auch durch einen heißen Funken oder etwas Glut entzündet werden können.

Ich spalte mit Axt, Beil oder Messer in der Regel ein Stück trockenes Totholz und erarbeite mir eine **90-Grad-Kante**. An dieser Kante schneide ich dann mit dem Messer entlang ganz feine Holzspäne ab. Diese Späne sollten so fein sein, dass sie sich mehrfach von selbst aufrollen. Das ist ein guter Indikator dafür, dass sie fein genug sind für eine Verwendung als Zunder.

Um feinste Holzlöckchen herstellen zu können, brauchen Sie trockenes Holz mit langen Fasern und ein sehr scharfes Messer – und natürlich die richtige Technik und etwas Übung. Die besten Ergebnisse erzielen Sie, wenn Sie das Messer relativ stark seitlich gegen das Holz drücken. Dann variieren Sie den Winkel des Messers zum Holz, bis es gerade etwas Holz abschneidet, aber nicht zu tief in das Holz beißt. Der Druck in Schneidrichtung ist im Gegensatz dazu relativ leicht. So

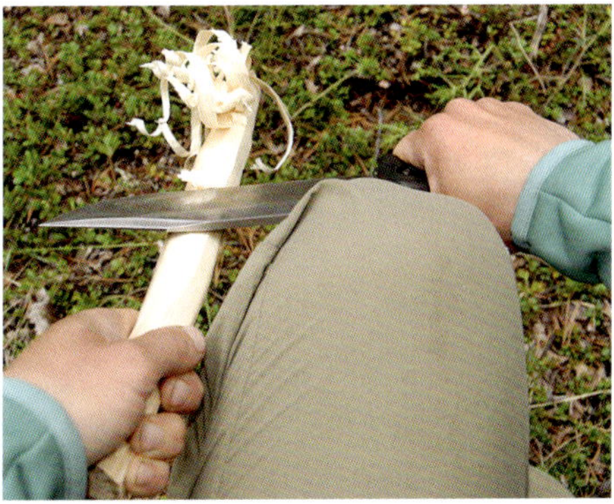

Alternativ kann man das Messer stabilisieren und das Holz an der Schneide entlang ziehen

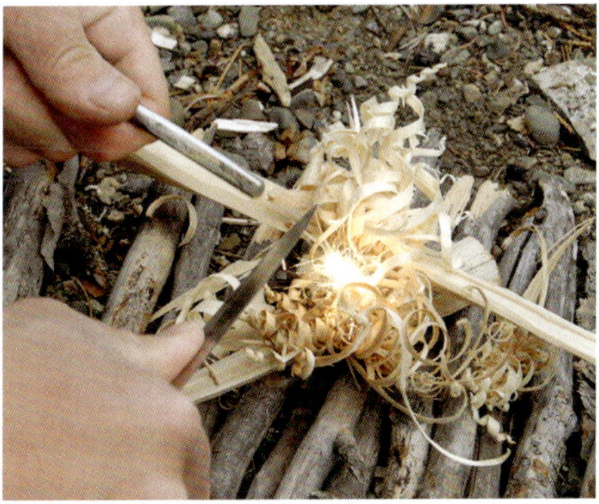

Feathersticks können mit einem heißen Funken entzündet werden

können Sie gut kontrolliert feinste Späne hobeln. Führen Sie die Schneidbewegung nicht aus dem Handgelenk aus, sondern halten Sie den Arm gestreckt und wiegen Sie den gesamten Oberkörper vor und zurück. So können Sie sich auch mehr auf den Winkel des Messers und den richtigen seitlichen Druck konzentrieren.

Wenn Sie ein langes Messer verwenden, können Sie es auch mit dem **Messerrücken gegen das Knie drücken** und statt des Messers das Holz vor und zurück bewegen, um Feathersticks herzustellen.

Wenn Sie dabei die Messerspitze nach oben richten, werden sich die Späne in Richtung der Messerspitze aufrollen. Halten Sie dagegen die Spitze nach unten, rollen sich die Späne dem Messergriff zu. Wenn Sie die Richtung nun wechseln, können Sie auf diese Weise schöne voluminöse Zundernester herstellen.

Schneiden Sie die Späne am Ende nicht ab, sondern lassen Sie sie als Bündel an Ihrem Holz Stück. So können Sie Ihren Zunder gut handhaben und einfach in Ihrer Feuerstelle platzieren. Außerdem wird der Zunder so auch nicht durch Wind verweht.

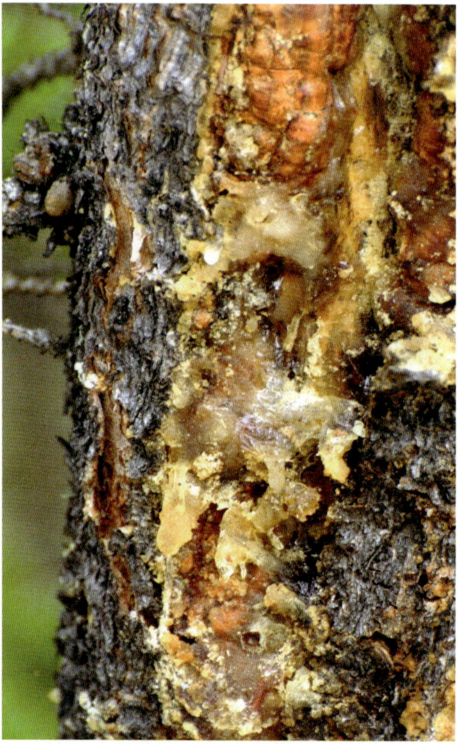

Fichtenharz hilft beim Feuerstarten als Brandbeschleuniger

Manche Hölzer sind besser geeignet als andere und es gibt Messer, mit denen man aufgrund ihres Schliffes besonders gut solche Feathersticks herstellen kann. Aber am Ende kommt es doch wieder auf Ihre Übung und Ihr Geschick an. Probieren Sic cs aus!

Baumharz von Nadelhölzern eignet sich an sich nicht als Zunder. Es funktioniert eher wie ein **Brandbeschleuniger** und als solches mische ich es gerne mit anderem Zundermaterial. Es hat also durchaus seinen Platz beim Feuerstarten. Es funktioniert ähnlich wie Kerzenwachs: Es schmilzt durch die Hitze und tränkt die umliegenden Fasern der Zunderbündels, die dann wie ein Docht wirken. Dazu eignet sich sämtliches Harz von Koniferen.

Bei **Kienspan** handelt es sich um das mit Harz durchtränkte Holz der Kiefer. Wenn ein Baum verletzt ist, pumpt er Harz in das umliegende Holz, um es zu versiegeln. Kienspan kann man in morschen Wurzeln oder an den Verzweigungen niedriger Äste abgestorbener Kiefern finden. Aus diesem Holz kann man hervorragend kleine Späne schaben oder mit dem Messerrücken ein feines Pulver abschaben. Ein kleiner Haufen daraus lässt sich mit einem einzigen heißen Funken entzünden.

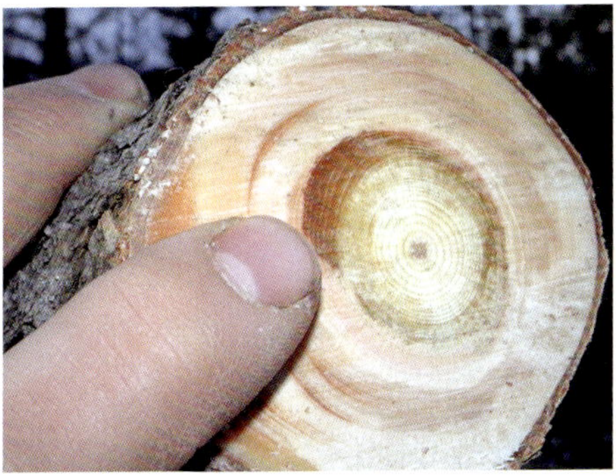

Kienspan – Harzinfusionen in Kiefernholz

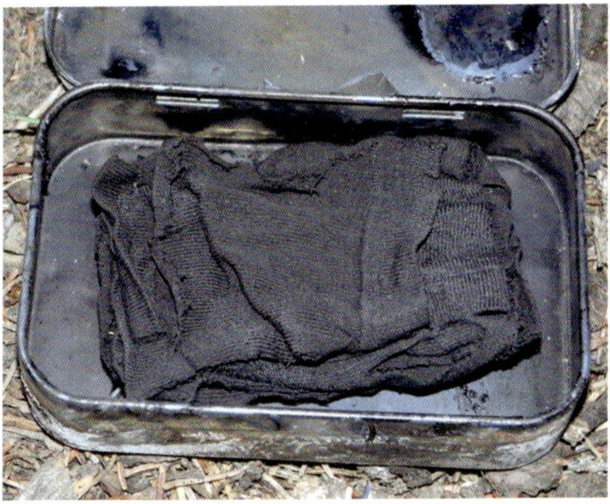

Verkohlte Baumwolle

Ein weiterer natürlicher Zunder, der allerdings etwas Vorbereitung erfordert, besteht aus **verkohltem Material** wie etwa Baumwollstoff. Morsches Holz oder die Rinde mancher Bäume ist ebenfalls geeignet. Um das Material verkohlen zu können, braucht man einen **Metallbehälter**, etwa eine kleine Dose **mit Deckel**. Das Material wird in die Dose gepackt, die Dose verschlossen und das Ganze dann in ein Feuer gelegt. Nach etwa 20 Minuten ist das Material unter Ausschluss von Sauerstoff in der Dose verkohlt. Öffnen Sie die Dose erst, wenn sie ausreichend ausgekühlt ist. Wenn Sie zu ungeduldig sind, beginnt das verkohlte Material wieder zu schwelen und verglüht.

Mit dem verkohlten Material können Sie feinste Funken auffangen, wie sie zum Beispiel entstehen, wenn Sie einen Flint (Feuerstein) gegen ein Stück Kohlenstoffstahl schlagen.

Sie können auch verkohltes Holz in einer alten Feuerstelle oder sogar in Waldbrandgebieten finden, das Sie als Zunder nutzen können. Am besten funktionieren Flächen mit einer feinen, netzartigen Struktur. Sie beginnen sofort zu glühen, wenn ein Funke darauf fällt. Dann müssen Sie mit etwas Geduld die feine Glut vorsichtig größer blasen, bis das Glutstück so groß ist, dass seine Hitze ein Zunderbündel aus trockenem Gras, feinsten Zweigen oder auch einen Featherstick entzünden kann.

Sie können natürlich auch von zu Hause schon vorbereitete Zunder mitbringen. Es ist durchaus sinnvoll, Zunder in Ihre Survivalausrüstung zu packen. So sparen Sie wertvolle Zeit und Energie, wenn Sie schnell ein Feuer entfachen müssen.

Im Campingfachhandel gibt es zahlreiche Feueranzünder im Angebot. Es gibt jedoch kaum einen besseren Zunder zu kaufen als billige **Baumwollwatte**. Die feinen Fasern fangen Funken hervorragend auf. Wenn Sie die Baumwolle dann auch noch mit etwas **Vaseline**, **geliertem Alkohol** von Handdesinfektionsmitteln oder etwas Lippenbalsam aus Bienenwachs vermischen, können Sie die Brenndauer der Watte massiv erhöhen. Sie haben keine Watte dabei? Manche saugfähigen Kompressen aus dem Erste-Hilfe-Set haben einen Kern aus Watte. Ebenso liefert ein Tampon genug Watte für drei bis vier Feuer, wenn Sie ihn auseinandernehmen und auffasern.

Es gibt noch eine Vielzahl weiterer Anzündhilfen, die ich hier erwähnen möchte. Einige davon lassen sich zwar nicht durch einen einfachen Funken entzünden und sich deshalb streng genommen auch nicht als Zunder bezeichnen, dennoch können sie beim Feuerstarten mit Streichholz und Feuerzeug eine enorme Hilfe sein.

Watte und Vaseline eignen sich hervorragend zum Starten eines Feuers

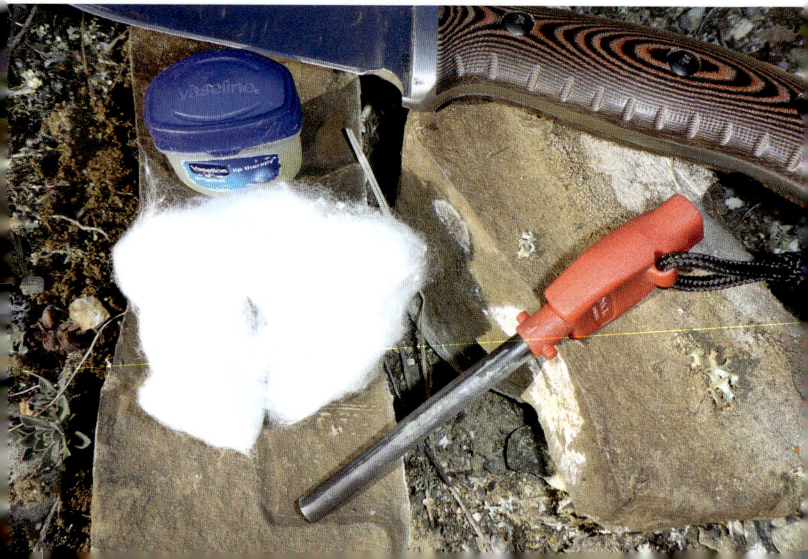

Brennstoffe wie **Benzin und Diesel** aus Ihrem Fahrzeug können natürlich auch für ein Feuer genutzt werden. Wenn Sie einen Lappen mit diesen Brennstoffen tränken, haben Sie eine gute Basis zum Starten eines Feuers. Im hohen Norden wird dem Benzin oft **Methylalkohol** hinzugefügt, damit Wasserrückstände im Brennstoff nicht in der Benzinleitung gefrieren. Häufig haben Fahrer in kalten Regionen ein paar Flaschen davon im Auto liegen. Ein super Feuerstarter! Oder haben Sie eine Flasche **hochprozentigen Alkohol** für den gemütlichen Abend am Lagerfeuer dabei? Im Notfall sollten Sie Ihr Getränk lieber zum Feuerstarten verwenden! Manche Desinfektionsmittel enthalten auch Alkohol und brennen hervorragend.

Anzündholz

Wenn Sie Ihren Zunder zum Brennen gebracht haben, ist es Zeit, die nächste Lage an Brennmaterial aufzulegen. Sie brauchen trockenes Anmachholz in verschiedenen Dicken von **etwa Streichholzstärke bis zu fingerdickem Material**.

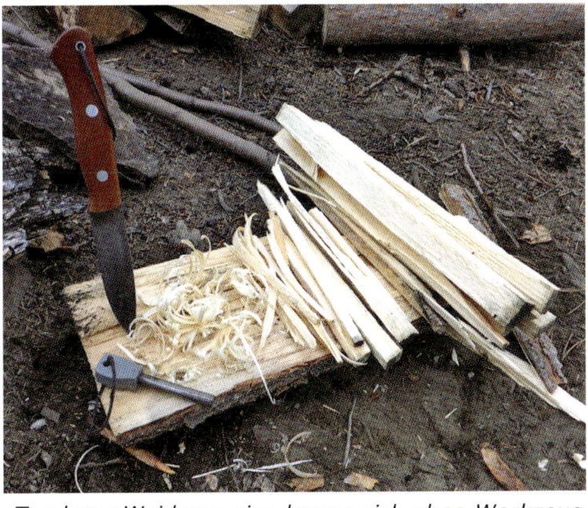

Trockene Weidenzweige lassen sich ohne Werkzeug leicht zu feinem Anmachholz verarbeiten

Mit dem Anmachholz müssen Sie möglichst schnell das **Feuer vergrößern**. Ich nutze dafür am liebsten relativ weiche und schnell brennende Holzsorten wie etwa Fichte, Kiefer, Pappel oder Weide. Wenn ich entsprechendes Werkzeug zur Verfügung habe, spalte ich mein Anzündholz, damit das trockene Innere der Äste schneller Feuer fangen kann.

Weidenzweige haben recht lange Holzfasern. Wenn Sie einen trockenen Weidenzweig mit einer Drehbewegung zerbrechen, entstehen langfaserige Holzsplitter, die sich sehr gut als Anzündholz eignen.

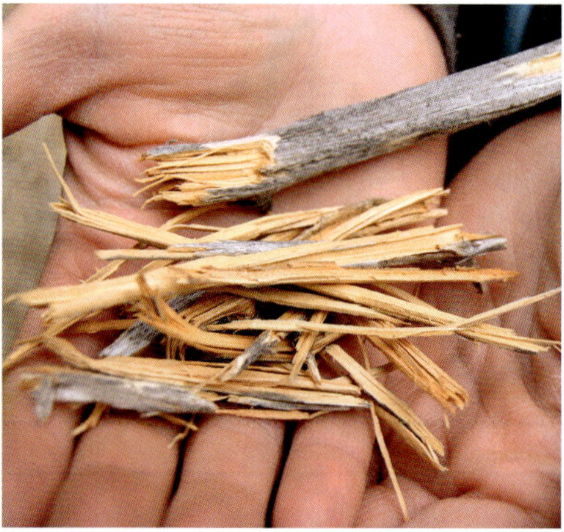

Weidenzweig

Auch größere Stücke Birkenrinde sind als Anzündholz geeignet, um das Feuer zu vergrößern. Wenn Sie nicht genug feine, trockene Äste in Ihrer Umgebung finden, können Sie auch grobe Feathersticks als Anmachholz herstellen. Mein absoluter Favorit sind jedoch die **abgestorbenen, trockenen Zweige**, die sich in den unteren Etagen großer Fichten finden. Ein Bündel trockenen Fichtenreisigs bringt ein Feuer bei jedem Wetter in Gang! Selbst bei starkem Regen finden Sie unter ausladenden **Fichten** trockene Zweige. Formen Sie ein ganzes Bündel aus dem Reisig und zünden Sie es bei schlechtem Wetter an einem trockenen Ort an – sofern sicher möglich eventuell gleich unter dem Baum! Wenn sich die Flammen in Ihrem Reisigbündel etabliert haben, können Sie es anschließend zu Ihrer Feuerstelle tragen und dort das restliche Feuerholz entzünden.

Brennholz

Das heiß brennende Anzündholz produziert genug Hitze, um schließlich das eigentliche **Feuerholz** zu entzünden.

Bei der Suche nach Feuerholz wird oft viel Kraft und Energie verschwendet. Schleppen Sie keine zu dicken Stämme an. **Armdickes Holz** reicht meistens aus und ist viel leichter zu handhaben. Um das Holz zu zerkleinern, können Sie lange Stämmchen zwischen **zwei stehende Bäume klemmen** und mit der Hebelwirkung **zerbrechen**. Das ist wesentlich leichter, als es mit der Säge zu zerstückeln oder gar mit einer Axt zu zerkleinern. Was Sie so nicht klein bekommen, können Sie als ganze Stange mittig auf Ihr Feuer legen und so **in kürzere Stücke brennen** lassen.

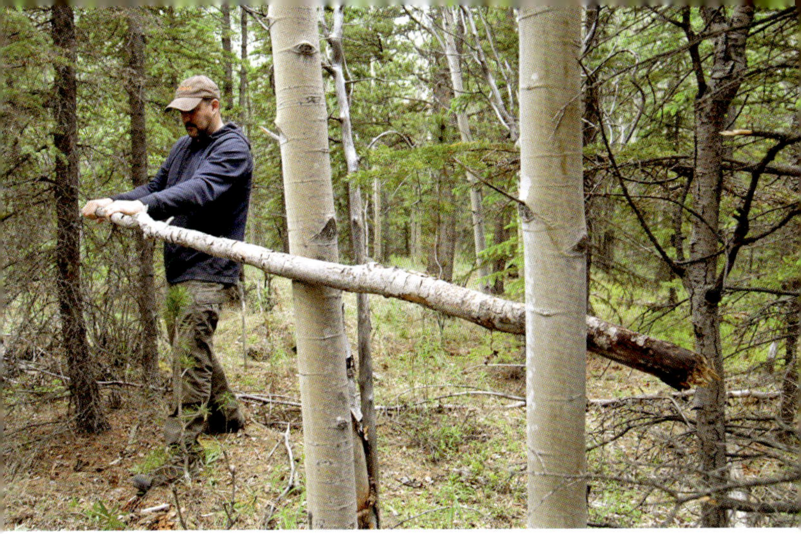

Feuerholz sicher zerbrechen

Versuchen Sie nicht, dickeres Holz zu zerkleinern, indem Sie es „klein treten" oder darauf springen. Diese Methode birgt erhebliche Verletzungsgefahr und vergeudet viel Energie.

Verwenden Sie **totes Holz**, wo immer das möglich ist. In einem natürlich gewachsenen Wald gibt es immer auch tote stehende Bäume, die Sie für Ihr Feuer nutzen können. Holz, das auf dem Boden liegt, saugt sich in der Regel mit Feuchtigkeit voll und ist nass und schwer. In Gebieten mit viel Regen sollten Sie auch tote Bäume vermeiden, die quer oder diagonal in anderen Bäumen hängen oder auf anderen Stämmen liegen. Sie sind ständigem Regen ausgesetzt und oft nass und morsch.

Grünes, also lebendiges oder noch nicht komplett ausgetrocknetes **Holz** verwendet man in einem Feuer, wenn man viel Rauch erzeugen möchte. Das ist der Fall, wenn Lebensmittel durch Räuchern haltbar gemacht werden sollen, Qualm gegen Mücken erzeugt werden muss oder ein Signalfeuer entfacht wird, um Retter durch eine dicke Rauchsäule auf die Notlage aufmerksam zu machen. Eine weitere Anwendung für grünes Holz ist ein nächtliches Feuer, das Sie am nächsten Morgen wiederbeleben möchten. Ein paar aufgelegte Scheite grünes Holz trocknen durch die Hitze des brennenden Feuers langsam aus und so haben Sie am nächsten Morgen meist noch immer gute Glut, die sich wieder entfachen lässt.

Wenn Ihr Lager an einem **Hang** steht, sammeln Sie Ihr Holz lieber oberhalb und werfen Sie es bergab, statt es von tieferen Lagen hinaufzutragen. Nutzen Sie **Schnüre**, den **Hosengürtel** oder anderes Bindematerial, um ganze **Bündel Feuerholz** zusammenzuhalten und zu schleppen. Sie können auch ein **Travois** (☞ Kapitel „Werkzeuge und improvisierte Hilfsmittel") bauen und darauf leicht größere Mengen Material für Ihr Feuer transportieren.

Nadelhölzer wie etwa **Fichten und Kiefern** verbrennen schnell und heiß. Sie bilden jedoch nur **wenig Glut** und der hohe **Harzanteil** sorgt hin und wieder für sprühende **Funken und Ruß** an den Töpfen. Aber sie eignen sich hervorragend, wenn man schnell ein wärmendes Feuer braucht.

Schnell wachsende Laubbäume wie etwa **Pappeln, Weiden und Erlen** verbrennen schnell, produzieren wesentlich **weniger Hitze** als die Nadelbäume und hinterlassen sehr **viel Asche**. Ich nutze sie eigentlich vor allem nachts, wenn ich neben meinem Feuer schlafe und mir Sorgen um Funkenflug mache.

Langsamer wachsende Laubbäume wie etwa **Buche, Eiche und Esche** verbrennen aufgrund ihres dichteren Holzes **heißer und langsamer** und bilden **hervorragende Glut**, die oft über Stunden hält und Wärme abgibt.

Feuer anzünden

Sie haben all Ihr trockenes Material gesammelt und eine sichere Feuerstelle vorbereitet? Nun geht es ans **Anzünden**. Es stehen verschiedene Methoden zur Verfügung und ich habe hier ein paar Techniken zusammengestellt, die ich für relativ leicht erlernbar und für wirklich zweckmäßig in der Wildnis halte.

Spielen Sie während des Survivaltrainings herum, experimentieren Sie! Ich halte es für sinnvoll, sich möglichst viele Techniken anzueignen, damit man im Notfall und in harten Zeiten, wenn nur wenige Ressourcen zur Verfügung stehen, auf einen möglichst reichen Fundus zurückgreifen kann. Vielleicht werden Sie auf Ihren Wildnistouren nie etwas anderes verwenden müssen als Streichhölzer und Feuerzeuge. Das würde zeigen, wie gut Sie vorbereitet sind! Aber ich garantiere Ihnen, dass Sie auch mit diesen beiden herkömmlichen Methoden besser werden, wenn Sie in Ihrem Survivaltraining auch andere, schwierigere Methoden üben. Denn dadurch werden Sie wesentlich mehr über Zunder und Anmachmaterial lernen, was Sie dann auch unter schwierigen Bedingungen mit Streichhölzern und Feuerzeugen nutzen können.

Um ein **Zündholz anzuzünden**, halten Sie die Schachtel mit der Reibfläche in der einen Hand und das Zündholz in der anderen. Ich halte es am liebsten zwischen Zeigefinger und Daumen mit dem Zündkopf nach unten. Mit dem Mittelfinger schiebe ich es dann über die Zündfläche. Auf diese Weise ist das Zündholz durch meine Hände vor Wind geschützt und ich kann dafür sorgen, dass die Flamme erst einmal zwischen meinen Händen wachsen kann, bevor ich Zunder oder Anmachholz entzünde.

Zündholz entfachen

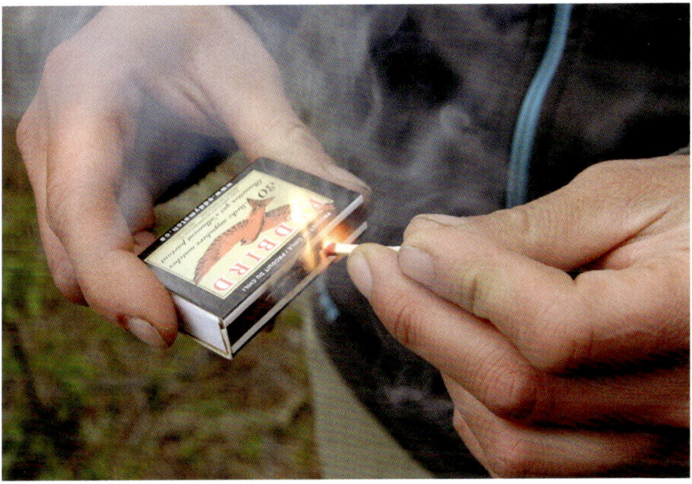

Ein einfaches **Einwegfeuerzeug** ist ein recht komplexes Gerät, das einen Feuerstahl, eine raue Fläche zum Anreißen und einen Brennstoff kombiniert. Um ein Feuerzeug zu **entzünden**, drehen Sie mit der **Daumenkuppe das Rad** über den integrierten Feuerstahl und drücken direkt im Anschluss die Taste herunter, die das Gasventil öffnet. Sie werden vielleicht lachen, dass ich das hier so beschreibe, aber es gibt erstaunlich viele Leute, die damit Probleme haben oder in ihrem Alltag nie ein Feuerzeug benutzen.

Besonders bei Wind forme ich mit der anderen Hand einen **Windschutz** um das Feuerzeug, um die empfindliche Flamme zu schützen.

Wenn Ihre Finger bei **kalten Temperaturen** so steif sind, dass Sie das Feuerzeug nicht mehr bedienen können, können Sie es auch umdrehen und das **Rädchen über eine andere raue Fläche** schieben.

Rollen Sie das Zündrad zum Entfachen mit kalten Fingern über eine raue Fläche

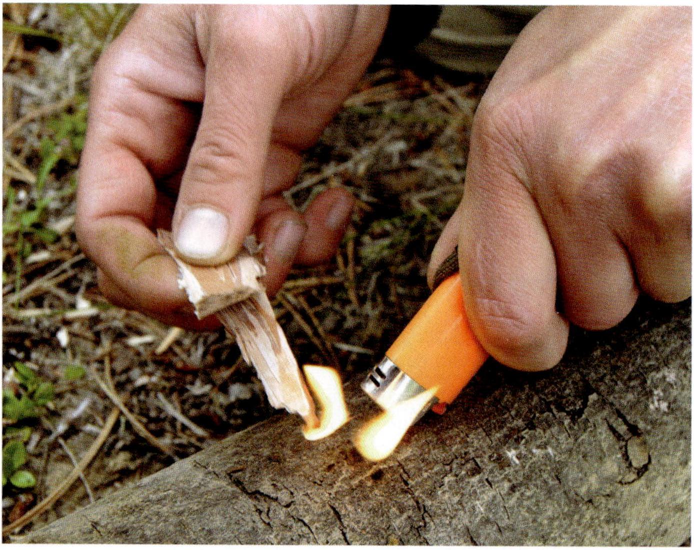

Im Kapitel „Survivalausrüstung" gehe ich näher auf verschiedene Arten von Streichhölzern und Feuerzeugen für den Einsatz in der Wildnis ein.

Mit einer **Lupe** oder einer **Fresnellinse** können Sie an einem sonnigen Tag die **Strahlen der Sonne bündeln** und auf Ihren Zunder richten. Die eintreffende Energie erhitzt den Zunder so stark, dass er zu glimmen beginnt und dann zu einer richtigen Flamme geblasen werden kann. Diese Methode funktioniert am besten, wenn Sie sehr dunklen Zunder verwenden (z. B. kleine Kohlestückchen), oder auch mit Grasbündeln, die Sie so stark verdichten, dass das Gras unter Sauerstoffmangel erst nur zu schmoren anfängt. Erst wenn Sie genug Hitze in diesem dichten Bündel erzeugt haben, wird das Gras aufgefasert und schließlich die Glut zu einer Flamme geblasen.

Suchen Sie mal in Ihrer Ausrüstung nach einer Lupe! Manche Taschenmesser haben eine eingebaute Lupe, viele Kompasse haben ein Vergrößerungsglas in der Grundplatte, Personen mit Augenschwäche tragen oft Fresnellinsen als Lesehilfe in der Geldbörse und manchmal sind Lupen im Erste-Hilfe-Set enthalten, um bei der Wundversorgung zu helfen. Wenn keine Lupe vorhanden ist, können Sie eventuell Linsen aus Kameras, Ferngläsern, Zielfernrohren oder Brillen verwenden.

Ein **Feuerstahl**, oft auch mit den englischen Begriffen **Ferrorod** oder **Ferrocerium Rod** benannt, ist ein sogenannter Mischmetallstab. Dabei handelt es sich um ein Materialgemisch aus Eisen, Cerium und Magnesium. Wenn man mit einem scharfkantigen Gegenstand, wie zum Beispiel dem Rücken einer Messerklinge, über den Stab schabt, werden feine Stücke aus dem Metall gerissen, die sich durch die Reibungshitze entzünden und als extrem heiße Funken den Zunder entfachen können.

Mit dem Schaber erzeugt ein Feuerstahl heiße Funken

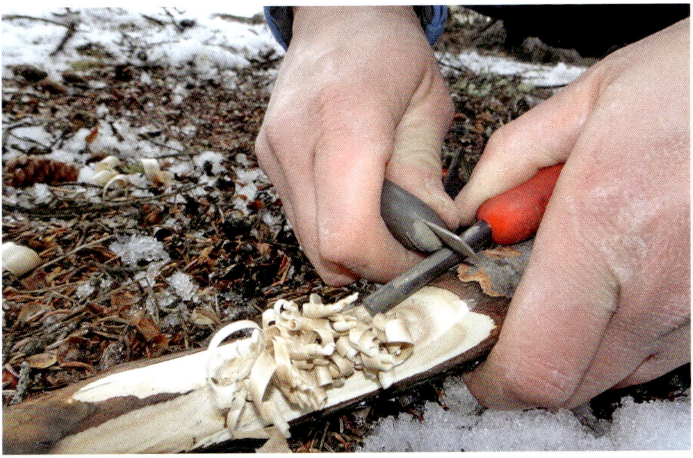

Natürlich erfordert diese Methode ein wenig Übung und Sie müssen für einen Erfolg feinsten und absolut trockenen Zunder bereithalten. Wenn Sie jedoch das Starten eines Feuers mit dem Feuerstahl beherrschen, haben Sie eine extrem zuverlässige Methode erlernt. Ein Feuerstahl funktioniert auch dann gut, wenn er nass oder kalt geworden ist und wenn Streichhölzer und Feuerzeuge schon lange ihren Dienst aufgegeben haben.

Hier ein paar Tipps für die Nutzung eines Feuerstahls:

- ▷ Formen Sie aus feinstem Zundermaterial ein richtiges kleines Nest. So lassen sich die Funken besser auffangen und in den Zunder konzentrieren.
- ▷ Anfänger schlagen oft mit dem Schaber in ihren Zunder und zerstören dabei wieder ihre Arbeit oder löschen sogar die zunächst erfolgreich erzeugte Flamme wieder. Halten Sie den Schaber (oder Ihr Messer) lieber direkt und statisch über den Zunder. Reißen Sie dann den Feuerstahl nach hinten. Dabei fallen die Funken direkt nach unten in den Zunder.
- ▷ Wenn Sie den Rücken eines Klappmessers als Schaber benutzen, platzieren Sie die Schneide der Klinge auf einem Stück Holz und ziehen Sie den Feuerstahl über den Messerrücken. So vermeiden Sie, dass das Messer auf die Finger klappt.

Stabilisieren eines Klappmessers:
Der Feuerstahl wird über den Messerrücken gezogen

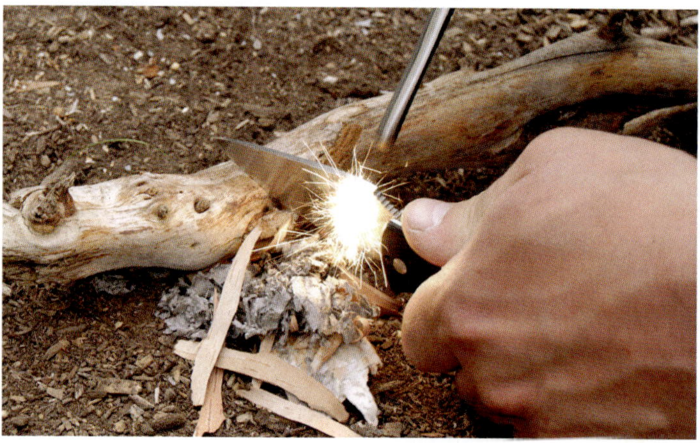

- ▷ Wenn Sie an einer Hand verletzt sind, können Sie Ihr Messer auch in einen liegenden Stamm treiben und nur mit der gesunden Hand den Feuerstahl daran entlangziehen, um Funken zu erzeugen. Platzieren Sie den Zunder direkt um das Messer herum, damit die Funken aufgefangen werden können.

Reibung erzeugt Hitze und kann auch dazu genutzt werden, ein Feuer zu entzünden. Einen Feuerbohrer zu basteln und damit auch unter schwierigen Bedingungen wirklich zuverlässig Feuer zu entfachen, erfordert allerdings viel Übung.

Eine einfachere Methode, um mit Reibungshitze eine Flamme zu erzeugen, ist die Verwendung einer **Watterolle**. Breiten Sie die Watte flächig aus und sprenkeln Sie ein wenig weiße Holzasche von Ihrem letzten Feuer darüber. Dann rollen Sie die Watte ganz dicht zusammen.

Platzieren Sie dieses kleine Röllchen zwischen zwei Holzscheiten oder zwei flachen Steinen. Nun schieben Sie das obere Brett hin und her und erhöhen dabei immer weiter den Druck auf die Rolle. Sie werden nach nur wenigen Minuten einen verbrannten Geruch wahrnehmen. Machen Sie noch ein paar Runden weiter. Dann wird die nun eng gepackte Watterolle vorsichtig aufgefasert. Sie werden im Inneren auf eine kleine Glut stoßen. Blasen Sie die Glut vorsichtig größer und entzünden Sie damit das Zunderbündel.

Wenn Sie keine Watte und Asche haben, können Sie diese Methode auch mit trockenen und feinsten Pflanzenfasern versuchen. Aber es ist um einiges schwieriger als mit der Baumwollwatte.

Anwendung einer Watterolle

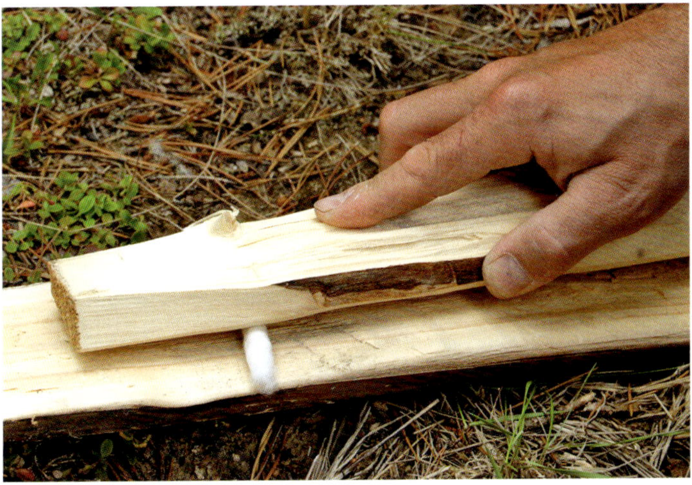

Wenn Sie Werkzeuge aus **Kohlenstoffstahl** haben, können Sie diese gegen die scharfe Kante eines **Feuersteins (Flint)** schlagen. Alternativ kann auch **Quarz** benutzt werden. Dabei entstehen feinste Funken. Um mit dieser Methode Erfolg zu haben, brauchen Sie extrem feines Zundermaterial. Gut geeignet ist **verkohlter Baumwollstoff**, wie weiter oben beschrieben. Sie müssen diesen Zunder so platzieren, dass die Funken aufgefangen werden. Wenn sich etwas Glut im Zunder gebildet hat, pusten Sie sie vorsichtig größer, bis sie genug Hitze hat, um ein ganzes Zundernest zu entfachen.

Wenn Sie mit ein paar Drähten eine starke **Batterie** kurzschließen, entstehen auch ein paar Funken, mit denen Sie zum Beispiel einen benzingetränkten Lappen entzünden können.

Notsignalfackeln können auch zum Anzünden eines Feuers zweckentfremdet werden. Halten Sie einfach die Flamme der Fackel in das vorbereitete Anmachholz.

Feuervarianten

Je nachdem, was man mit einem Feuer bezweckt, also ob man es als reines Wärmefeuer, zum Kochen oder als Signalfeuer betreiben will, kann man verschiedene Aufbauvarianten wählen.

Ein einfaches **Tipifeuer** erzeugt durch den vertikalen Aufbau schnell hohe Flammen und produziert viel Hitze. Es ist deshalb gut geeignet, wenn man nur mal schnell einen Topf heißes Wasser braucht oder sich die kalten Glieder wärmen will, Sie also kurzfristig ein Feuer brauchen, das nur für eine begrenzte Zeit benötigt wird. Allerdings verbraucht es den aufgeschichteten Brennstoff auch ziemlich schnell. Während das Holz niederbrennt und das Feuertipi immer wieder zusammenfällt, müssen Sie oft nachschichten, auflegen und Scheite wieder zurechtrücken.

Beginnen Sie den Aufbau mit einer kleinen Plattform aus trockenem Holz, auf die Sie zunächst Zunder, dann Anmachholz und schließlich dickeres Feuerholz aufschichten. Sie können alles Material bereits aufschichten, bevor Sie den Zunder anzünden. Der Vorteil dabei ist: Sobald Sie eine kleine Flamme in dem Zundernest entfacht haben, wird bereits Hitze produziert, die das darüberliegende Material anwärmt und weiter trocknet. Dadurch entzündet es sich anschließend natürlich leichter – es wird also keine Energie des Feuers verschwendet.

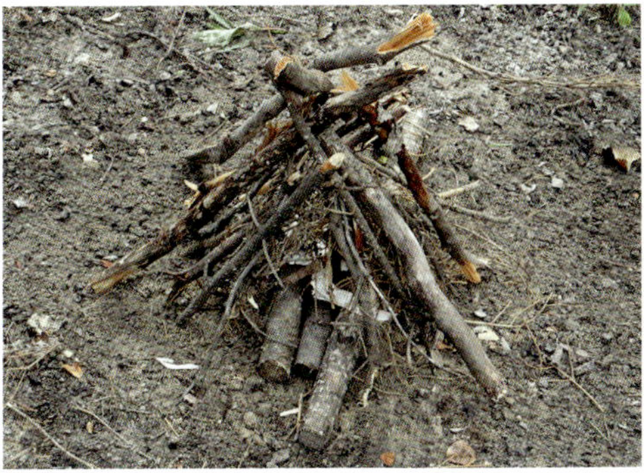

Tipifeuer

Ich sortiere allerdings lieber zunächst mein gesamtes Zunder-, Anzünd- und Brennholzmaterial um meine Feuerstelle. Beim Anzünden beginne ich dann nur mit dem Zundernest auf der kleinen Plattform und erst wenn es zuverlässig brennt, lege ich feines Anzündmaterial auf. So baue ich mein Tipifeuer nach und nach auf, während die Flammen wachsen. Mir gefällt diese Methode, weil ich so beim Auflegen auf die Bedürfnisse meines Feuers reagieren kann. Braucht es mehr Sauerstoff, lege ich lockerer nach. Braucht es mehr dünnes Material, so kann ich kleine Zweige aufwerfen. Wenn es genug Hitze für grobes Holz produziert hat, kann ich ganze Scheite auflegen.

Beim **Pyramidenfeuer** werden mehrere Lagen Holz quer zueinander aufgeschichtet. Man beginnt mit dickerem Material in der untersten Lage und arbeitet sich zum feineren Material nach oben fort. Sie können dieses Feuer von oben anzünden. Nach und nach fallen die Glutstücke der oberen Lagen in die Zwischenräume der nächsten Schicht und entzünden diese dabei. Das Pyramidenfeuer ist ein Feueraufbau, um den Sie sich für eine ganze Weile kaum kümmern müssen. Es ist also gut geeignet als Wärmefeuer über Nacht oder zum Wäschetrocknen, während Sie mit anderen Aufgaben beschäftigt sind.

Pyramidenfeuer

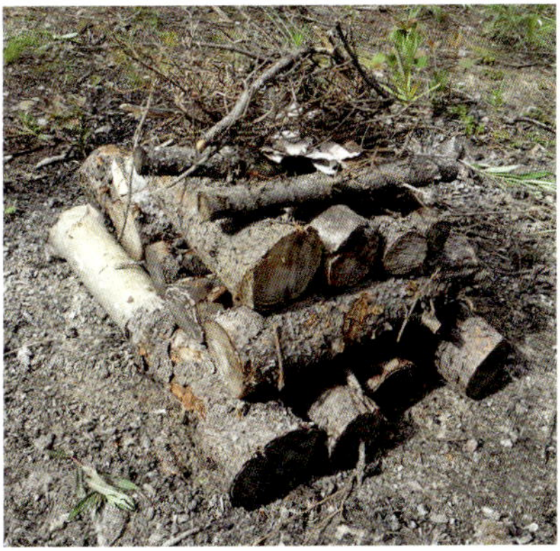

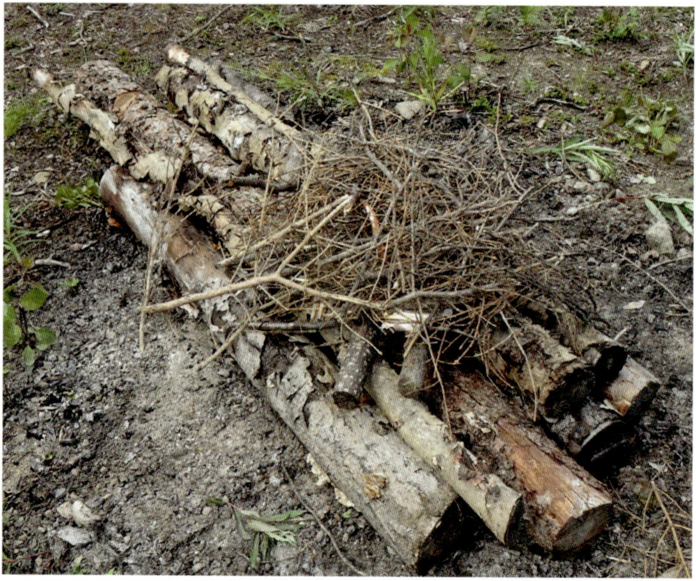

Langfeuer

Das **Langfeuer** besteht aus mehreren parallel angeordneten Stämmen in beliebiger Länge. Als Wärmefeuer für eine kalte Nacht werden am besten körperlange Stämme verwendet. Legen Sie mindestens zwei Lagen Stämme zusammen und lassen Sie etwa fingerdicke Spalten zwischen den Stämmen. Für diese Art eines Feuers brauchen Sie enorme Mengen Anmachholz, etwa trockenes Fichtenreisig. Schichten Sie das Anmachholz oben auf die Stämme und entfachen Sie das Feuer. Wie beim Pyramidenfeuer rieseln die glühenden Stücke zwischen die Stämme und entzünden so Ihr Brennholz. Auch dieses Feuer braucht nur wenig Pflege und Aufmerksamkeit. Legen Sie einfach alle paar Stunden neue Stämme auf. Es ist als lang anhaltendes Wärmefeuer, aber auch als Kochfeuer gut geeignet. Wenn Sie über einem Langfeuer kochen, haben Sie im Grunde gleich mehrere „Herdplatten" und können je nach Länge des Feuers mehrere Töpfe und Kessel nebeneinander über die Flammen hängen.

Wetterschutz und Notunterkünfte

Im kühlgemäßigten Klima Mitteleuropas und in den kaltgemäßigten subarktischen und kalten arktischen Zonen im Norden Europas und Nordamerikas sind **Unterkühlungen oder sogar Erfrierungen eine ernst zu nehmende Gefahr** in der Wildnis. Deshalb ordnet die Dreierregel aus dem Kapitel „Entscheidungshilfen und Strategien für Notfälle" Wärme und Unterschlupf auf der Prioritätenliste weit oben ein.

Der Mensch ist ein **Warmblüter** mit einer durchschnittlichen **Körperkerntemperatur** von etwa **37 °C**. Wir haben im Laufe unserer Evolution verschiedene Mechanismen zur **Thermoregulation** entwickelt, die es uns ermöglichen, unseren Körper unter warmen Bedingungen aktiv zu kühlen (z. B. durch Schwitzen) und bei kalten Temperaturen Wärme zu produzieren (z. B. durch Muskelaktivität unter der Verbrennung von Kalorien). Während Überhitzung in unseren Klimata eine eher untergeordnete Rolle spielt, kann ein menschlicher Körper unter nassen, windigen und kalten Bedingungen innerhalb von wenigen Stunden so viel Wärme verlieren, dass die Kerntemperatur unter die genannten 37 °C sinkt.

Ein Absinken der Körperkerntemperatur geht mit teilweise massiven physischen und mentalen Einbußen einher. Ein Unterkühlungsopfer ist ab einem gewissen Wärmeverlust nicht mehr in der Lage, sich selbst zu helfen und wieder aufzuwärmen. Setzt sich die Unterkühlung weiter fort, ist eine Rettung unter Umständen nur noch mit speziellem medizinischen Fachwissen und der dazugehörigen Ausrüstung möglich – und ist auch dann nicht immer garantiert.

Ein **Wärmeverlust von 1-2 °C** wird noch nicht als Unterkühlung bezeichnet, sondern ist lediglich als **Kältestress** definiert. In dieser Phase beginnt der Körper jedoch bereits mit **starkem Muskelzittern**. Dabei handelt es sich um eine Schutzmaßnahme des Körpers und durch die starken Muskelbewegungen wird unter der Verbrennung von Kalorien extrem viel Wärme produziert. In dieser Phase nehmen die physische Leistungsfähigkeit und auch die Motorik bereits extrem ab. Es fällt schwer zu sprechen und mit den Händen und Fingern feinmotorische Aufgaben zu erfüllen (z. B. ein Feuerzeug zu bedienen oder den Reißverschluss der Jacke zu schließen).

Bei einer **Kerntemperatur von 35 °C bis 32 °C** spricht man von **milder Unterkühlung** oder Hypothermie. Dabei nimmt das Muskelzittern zunächst zu, während sich die physische Leistungsfähigkeit weiterhin auf einer Talfahrt befindet. In dieser Phase verabschiedet sich auch die mentale Leistung: Man kann nicht mehr klar denken.

Bei **unter 32 °C** nehmen alle Fähigkeiten – mental und physisch – weiter ab. Nun schaltet der Körper noch weiter in Überlebensmodus und reduziert alle Systeme. Dadurch wird das Zittern zur Wärmeerzeugung wieder weniger. Ein solch massiver Wärmeverlust führt **schließlich zur Bewusstlosigkeit**. Bei weiterer Auskühlung besteht ein hohes Risiko für das Herz und Personen mit solch starker Hypothermie müssen extrem vorsichtig behandelt und transportiert werden.

Man sollte sich auch bewusst sein, dass mit zunehmender Auskühlung der Körperkerntemperatur auch das **Risiko von Erfrierungen** an den Extremitäten (z. B. Händen und Füßen) massiv steigt, weil der Körper in diesen Bereichen die Versorgung mit warmem Blut verringert, um die Wärme im Rumpf bei den lebenswichtigen Organen zu halten.

Ich habe einmal sehr eindrucksvoll erlebt, wie schnell meine Hände bei niedrigen Temperaturen und starkem Wind außer Gefecht gesetzt waren. Ich habe eigentlich eine sehr gute Zirkulation in meinen Fingern und kann auch bei recht niedrigen Temperaturen immer noch gut auch für längere Zeit ohne Handschuhe arbeiten, was sich bei unseren Huskytouren im kanadischen Winter oft als hilfreich erweist. In der hier dargestellten Situation frischte der Wind ein wenig auf und ich wollte eine dickere Winterjacke überziehen. Dafür nahm ich meine dicken Fäustlinge ab. Mit den bloßen Händen nahm ich die dicke Daunenjacke aus dem Schlitten und warf sie über. Ich nehme an, dass meine Finger in den Fäustlingen ein wenig feucht geworden waren. Nach nicht einmal zwei Minuten waren meine Hände durch die Kombination von Feuchtigkeit und Fahrtwind so kalt, dass ich meine Finger nicht mehr richtig bewegen konnte. Ich konnte den Reißverschluss meiner Jacke nicht mehr bedienen und war nun mit offener Jacke den niedrigen Temperaturen noch mehr ausgeliefert. Ich hatte im Schlitten auch eine Thermoskanne mit Tee zum Aufwärmen, konnte aber den Deckel nicht greifen und öffnen. Schließlich steckte ich die Hände in meine Hose und wärmte die Finger im Schritt wieder auf. Das ging nur, weil ich im Winter immer weite Latzhosen trage. Eine normale Hose hätte ich vermutlich nicht aufbekommen. Mir ist bei diesem Erlebnis bewusst geworden, wie schnell bei kalten Temperaturen eine völlig harmlose Situation zu einem ernsten und vielleicht sogar lebensgefährlichen Notfall werden kann, wenn man nicht schnell genug entschlossen und richtig handelt.

Einen weiteren Fall von Unterkühlung habe ich beobachten können, als ein paar Wanderer auf dem alaskischen Chilkoot Trail trotz Wind und Regen ihre Regenbekleidung nicht anlegen wollten. Innerhalb von etwa einer Stunde waren die beiden so ausgekühlt, dass sie nicht mehr in der Lage waren, selbstständig ihre Rucksäcke abzulegen und sich in die Schutzhütte unterhalb des Passes zu begeben. Der Survivalmechanismus ihrer Körper war gut zu beobachten, als die beiden schlotterten wie Espenlaub. In der Hütte wurden sie dann mit heißen Getränken wieder aufgewärmt. Sie selbst waren nicht mehr in der Lage, sich zu helfen.

Ich habe die verschiedenen Phasen und gesundheitlichen Auswirkungen einer Unterkühlung an dieser Stelle so ausführlich beschrieben, weil ich es für wichtig erachte, dass Sie sich der körperlichen Beeinträchtigung durch eine Unterkühlung und der Gefahr, die damit einhergeht, bewusst sind. Nicht umsonst haben Wärme und Schutz vor Wetter eine so hohe Priorität im Notfall.

An dieser Stelle möchte ich noch auf eine Beobachtung hinweisen, die ich schon oft gemacht habe, wenn Leuten kalt wird. **Viele ergeben sich der Kälte und werden inaktiv**. Sie können oft an der Körperhaltung Ihrer Reisepartner erkennen, dass ihnen kalt ist, noch bevor sie sich verbal dazu äußern: Die Hände werden gerieben oder die Arme verschränkt, die Schultern werden hochgezogen, der Kopf kommt dem Rumpf immer näher, der gesamte Oberkörper ist nach vorne gebeugt.

Wenn Ihnen kalt ist: Werden Sie aktiv! Setzen Sie sich in Bewegung und wirken Sie aktiv an der Verbesserung Ihrer Situation mit! Wenn Sie das nicht tun, wird es schlimmer, bis Sie nichts mehr tun können, ob Sie es wollen oder nicht! Stehen Sie auf, sägen Sie Feuerholz! Sammeln Sie noch mehr Material, um Ihren Unterschlupf zu verbessern! Holen Sie Pflanzenmaterial für eine isolierende Unterlage! So wird Ihnen zum einen durch die Bewegung wieder wärmer, aber Sie verbessern zum anderen auch Ihre Situation, indem Sie weiteren Wärmeverlust verhindern.

Wenn Ihre Finger kalt werden, stecken Sie sie zum Aufwärmen unter der Bekleidung unter die Achseln oder in die Leistengegend. Alternativ können Sie auch die Arme kreisen lassen – so schnell, wie Sie können! So wird warmes Blut wieder in die Fingerspitzen gedrückt und Sie erhalten wieder Gefühl und Mobilität in den Gliedmaßen.

Wie verlieren wir Wärme?

Um effektiv gegen Wärmeverlust vorgehen zu können, müssen Sie wissen, wie unser Körper Wärme verliert. Der menschliche Körper strahlt thermische Energie, also infrarote Strahlung, an die Umgebung ab. Man spricht dabei von **Wärmestrahlung**. Genauso kann der Körper aber auch die thermische Energie von externen Wärmequellen, also zum Beispiel einem Lagerfeuer, aufnehmen. Neben der Möglichkeit, sich neben eine Wärmequelle zu setzen, können Sie den Wärmeverlust durch Strahlung auch durch zusätzliche isolierende Schichten verringern.

Aber Sie können auch auf andere Art auskühlen. Man spricht von **Konvektion**, wenn bewegte Luft – Wind – oder strömendes Wasser die warme Luft- oder Wasserschicht um unseren Körper entfernt. Eine Windbarriere, also dichte Bekleidung oder auch ein Schutz aus einer Zeltplane, können hier Abhilfe schaffen.

Wärmeleitung ist der Prozess, bei dem durch direkten Kontakt mit einem kalten Objekt (zum Beispiel dem kalten Boden oder einem Stein, auf den Sie sich gesetzt haben) Wärme entzogen wird. Deshalb sollten Sie sich immer nur auf isolierende Unterlagen setzen oder legen.

Zuletzt verlieren wir auch noch Wärmeenergie durch Schwitzen und Atmen. Hier spricht man von dem Prozess der **Evaporation**. In diesem Zusammenhang sollte man auch ganz generell den kühlenden Effekt von feuchter Bekleidung ansprechen, die durch Verdunstung zu Wärmeverlust führt.

Wärmeverlust

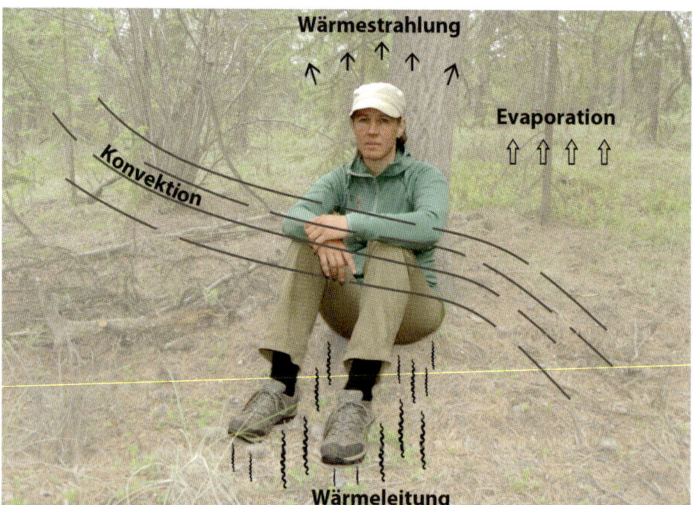

Dabei spielt es keine Rolle, ob die Bekleidung durch Schweiß oder etwa durch Regen oder ein unfreiwilliges Bad in einem Bach nass geworden ist. Während wir Energieverlust durch Atmung vielleicht durch langsame Bewegungen und den Verzicht auf anstrengende Tätigkeiten etwas minimieren können, kann eine Auskühlung durch Verdunstung vor allem durch regenfeste Bekleidung verhindert werden.

Wenn wir also in der Wildnis und eventuell sogar während eines Notfalls unseren Körper vor Wärmeverlust schützen wollen, müssen wir alle diese Prozesse berücksichtigen.

Kleider machen Leute!

Tolle Survivalunterstände während des Survivaltrainings zu bauen, ist sicher toll, aber darüber wird ein ganz wesentlicher Aspekt von Wetterschutz oft übersehen: Die richtige Bekleidung ist wichtiger als jeder Survivaltrick!

Unterstände sind nur eine improvisierte Ergänzung zu einem funktionierenden **Bekleidungssystem**. Was aber bedeutet "System" in Bezug auf Bekleidung? Für Outdooraktivitäten ist es sinnvoll, die Bekleidung aus verschiedenen Lagen, oft verglichen mit einer Zwiebel, aufzubauen. So kann man **je nach Wetterbedingungen die Bekleidung anpassen**, indem man einzelne Lagen weglässt oder weitere Schichten anlegt.

Im Kapitel „Survivalausrüstung" gehe ich auf die Bekleidungsschichten des Zwiebelsystems genauer ein.

Wenn Sie Ihre Kleidung für einen Ausflug in die Natur – ob für eine Tagestour oder eine mehrwöchige Expedition – planen, sollten Sie sich nicht auf einen optimistischen Wetterbericht mit sommerlichen Temperaturen und Sonnenschein verlassen.

Planen Sie immer auch für das schlechteste Wetter, damit Sie genug Reserven haben, wenn Ihre Tour länger dauert, ein Notfall eintrifft oder das Wetter unerwartet umschlägt.

Erinnern Sie sich an die verschiedenen Arten von Wärmeverlust? Mit der richtigen Bekleidung verringern Sie Wärmeverlust durch Wärmestrahlung, wenn Sie isolierende Schichten tragen, aber auch Abkühlung durch Wind (Konvektion) und durch Verdunstungskühle (Evaporation), die durch durchnässte Kleidung entsteht – sei es durch Schweiß oder durch Niederschlag.

Unterstände

Wenn Sie in einem Notfall noch im Besitz Ihrer Ausrüstung wie etwa einem Schlafsack, einer Isomatte und einem Zelt sind, ist die Situation in Bezug auf Wetterschutz und Wärme relativ einfach. Wenn Sie aber die Nacht im Freien oder sogar längere Zeit ohne solche Campingausrüstung an Ort und Stelle verbringen müssen, sollten Sie erwägen, ob es sinnvoll ist, die Energie in den **Bau eines Notunterstands** zu stecken. Gehen Sie hier methodisch vor und bedenken Sie, auf welche Weise der Körper Wärme verliert und wie Sie effektiv dagegen vorgehen können!

Eventuell schaffen Sie es nicht, Ihre neue Behausung an einem Tag fertig zu bauen. Konzentrieren Sie sich auf die wichtigsten Komponenten und fahren Sie fort, sobald Wetter, Tageslicht und Ihr Zustand es zulassen.

Welche Aspekte beim Bau eines Notunterstandes sind die wichtigsten? Die Antwort hängt von der Situation ab. Wenn Sie bei milden Temperaturen einem Regenschauer ausgesetzt sind, ist es natürlich am sinnvollsten, sich zuerst vor Nässe zu schützen. Müssen Sie sich bei kaltem, aber trockenem Winterwetter vor Unterkühlung schützen, ist eine gut isolierende Unterlage vor einem Feuer in einem windgeschützten Dickicht die Lösung für die erste Nacht.

Bedenken Sie die Zeit, die es kostet, eine isolierende Unterlage oder einen Unterstand zu bauen. Selbst wenn Sie alle Ressourcen in der unmittelbaren Umgebung finden können, sollten Sie für ein Bett mindestens eine Stunde Zeit veranschlagen. Ein Schrägdach dauert schnell mal zwei Stunden, selbst unter perfekten Bedingungen. Fangen Sie also rechtzeitig mit der Arbeit an!

Standort

Bevor der eigentliche Bau der provisorischen Unterkunft beginnt, sollten Sie sich Gedanken um den geeigneten Standort Ihrer neuen temporären Behausung machen. Eine wichtige Rolle spielen **sicherheitsrelevante Aspekte**.

- ▷ Sind Sie sicher vor Steinschlag und Lawinen? Können umstehende Bäume oder schwere Äste auf die Notunterkunft stürzen?
- ▷ Können Flüsse oder andere Gewässer bei starken Regenfällen das Lager überschwemmen? Wenn Sie sich an der Küste befinden, fragen Sie sich, ob extreme Fluten Ihr Camp erreichen können.

- ▷ Finden sich Anzeichen wilder Tiere in der Nähe? Damit sind sowohl große und teilweise gefährliche Wildtiere wie etwa Bären in Nordamerika, Skandinavien und Osteuropa, aber auch zum Beispiel Wildschweine in Mittel- und Südeuropa gemeint. Mäuse, Ratten und Fledermäuse können schwere Krankheiten wie etwa Infektionen durch das Hantavirus übertragen, aber auch Ihren Lebensmittelvorräten erheblichen Schaden zufügen. Stechende und beißende Insekten wie etwa Wespen oder Ameisen können ebenfalls gefährlich oder zumindest lästig werden. Achten Sie auf Spuren, Kot, Bauten, Fraßspuren, Wildwechsel usw. und wechseln Sie gegebenenfalls den Standort.
- ▷ Sind Sie vor extremen Witterungseinflüssen geschützt? Könnten starke Sturmereignisse, Blitzschlag oder auch massive Schneefälle zur Gefahr werden?

Aber auch andere Kriterien spielen bei der Wahl eines Lagerplatzes eine wichtige Rolle:

- ▷ Gibt es genug Material zum Bau der Unterkunft in unmittelbarer Umgebung? Es kostet enorme Energie, wenn Material erst mühsam herangeschafft werden muss.
- ▷ Ist der Untergrund geeignet zum Bau eines Unterstandes? Wie sieht es nach einem Regenfall aus?
- ▷ Sind Feuerholz, Trinkwasser, Nahrung in der näheren Umgebung zu finden?
- ▷ Können Rettungsmannschaften Ihren Lagerplatz gut aus der Luft sehen? Kann ein Hubschrauber oder ein kleines Flugzeug in der Nähe landen?
- ▷ Bedenken Sie Wetterereignisse. Große Bäume über Ihrem Lagerplatz können nach starkem Regen noch lange nachregnen. Bäume und Büsche um Ihr Lager herum können Sie vor starkem Wind schützen. Aber eventuell hilft eine leichte Brise auch gegen lästige Mücken und hält Ihr Lager trocken.

Richten Sie den gesamten Lagerplatz sinnvoll ein! Planen Sie die Kochstelle und den Aufbewahrungsort Ihrer Lebensmittel in ausreichender Entfernung zur Schlafstätte, wenn Sie mit gefährlichen Tieren wie etwa Bären rechnen müssen. Eine Latrine sollten Sie ebenfalls in einiger Entfernung und vor allem weit weg von Ihrer Trinkwasserquelle einrichten. Im Kapitel „Erste Hilfe und Gesundheit“ finden Sie dazu nähere Angaben.

Beachten Sie beim Bau Ihres Unterstandes auch die **Windrichtung**. Bauen Sie den Eingang und die Feuerstelle nicht auf die windabgewandte Seite des Unterstandes. Sonst wird der Wind durch den Unterstand verwirbelt und es kommt direkt vor dem Eingang zu starkem Zug. Wenn Sie dann noch ein Feuer vor Ihrem Unterstand anzünden, weht der ganze Rauch direkt zu Ihrem Schlafplatz. Richten Sie Ihre Behausung lieber so aus, dass der Wind am Eingang entlangstreicht. So werden Rauch und auch lästige Mücken mit dem Wind davongetrieben.

Das Wildnisbett

Es ist am einfachsten, eine **bequeme und gut isolierende Unterlage** oder sogar ein ganzes „Wildnisbett" zu bauen, bevor Sie mit einem Überbau beginnen. So müssen Sie nicht hinterher Ihr Baumaterial durch einen kleinen Eingang bugsieren. Betrachten Sie Ihre Schlafunterlage als Fundament für Ihr neues – vorübergehendes – Zuhause.

Rahmen und Lattenrost des Wildnisbetts

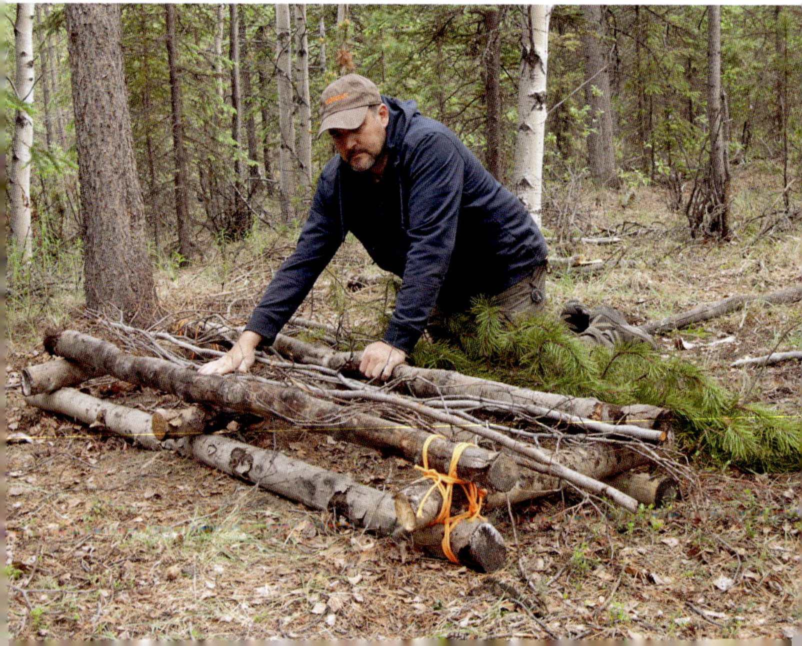

Wenn Sie ausreichend Zeit und genug Material für ein solches Gebilde haben, bauen Sie Ihr **Bett etwa kniehoch**. So können Sie es auch gut als Sitzgelegenheit nutzen. Außerdem nutzen Sie die abgestrahlte Wärme und die warme aufsteigende Luft eines davor brennenden Feuers effizienter. Sie können diesen Effekt auch gut beobachten, wenn Sie Ihre Hand nahe am Boden neben ein Feuer halten. Dort ist es auch in direkter Nähe zum Feuer noch recht kühl. Je nach Größe und Intensität des Feuers spüren Sie eventuell gar keine Wärme. Heben Sie nun Ihre Hand vertikal höher. Die Wärme nimmt dabei spürbar zu.

Zuerst bauen Sie den **Rahmen**. Beginnen Sie mit zwei langen, etwa 10-15 cm starken Stämmen parallel zueinander und etwas mehr als schulterbreit auseinander. Darüber legen Sie drei gleich starke Querstreben – eine etwa auf Schulterhöhe, eine zwischen Hüfte und Knien und eine bei den Füßen. Darauf kommen dann wieder zwei lange Streben. Wenn diese drei Lagen das Bett nicht auf die gewünschte Höhe gebracht haben, können Sie der gleichen Anordnung folgend einfach weitere Lagen verbauen.

Nutzen Sie Schnur, um die Stämme an den Kreuzungspunkten sicher zu verbinden. Wenn Sie keine haben, können Sie die Stämme auch mit Steinen oder Pflöcken im Boden sichern, um ein Wegrollen zu verhindern. Alternativ dazu kann man an den Verbindungsstellen auch Kerben in das Holz schneiden oder hacken, um sichere Verbindungen zu erreichen.

Zwischen die obersten langen Stämme kommt nun eine Lage etwa finger- bis daumendicker flexibler Stangen. Junge Weiden, Erlen und Birkenstangen bieten sich wegen ihres geraden Wachstums an. Sie sollten kleine Seitenzweige nicht entfernen, sondern eher ganz grob miteinander verweben, wenn Sie die Stangen auf Ihr Bettgestell legen. Bei dieser Lage handelt es sich um den **„Lattenrost"** Ihres neuen Bettes.

Als letzte Schicht folgt eine **dicke Lage weicheren Materials** zur Polsterung und Isolation. Im Nadelwald bieten sich **mitteldicke Fichtenzweige** an, aber es können auch dicke Lagen feiner, weicher Zweige anderer Bäume oder etwa Gras, Schilf oder trockenes Moos verwendet werden.

Geben Sie sich viel Mühe bei der Auflage der obersten Schichten. Unregelmäßigkeiten machen sich beim Liegen gleich bemerkbar und sorgen für kalte oder unbequeme Stellen im Bett.

Fichtenzweige legen Sie am besten in einem V-Muster auf: die feinen Enden von zwei Zweigen in einem 90-Grad-Winkel zueinander und dann in der Mitte des Bettes platzieren. Positionieren Sie immer nur zwei Zweige, dann die nächsten beiden Zweige überlappend. So entsteht ein dichtes und weiches Bett. Bei sehr kalten Temperaturen können Sie auf diese Weise mehrere Schichten auflegen und die Isolation erhöhen.

Fertiges Wildbett

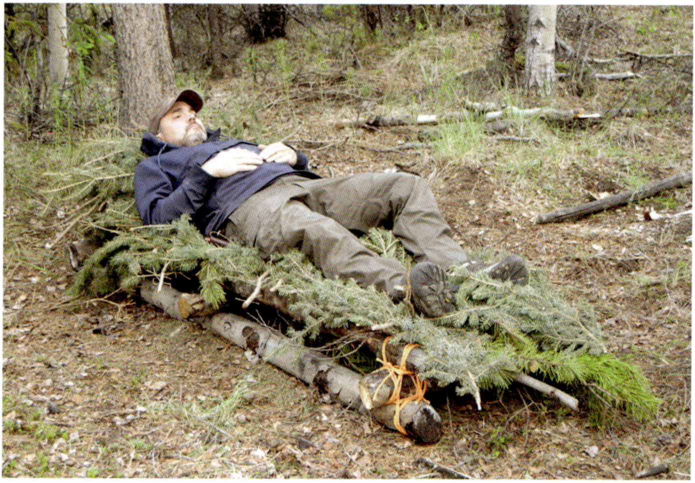

Bei diesem nach unten offenen Bettgestell kann warme Luft vom Feuer auch von unten durch Ihr Bett ziehen. Sie können auch heiße Steine aus dem Feuer als zusätzliche Wärmequelle unter die Schlafstätte legen.

Wenn ein komplettes Bettgestell in Sitzhöhe zu aufwendig ist, können Sie auch einfach eine oder mehrere Lagen Äste auf den Boden legen, um Abstand zum kalten Untergrund zu bekommen, aber auch um es bequemer zu machen. Dann wird diese Lage wie oben beschrieben mit Fichtenzweigen oder anderem polsternden und isolierenden Material bedeckt.

Unterstände aus Planen

Falls Sie eine Zeltplane (Tarp) oder einen Regenponcho und etwas Schnur dabeihaben, können Sie schnell ein einfaches und effektives Dach abspannen.

Am einfachsten ist ein **Schrägdach**, ein sogenanntes Lean-to. Zwei Ecken an der langen Seite der Plane werden nach unten zum Boden abgespannt. Die zwei verbleibenden Ecken werden so nach oben abgespannt, dass sich ein Schrägdach ergibt. Wenn es sich um eine wirklich wasserdichte Plane handelt, ist ein 45-Grad-Winkel ein guter Kompromiss zwischen Platzangebot unter dem Tarp und dem Schutz vor Regen. Eine nicht regendichte Plane sollte man steiler abspannen, damit Wasser schneller abrinnt, bevor es durch den Stoff sickert.

Der Nachteil eines einfachen Schrägdaches ist, dass man nur von einer Seite geschützt wird.

Mein Favorit ist ein **rautenförmiger Aufbau**, bei dem eine Ecke nach unten zum Boden und die diagonal gegenüberliegende Ecke nach oben weggespannt wird. Anschließend werden die beiden verbleibenden Ecken ebenfalls straff zum Boden abgespannt.

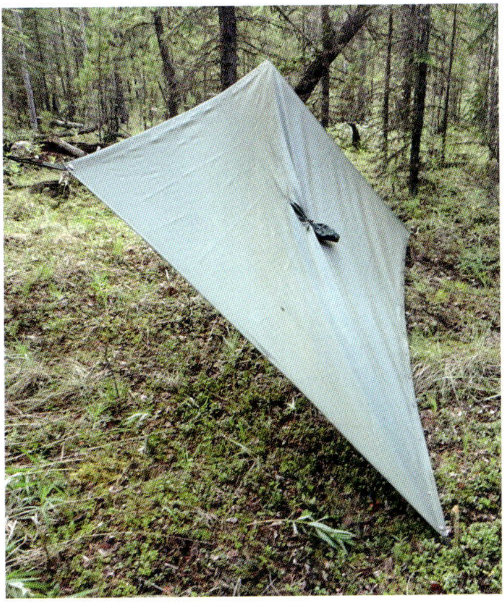

Schrägdach

Rautenförmiger Tarpaufbau

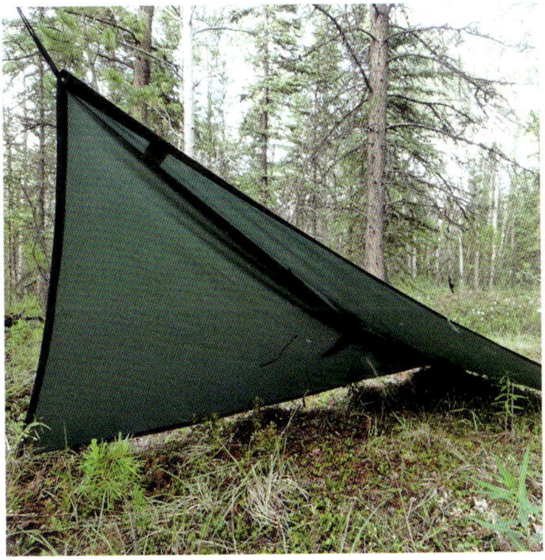

Dadurch ergibt sich ein Schutzdach, das auf zwei Seiten hervorragenden Schutz gewährleistet.

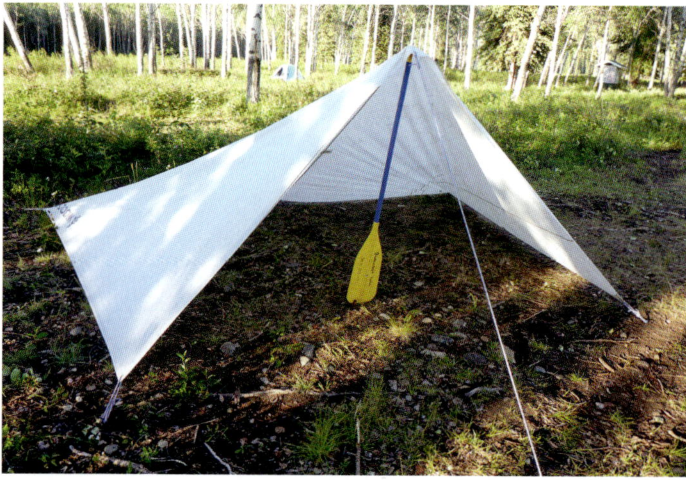

Das Tarpzelt bietet zuverlässigen Schutz vor Wind und Regen

Wenn Ihre Plane auch noch einen Abspannpunkt in der Mitte hat (bei einem Poncho eignet sich hier der Schnürzug der Kapuze), können Sie hier auch abspannen und so etwas mehr nutzbaren Innenraum erzeugen.

Mit einer großen rechteckigen Plane lässt sich auch eine Art **Zelt** aufspannen, das Ihnen Schutz von drei Seiten bietet und ein wärmendes Feuer vor dem Eingang erlaubt.

Spannen Sie den mittleren Punkt einer langen Seite Ihres Tarps mit einer Stange (ein stabiler Ast, Kanupaddel, Wanderstock o. Ä.) etwa 1,20 m hoch. Dann fixieren Sie die beiden Ecken der gegenüberliegenden Seite am Boden. Als Letztes werden noch die beiden verbleibenden Ecken zum Boden gespannt.

Man sieht oft Aufbauvarianten, bei denen ein Teil des Tarps umgeschlagen und in voller Breite als **Bodenplane** verwendet wird. Bei solchen Varianten sammelt sich jedoch bei Regen oft Wasser auf der Plane. Wenn Sie eine Bodenplane verwenden möchten, achten Sie darauf, dass sie nirgends unter dem Dach hervorschaut und dass am Dach ablaufendes Wasser nicht auf die Plane fließen kann.

Wenn Ihre Plane keine Ösen oder Schlaufen hat, können Sie einen kleinen Stein oder auch einen Fichtenzapfen oder etwas Ähnliches in das Tarp drücken und von der anderen Seite mit einer Schnur und dem Mastwurfknoten abbinden. So können Sie an jeder beliebigen Stelle der Plane eine **Abspannmöglichkeit improvisieren**, ohne das Tarp zu beschädigen.

Einfache Dächer aus Planen sind leicht aufzubauen und können wirkungsvoll gegen Wind und Niederschläge schützen. Noch besser funktionieren sie in Kombination mit einem isolierenden Wildnisbett wie oben beschrieben. Allerdings bieten sie keinen Schutz vor dem Verlust von Wärme durch Wärmestrahlung. Sie sollten deshalb die Wirkung einer einfachen Tarpunterkunft bei kaltem Wetter nicht überschätzen!

Supershelter

Der kanadische Survivalexperte Mors Kochanski war von der **Effizienz von arktischen Iglus** und der **Wirkungsweise von Gewächshäusern** fasziniert und erfand eine Notunterkunft, die durch den raffinierten Einsatz von verschiedenen relativ leichten Planen einige Eigenschaften jener Bauwerke nachahmt.

Vereinfachte Konstruktion: Der Supershelter als Schrägdach

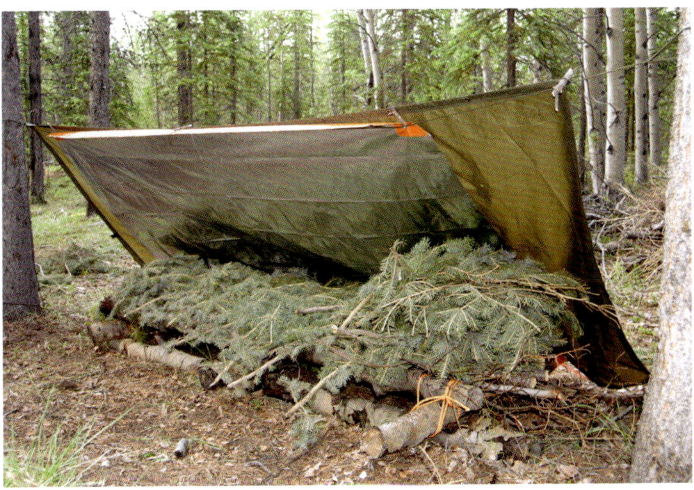

Kochanskis „Supershelter" wurde als **Notunterkunft für eine bewaldete Region** entwickelt. Sie ist verhältnismäßig anfällig gegen Stürme und bedarf des natürlichen Windschutzes eines Waldgebietes. Außerdem ist bei wirklich kaltem Wetter eine externe Wärmequelle – ein Feuer – nötig, um den Unterschlupf zu heizen. Eine entsprechende Menge an Brennstoff ist also erforderlich.

Das ursprüngliche Design sieht eine halbe Kuppel aus biegsamen Ästen und Zweigen als Rahmen vor. Ich bevorzuge jedoch eine se**hr stark vereinfachte Schrägdachvariante**, die sich schneller errichten lässt und wesentlich weniger Material benötigt.

Für diese Variante wird ein **stabiles Tarp** wie oben beschrieben als **Schrägdach über das Wildnisbett** gespannt. Dieses Schrägdach bietet den nötigen Wetterschutz und schafft eine stabile Struktur für die Notunterkunft. Von innen wird dann eine Rettungsdecke unter das Tarp gehängt, die später die Wärme eines Feuers direkt auf die schlafende Person reflektiert.

Als letzte Komponente wird eine **durchsichtige Plastikfolie** über das gesamte Gebilde gelegt und an den Seiten verschlossen.

In einem Abstand von etwa 1 -1,20 m davor wird ein Feuer entzündet.

Fertiger Schrägdach-Supershelter

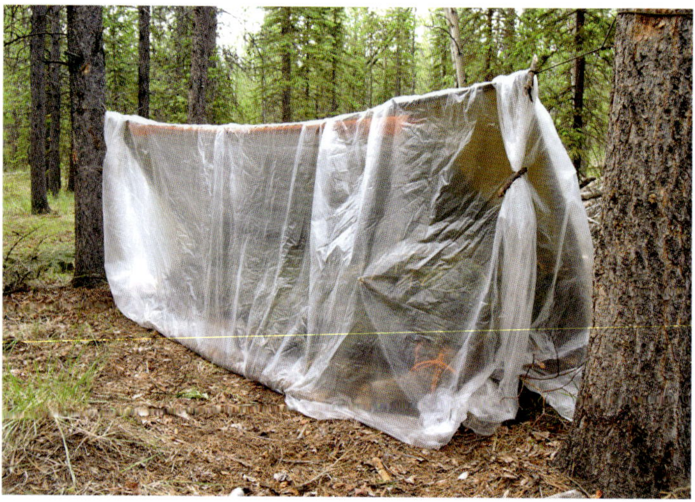

So simpel diese Notunterkunft auch erscheint, so kombiniert sie mehrere schützende Wirkungsweisen. Durch die isolierende Unterlage des Wildnisbetts verhindert sie Energieverlust durch Wärmeleitung. Das Schrägdach schützt effektiv vor Niederschlag und blockt Wind und verhindert so Verdunstungskühle durch nasse Kleidung und Energieverlust durch Konvektion. Die silberne Rettungsdecke reflektiert die abgestrahlte Wärme des Feuers direkt auf die schlafende Person und sorgt außerdem für freundliche Beleuchtung im Inneren. Die klare Plastikfolie kreiert wie ein Gewächshaus eine „Blase" warmer Luft um die Person im Inneren der Unterkunft. So wird die Wärmestrahlung an die kältere Umgebung reduziert. Außerdem hält die Folie Funken und Rauch – und im Sommer auch lästige Mücken – aus der Unterkunft. Sofern es der Wind erlaubt, kann man die Unterkunft so ausrichten, dass die Morgen- und Mittagssonne auf die durchsichtige Folie scheint, und so aus dem Gewächshauseffekt Nutzen ziehen.

Ich habe in einer solchen Unterkunft ohne Schlafsack nur in meiner regulären Winterbekleidung bei -30 °C geschlafen und musste meine Jacke öffnen, weil es so warm wurde, wenn das Feuer stark brannte.

Ich halte diese Behausung für eine der besten Notunterkünfte in einem bewaldeten Gebiet. Man muss sich aber natürlich im Klaren sein, dass sie nur funktioniert, wenn man die entsprechenden Planen und Folien im Survivalkit dabei- und eine **ausreichende Menge an Feuerholz** parat hat, um die ganze Nacht warm zu bleiben.

Natürliche Behausungen

Im Notfall geht es darum, möglichst **viel Energie zu sparen**. Das gilt auch beim Bau einer Notunterkunft. Nutzen Sie den Vorteil, den Sie durch bereits vorhandene natürliche Strukturen wie etwa Höhlen, Felsdächer oder ausladende Bäume haben! Sie brauchen weniger Zeit und Material, wenn Sie bereits vorhandene **Dächer und Wände in Ihr Bauprojekt integrieren** können! Steinwände können auch hervorragend als Wärmespeicher dienen, wenn Sie direkt davor ein Feuer entfachen. Schauen Sie sich nach solchen Strukturen in Ihrer Umgebung um!

Aber beachten Sie auch sicherheitsrelevante Aspekte! Instabile Felsdächer können einstürzen. Höhlen müssen ausreichend belüftet sein, besonders wenn Sie ein Feuer darin entfachen wollen. Und stellen Sie sicher, dass in Ihrer neuen Behausung nicht bereits andere Bewohner Platz gefunden haben. Bären, Bilche, Mäuse, Fledermäuse, Schlangen und andere Tiere können sich in Höhlen aufhalten. Manche können angreifen, andere übertragen in bestimmten Regionen mitunter schwere Krankheiten.

Unterstände aus Naturmaterial

Wenn Sie keine Höhle oder ein anderes Schutzdach finden und keine Zeltplanen in Ihrer Ausrüstung dabeihaben, können Sie auch aus den Baumaterialien, die Mutter Natur zur Verfügung stellt, eine improvisierte Notunterkunft basteln.

Lean-to

Ein Lean-to ist ein **einfaches Schrägdach**, das Sie auch aus Naturmaterial bauen können. Anders als bei einem Schrägdach mit einer wasserdichten Plane muss der Winkel jedoch steiler ausfallen, damit Regen gut ablaufen kann, ohne durch das Dach zu tropfen. Ein Winkel von **60 Grad** ist ein guter Kompromiss zwischen ausreichendem Platzangebot, Höhe des Daches und dessen Fähigkeit, Niederschlag abzuhalten.

Je nachdem, wie viel Platz Sie in Ihrem Unterstand benötigen, können Sie Ihr Schrägdach entweder mit einem **horizontalen oder** einem **diagonalen First** bauen. Die horizontale Variante bietet mehr Innenraum, wenn Sie zu zweit darin unterkommen oder den Unterschlupf bei schlechtem Wetter auch als Arbeits- und Aufenthaltsbereich nutzen müssen. Die diagonale Variante benötigt weniger Material und ist etwas effizienter, was den Wärmeaspekt angeht.

Lean-to aus Naturmaterial

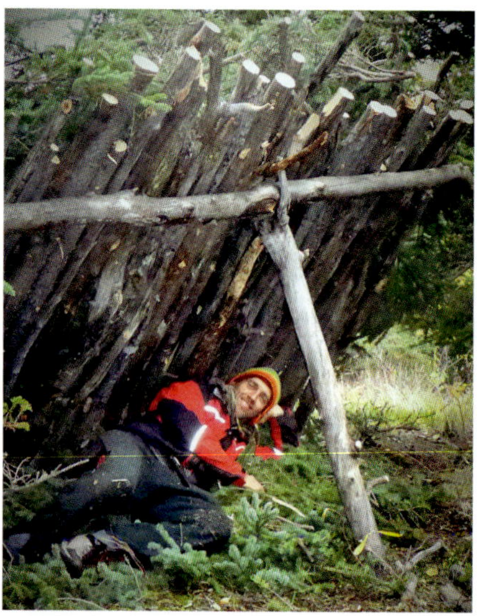

Zunächst befestigen Sie einen etwa armdicken und stabilen Stamm als First. Nehmen Sie kein angebrochenes oder morsches Holz! **Ihr Dachfirst muss eine erhebliche Last tragen und stabil genug sein, damit er nicht über Ihrem Bett zusammenbricht.** Es ist am einfachsten, wenn Sie den First des

Schrägdaches in stabile Astgabeln von Bäumen legen können. Wenn keine Astgabeln vorhanden sind, können Sie ihn auch festbinden. Stellen Sie sicher, dass der First auf der Seite des Baumes anliegt, von der Sie später das Dach anlehnen wollen. Dadurch drückt das Gewicht des Schrägdaches den **First gegen den Baum** und **erhöht die Stabilität** Ihres Unterstandes.

Nun lehnen Sie weitere etwa armdicke Stämme so eng wie möglich als Schrägdach gegen den First. Sie können so weit über den First ragen, dass dieser auch gegen Regen abgedeckt wird. Denken Sie an die Dachschräge von etwa 60 Grad. Diese Stämme sind nicht nur das Gerüst für weiteres feines Deckmaterial, das hilft, Regen abzuhalten, sondern dienen auch als **Wärmespeicher**. Wenn Sie vor Ihrem Dach ein wärmendes Feuer entfachen, nimmt das Holz Wärme auf und gibt sie langsam wieder ab. Dadurch wird eine wärmere Umgebung geschaffen und der Energieverlust durch Wärmestrahlung reduziert. Das Dach kreiert Wind- und Regenschutz und vermindert so Wärmeverlust durch Konvektion und Evaporation. In Kombination mit einem isolierenden Bett wird auch noch die Wärmeleitung reduziert.

Dieses Dach ist natürlich noch nicht wirklich regendicht und muss in einem **regenreichen Gebiet noch weiter abgedeckt** werden. Sie können dicke Lagen feiner Äste, Schilf, Gras und Laub aufbringen und Ihr Dach so noch weiter verbessern. Beginnen Sie unten und bringen Sie dann aufsteigend weitere Lagen Material auf. Achten Sie bei Zweigen darauf, dass sie abwärts zeigen. So rinnt Regenwasser besser herunter und sickert nicht durch das Dach.

Survivalhütte

Das Konzept dieser kleinen Notbehausung basiert auf demselben Prinzip wie ein Schlafsack. Ziel ist es, sich mit so **viel feinem, isolierendem Material** zu **umgeben**, dass Ihre abgegebene Körperwärme gespeichert wird und sich ein **warmes Mikroklima** um Ihren Körper herum bildet.

Beginnen Sie dieses Bauprojekt wieder mit einem guten Fundament: einer gut **isolierenden Unterlage** mit einer guten Lage daumendicker gerader Äste und mehreren Lagen isolierendem Material als Abdeckung wie oben beschrieben. Es ist wesentlich einfacher, das Bett zu bauen, wenn der Aufbau den Zugang noch nicht versperrt. Da diese Hütte kein wärmendes Feuer vorsieht, brauchen Sie nicht so ein hohes Bettgestell zu bauen und können mit dem Bau Ihrer Unterlage relativ niedrig beginnen.

Es folgt der Aufbau eines **einfachen Rahmens aus stabilen Ästen**. Dieser Rahmen ist im Grunde wie eine **lang gezogene und niedrige Pyramide mit drei Seiten.** Sie muss von der Größe so zugeschnitten sein, dass Sie gerade so hineinklettern und die Arme neben sich legen können. Je größer Sie Ihre Laubhütte bauen, desto schwerer wird es, sie nur mit der Körperwärme aufzuheizen. Klein ist fein!

Das Gerüst der Survivalhütte

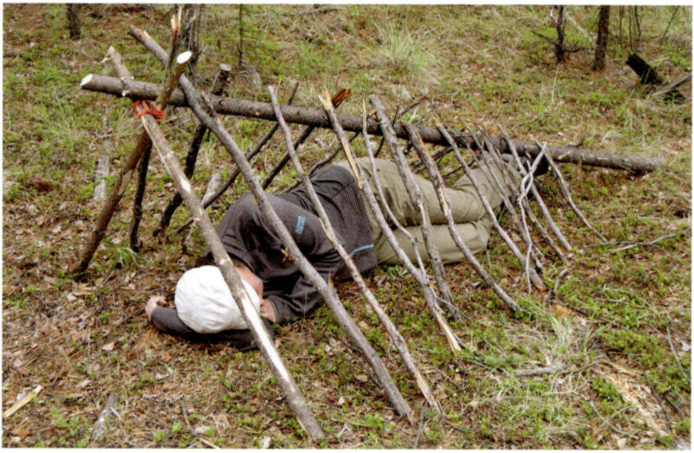

Achten Sie bei dem Gestell darauf, dass die Äste nicht über den First ragen. Wenn diese Stangen über die Abdeckung schauen, rinnt daran später Wasser in die Laubhütte.

Wenn der Rahmen fertig ist, wird die Laubhütte **mit einer dicken Schicht Laub abgedeckt**. Wenn Sie kein Laub zur Verfügung haben, suchen Sie nach anderem feinen, isolierenden Material wie trockenem Gras, Schilf oder auch feinen Fichtenzweigen. Je kälter es ist, desto mehr Material müssen Sie aufschichten. Bei frostigen Temperaturen brauchen Sie eine rund 1 m dicke Lage isolierendes Material.

Zum Schluss füllen Sie auch den Innenraum der Hütte mit Laub und feinem Material. Halten Sie außerdem einen ordentlichen Haufen Laub oder einen mit Laub gefüllten Sack bereit, mit dem Sie den Eingang verschließen können.

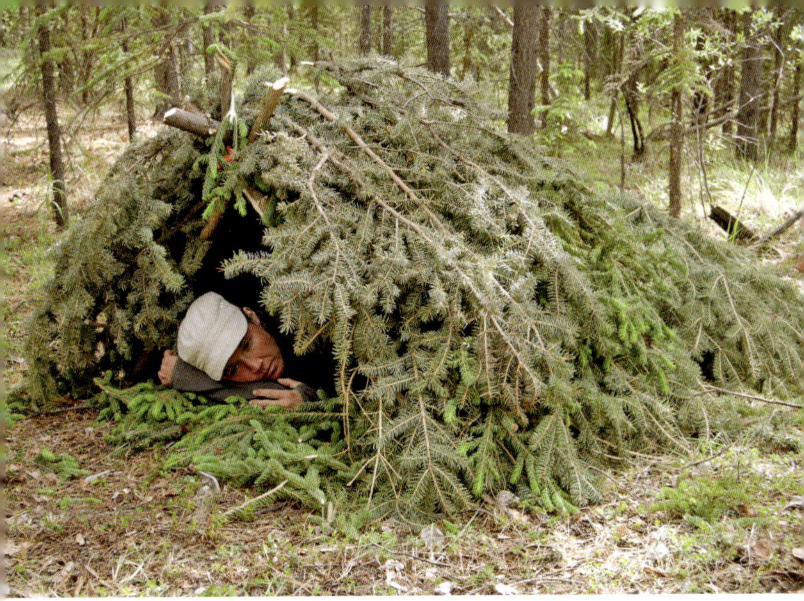

Survivalhütte aus Fichtenzweigen

Nun ist Ihre Hütte bezugsfertig! Kriechen Sie hinein und wühlen Sie sich in den Laubhaufen. Es ist zwar in der Regel etwas feucht im Laub und Sie teilen Ihre Behausung mit einigem Krabbelgetier. Dafür ist es warm genug, um auch eine kühle Nacht ohne Schäden zu überstehen.

Der menschliche Körper besteht zu etwa 50-60 % aus Wasser. Wir benötigen **Wasser für wichtige Körperfunktionen** wie etwa Verdauung, Wärmeregulierung, die Versorgung von Zellen mit lebenswichtigen Nährstoffen, Ausscheidung von Abfall- und Giftstoffen usw.

Wenn unser Wasserhaushalt aus dem Gleichgewicht gerät, arbeitet unser Körper nicht mehr richtig. Schon bei geringem **Wassermangel** spüren wir Symptome wie etwa **Durst, Kopfschmerzen, einen trockenen Mund oder Muskel- und Gelenkschmerzen**.

Die Dreierregel weist Trinkwasser als eine der obersten Prioritäten aus: Drei Tage kann man im Durchschnitt ohne Wasser überleben. Wir brauchen jedoch keine drei Tage zu warten, bis sich die ersten Probleme einstellen. Oft beginnen Symptome bereits nach Stunden ohne Flüssigkeitsaufnahme und eine Verringerung der Leistungsfähigkeit lässt nicht lange auf sich warten.

Es ist also wichtig, dass wir stets genug trinken, und in Verbindung mit der Erhaltung unserer Körperkerntemperatur (wobei Wasser wiederum eine wichtige Rolle spielt) ist die Wasserversorgung eine unserer wichtigsten Aufgaben in einer Notfallsituation.

Trinkwasser

Im Idealfall nimmt ein erwachsener Mensch in einem gemäßigten Klima **etwa 2-4 Liter Wasser pro Tag** über Nahrung und durch Getränke auf. Durch sportliche Betätigung oder andere Belastungen für den Körper (Schwangerschaft, Krankheiten, erhöhte Temperatur) erhöht sich der Wasserbedarf.

Sie sollten jedoch nicht nur auf die Gesamtmenge achten. Es ist wichtig, dass Sie Ihre Wasserversorgung über den Tag hinweg gleichmäßig verteilen. Wenn Sie literweise Wasser auf einmal hinunterstürzen, kann Ihr Köper nicht alles sinnvoll nutzen und erhebliche Mengen Flüssigkeit werden einfach nur wieder ausgeschieden.

Eine weitverbreitete Faustregel schlägt den Konsum von **acht bis zwölf Gläsern Wasser à 250 ml – verteilt über den Tag – vor**. Das mag in einem Survivalfall nicht immer möglich zu sein, aber es gibt Ihnen zumindest einen Anhaltspunkt.

Wasser finden und gewinnen

Auf der Suche nach Wasser ist die Schwerkraft unser Freund! Jedes Kind weiß, dass Wasser nach unten fließt und sickert! Wenn Sie also nach dem kostbaren Nass suchen, haben Sie die besten Chancen, wenn Sie sich auf **Senken und Vertiefungen** sowie **Täler und Niederungen** im Gelände konzentrieren.

Dort befinden sich größere Gewässer wie **Bäche, Flüsse und Seen**. Dabei sollten Sie aber auch kleinräumige Senken, wie sie durchaus auch in höheren Lagen vorkommen, nicht übersehen: Kleine **Mulden in Felsgestein**, große **trichterförmige Blätter** oder auch **hohle, verrottete Baumstümpfe** können Wasservorräte bergen.

Manchmal ist das Wasser nicht sichtbar, sondern in tieferen Lagen **im Boden verborgen**. In den Betten **periodischer Flussläufe, in Niederungen mit feuchtem**

Boden oder dort, wo bestimmte **Zeigerpflanzenarten** wie etwa **Weiden, Binsen, Seggen, Schachtelhalm oder Minze** vorkommen, kann es sich lohnen, nach Wasser zu graben.

Dieses Erdloch in einem alten Flusslauf füllt sich mit Wasser

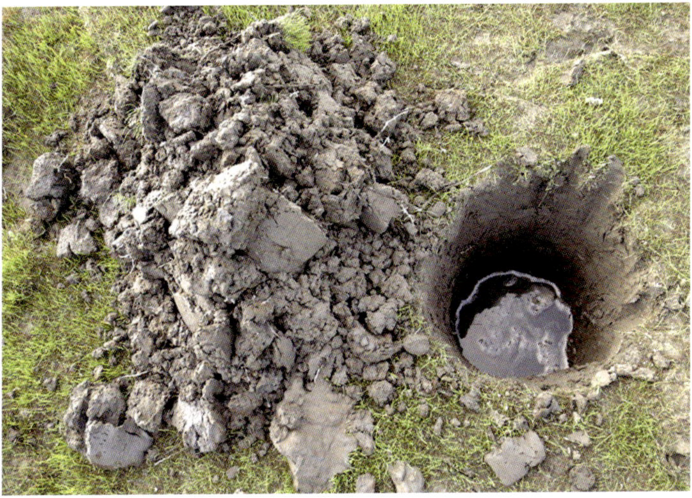

Quellen entstehen oft dort, wo Wasser auf festere und nicht permeable (nicht durchlässige) Böden oder hartes Gestein trifft. Anstatt in tiefere Lagen zu sickern, tritt das Wasser seitlich an Hängen aus. Manchmal sind solche Gesteins- und Bodenlagen an steilen Flanken sichtbar und man kann dort gezielt nach austretendem Wasser suchen. Manche Bachläufe trocknen auch teilweise im Sommer aus, wenn zu viel Wasser auf dem Weg ins Tal versickert. Man kann aber durchaus Glück haben, wenn man diese Bachläufe zurückverfolgt und eventuell doch noch aktive Quellen ausfindig macht.

Wasser kommt in der Natur natürlich auch in Form von **Niederschlag** vor. Regen kann besonders gut mit einer wasserdichten Plane oder einer Folie aufgefangen und in einen Behälter geleitet werden. Wer ohnehin eine Plane als Regenschutz aufgespannt hat, kann diese auch gleich zum **Auffangen von Regenwasser** nutzen.

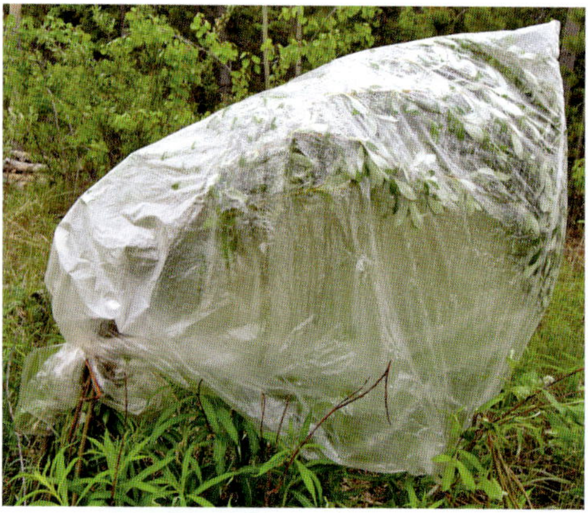

Improvisierte Destille

Im Winter hat man bei **Schnee** den Vorteil, dass Wasser fast überall „herumliegt" und bei entsprechend niedrigen Temperaturen an der Erdoberfläche in gefrorener Form gespeichert wird. Allerdings benötigt man eine Wärmequelle, wie zum Beispiel ein Feuer, um den **Schnee zu schmelzen** und als Wasser nutzen zu können.

Auch **morgendlicher Tau** kann Sie mit Flüssigkeit versorgen. Schleifen Sie ein saugfähiges Stück Stoff durch eine Wiese und **wringen Sie das gewonnene Wasser in einen Behälter**.

Eine einfache **Destille zur Wassergewinnung** kann improvisiert werden, indem Sie eine klare Plastiktüte über Zweige stülpen und sie unten zubinden. Wie bei einem Gewächshaus steigt im Inneren der Tüte die Temperatur und die Pflanzen geben Feuchtigkeit ab, die sich dann an der Folie niederschlägt. Die Mengen, die man so gewinnen kann, sind relativ gering, können aber bei akutem Wassermangel die bestehenden Vorräte strecken.

Wasserqualität

Während Regen und Schnee in der Regel sauberes und gleich trinkbares Wasser liefern, muss man sich bei allen anderen Wasserquellen Gedanken um mögliche Verunreinigungen und damit ein **potenzielles Gesundheitsrisiko** machen.

In stark besiedelten Gebieten, die auch Landwirtschaft und Industrie aufweisen, müssen Sie sich Gedanken um **chemische Verunreinigungen** und den Eintrag von Exkrementen durch Dünger machen. In einigen Reisegebieten mit geringen hygienischen Standards sind auch menschliche Ausscheidungen im Trinkwasser eine echte Gefahr für Ihre Gesundheit.

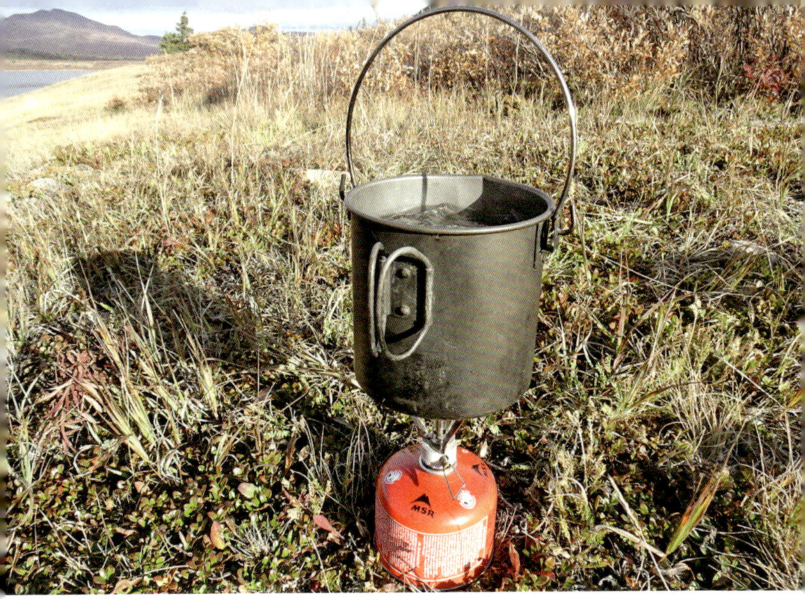

Wasser abkochen tötet gefährliche Krankheitserreger

Bei den meisten Wildnisnotfällen geht die Gefahr in Bezug auf die Trinkwasserversorgung jedoch von **Bakterien** (z. B. Kolibakterien), **Einzellern** (z. B. Giardia) und reproduktiven Stadien z. B. von **parasitischen Würmern** aus, die sich im Wasser befinden können. Sie können leichte Magen-Darm-Verstimmungen mit temporären Durchfällen, aber auch lebensbedrohliche Krankheiten auslösen. In einer Notsituation können bei einem geschwächten Immunsystem auch sonst harmlose Durchfälle zu einem potenziell lebensbedrohlichen Problem werden.

Wenn Sie einen **kommerziellen Wasserfilter** in Ihrem Gepäck haben, nutzen Sie ihn! Moderne Filtersysteme für den Gebrauch auf Wildnisexpeditionen entfernen mit ihren Keramik- oder Fasermatrixfiltern zuverlässig Bakterien und Parasiten und andere Schwebstoffe. Wenn ein zusätzlicher **Aktivkohlefilter** integriert ist, können auch manche gelöste Chemikalien herausgefiltert werden.

Beim Gebrauch dieser Filter ist es wichtig, sich genau an die Gebrauchsanweisungen des Herstellers zu halten. Unter Umständen müssen Sie den **Filter unterwegs mehrfach sterilisieren**. Fehler im Gebrauch und mangelnde Wartung können Ihre Sicherheit gefährden.

Da Filter oft relative schwer und sperrig sind, packen viele Abenteurer lieber **chemische Wasserentkeimer** in Form von Tropfen oder Tabletten in ihre Survivalausrüstung. Meist basieren sie auf einem Chlorpräparat, aber es gibt in manchen Ländern auch Entkeimer mit Jod, die jedoch nicht über einen längeren Zeitraum angewendet werden sollen und außerdem einen unangenehmen Geschmack im Wasser hinterlassen.

Chemische Mittel zur Wasserentkeimung funktionieren nur, wenn das Wasser von Schwebstoffen befreit ist. Manchmal hilft es, das Wasser durch einen **improvisierten Filter aus ein paar Lagen Stoff** vorzufiltern oder es in einem Behälter über Nacht stehen zu lassen, bis sich Sedimente abgesetzt haben.

Bedenken Sie, dass eine niedrige Wassertemperatur die Einwirkungszeit verlängert.

Wenn Sie weder Filter noch Tabletten oder Tropfen dabeihaben, können Sie Bakterien, Viren und Parasiten abtöten, indem Sie das **Wasser abkochen**. Die meisten Krankheitserreger werden bereits bei Temperaturen unterhalb des Siedepunktes abgetötet. Viele offizielle Stellen empfehlen jedoch, das Wasser für **mehrere Minuten** zu kochen. Dadurch wird sichergestellt, dass wirklich alles Wasser im Topf eine ausreichend hohe Temperatur erreicht. Bedenken Sie auch, dass Wasser in höheren Lagen einen niedrigeren Siedepunkt hat. Auch deshalb ist eine längere Siedezeit empfehlenswert, wenn Sie auf der sicheren Seite sein wollen.

Keine Ausrüstung? Was tun?

Was können Sie tun, wenn kein Filter, keine Chlortabletten und kein Topf oder Metallbehälter zum Abkochen zur Verfügung steht? Es ist schwer, hier einen allgemeinen Rat zu geben, aber für mich spielt folgende Überlegung eine wichtige Rolle: Die gesundheitlichen Folgen von Dehydration lassen nicht lange auf sich warten.

Je nach körperlicher Verausgabung, Gesundheitszustand und Wetterbedingungen können die ersten Folgen von Wassermangel bereits nach Stunden eintreten. Viele Erkrankungen, die man sich während einer Notsituation durch die Aufnahme von verunreinigtem Wasser zuziehen kann, haben eine Inkubationszeit von mehreren Tagen. Ich würde für mich also eher das Risiko von potenziell verkeimtem Wasser wählen.

Aber auch hier gibt es Ausnahmen. Manche bakteriellen Magen-Darm-Erkrankungen können ebenfalls innerhalb von Stunden auftreten und dann durch das Auftreten von starken Durchfällen den Wassermangel noch schlimmer werden lassen.

Wenn ich in so einem Fall die Wahl hätte, würde ich immer das klare und kalte Wasser aus kleinen, schnell fließenden Bergbächen dem aus langsameren oder sogar stehenden großen Gewässern der Täler und Senken bevorzugen. So kann man in der Regel den Grad der Verunreinigung und damit das Risiko einer Erkrankung gering halten. Eine Garantie ist das aber natürlich nicht!

Notnahrung

In unserer modernen Gesellschaft sind wir es gewohnt, ständig mit Essen versorgt zu werden. Das kleinste Hungergefühl lässt uns aufspringen und zum wohlgefüllten Kühlschrank sprinten, damit wir uns mit allerlei Leckereien vollstopfen können. Essen dient nicht nur der Aufnahme von lebenswichtiger Nahrung, sondern ist Teil unserer Kultur. Wir essen, wenn wir uns mit Freunden und Familie treffen. Wir essen mit Gästen und Geschäftspartnern. Wir essen, wenn uns langweilig ist oder wir uns von unserer Arbeit ablenken wollen. **Essen ist in unserem Alltag allgegenwärtig**. Und für viele ist der Gedanke an eine einsame und unvorbereitete Nacht im Wald vor allem mit der **Angst zu hungern** verbunden.

Dabei spielt die **Nahrungsaufnahme** während eines **eher kurzfristigen Notfalls**, der nur für ein paar Tage andauert, physiologisch eine **untergeordnete Rolle**. Ein gesunder Mensch hat im Körper genug Reserven gespeichert, um unbeschadet wenigstens ein paar Tage zu fasten. Und die meisten haben in unserer Überflussgesellschaft wohl eher noch ein paar Extrareserven angelegt.

Allerdings muss man sich auch darüber im Klaren sein, dass ein plötzlicher **Essensentzug mit einer Umstellung im Körper** verbunden ist. Wenn Sie schon einmal eine Fastenkur gemacht haben, haben Sie gerade während der ersten Tage vielleicht einige dieser Symptome bereits zu spüren bekommen. Für viele Menschen geht die Umgewöhnungsphase mit Kopf- und Muskelschmerzen, Müdigkeit, Kreislaufproblemen und Übelkeit einher. Meist verschwinden diese Symptome jedoch nach ein paar Tagen wieder.

Zunächst verbraucht der Körper gespeicherte Kohlenhydrate, später werden dann Proteinreserven aus den Muskeln und das Fettgewebe aufgezehrt. Bei längeren Hungerphasen, die über Wochen andauern, kann es dabei dann auch zu **lang anhaltenden Organschäden** kommen. Die meisten Survivalfälle dauern jedoch nicht so lange an.

Es scheint eine wichtige Rolle zu spielen, ob Menschen freiwillig fasten oder unfreiwillig Hunger ausgesetzt sind. So werden bei freiwilligem Fasten etwa Endorphine ausgeschüttet, die sogar ein euphorisches Gefühl verursachen können. Erzwungener Nahrungsmangel wird jedoch eher durch die Ausschüttung von Stresshormonen begleitet. Deshalb lässt sich ein **erzwungener Nahrungsentzug nur schwer mit dem Stimmungsbild einer Person während einer Fastenkur** vergleichen. Dennoch kann es helfen, durch ein freiwilliges Fasten die rein physischen Folgen der ersten Tage kennenzulernen.

Im Jahr 1944 wurde in Minnesota in den USA ein Experiment mit Freiwilligen durchgeführt, die für ein ganzes Jahr erheblichem Nahrungsmangel ausgesetzt wurden, welcher der Ernährungslage im kriegszerrütteten Europa ähneln sollte. Ziel des Experiments war es, Erkenntnisse zu erlangen, wie man den Menschen in Europa nach dem Krieg besser helfen könnte. Dieses Experiment hat auch heute noch Relevanz und hat der Forschung zahlreiche Erkenntnisse zum Thema Hungern und Nahrungsmangel beschert.

Menschen, die über längere Zeit unter einer Mangelernährung leiden, weisen eine stark verminderte Leistungsfähigkeit auf. Sowohl Ausdauer als auch Maximalkraft sind beeinträchtigt, das Herzvolumen verringert sich. Der Stoffwechsel fährt herunter und als Folge sinkt auch die Körpertemperatur. Die Probanden des Experiments in Minnesota klagten außerdem über Konzentrationsschwächen, Schlafstörungen, Gelenkschmerzen und andere Beschwerden.

Während eines kurzfristigen Wildnisnotfalls, bei dem Sie eventuell für **ein paar Tage ohne Essen** auskommen müssen, werden Sie **kaum solchen massiven körperlichen Problemen gegenüberstehen**. In **psychologischer Hinsicht** kann Nahrung jedoch bereits weit früher Relevanz entwickeln. Allein die Angst vor einer Nacht ohne Essen kann bereits zu erhöhtem Stress führen. Viele Menschen, die bloß für ein paar Stunden nichts gegessen haben, reagieren unwirsch bis aggressiv und können sich nicht richtig konzentrieren.

In einer Survivalsituation, die bereits durch andere Faktoren mit erheblichem Stress verbunden ist, ist es also von Vorteil, eine **Notration** dabeizuhaben. Selbst eine kleine Ration kann Ihnen einen moralischen Schub verpassen und die nötige Energie liefern, um noch ein paar Kilometer zur sicheren Berghütte weiterzuwandern oder genug Material für die Notunterkunft zu sammeln.

Ernährung aus der Natur

In den meisten Regionen ist es **extrem schwer**, sich während einer Notsituation vollständig **aus der Natur zu ernähren**.

Ihr **Standort** und die Habitateigenschaften spielen eine große Rolle bei der Suche nach tierischer und pflanzlicher Nahrung. Es gibt Stellen, wo **verschiedene Lebensräume aneinandergrenzen** und Sie eventuell auf Ressourcen des Waldes, der subalpinen Gebirgslagen und der Uferzone eines Gewässers zurückgreifen können. Aber vielleicht sind Sie auch in einem **Habitat (Lebensraum) mit relativer Artenarmut** gestrandet und von riesigen Flächen mit monotonem Fichtenwald umgeben.

Auch die **Jahreszeiten** spielen natürlich eine erhebliche Rolle. Während Sie im Frühjahr junge Sprossen, Triebe und Blätter von Pflanzen und von Spätsommer bis Herbst kalorienreiche Beeren ernten können, fällt die Auswahl im Winter erheblich ärmer aus.

Unsere Vorfahren und auch einige der noch heute existierenden Naturvölker haben auf regionale und saisonale Unterschiede mit verschiedenen Strategien reagiert. Zum einen sind ganze Gruppen, oft als Familienverbände, nomadisch umhergezogen. Bei ihren jahreszeitlichen Bewegungen folgten sie den größeren Tierwanderungen oder den Erntezeiten von bestimmten Pflanzen. Auch die Vorratshaltung von Lebensmitteln war ein wichtiger Teil des alltäglichen Überlebens. Fisch und Fleisch wurden geräuchert und getrocknet. Ebenso wurden Beeren, Kräuter und Pilze getrocknet und so für magere Zeiten haltbar gemacht. Der von den nordamerikanischen Ureinwohnern bekannte Pemmikan ist ein Beispiel, wie aus getrocknetem Fleisch, Beeren und ausgelassenem Fett ein lange haltbares Nahrungsmittel hergestellt wurde, das auch heute immer noch verwendet wird.

Ein erwachsener Mensch braucht im **Durchschnitt etwa 2.000 Kilokalorien** pro Tag. Diese Zahl kann von Person zu Person, aber auch situationsbedingt erheblich variieren. Männer brauchen in der Regel etwas mehr als Frauen, Kinder oder alte Menschen. Wenn niedrige Temperaturen herrschen oder die **körperliche Betätigung** zunimmt, **steigt auch der Kalorienbedarf**.

Wenn Sie sich von Wildpflanzen und Tieren ernähren wollen, müssen Sie bedenken, dass sich auch durch Aktivitäten wie etwa Jagd, Ernte und Fischfang Ihr Kalorienverbrauch erhöht. Nun ist es eine recht einfache Rechnung, dass Sie ergänzend zu Ihrem Grundbedarf auch noch den zusätzlichen Kalorienaufwand für die Nahrungsbeschaffung einfahren müssen.

Eine ausgewogene Ernährung besteht aus **Kohlenhydraten, Proteinen und Fetten**.

Kohlenhydrate sind die primären Energielieferanten unserer westlichen Ernährungsweise. Daneben spielen sie auch für die Verdauung von Proteinen und Fetten eine wichtige Rolle. Kohlenhydrate sind vor allem in pflanzlicher Nahrung enthalten, kommen aber z. B. als Milchzucker auch in Nahrung tierischen Ursprungs vor. Kohlenhydrate liefern 4 kcal Energie pro Gramm.

Proteine liefern wichtige Bausteine für unsere Zellen und spielen eine wichtige Rolle für unser Immunsystem, den Aufbau von Muskeln und Organen, den Hormonhaushalt, die Blutgerinnung und vieles mehr. Proteine sind als Energiespeicher nur bedingt geeignet. Im Falle von Hungerleiden oder Mangelernährung kann es zum Proteinabbau im Körper kommen, wobei Organe nachhaltig geschädigt werden können. Auch Proteine liefern 4 kcal Energie pro Gramm.

Fette sind mit 9 kcal pro Gramm eine wichtige Energiequelle in unserer Ernährung, allerdings ist diese Energie nicht so schnell verfügbar wie die der Kohlenhydrate. Wir benötigen Fette außerdem für den Aufbau von Zellen und etwa bei der Aufnahme von bestimmten Vitaminen.

Darüber hinaus braucht unser Körper Vitamine, Mineralstoffe und Spurenelemente, die wir über unsere Ernährung aufnehmen.

Ein Fokus **allein auf die Kalorien** bestimmter Nahrungsmittel ist also **nicht ausreichend**, wenn wir die notfallmäßige Ernährung als Jäger und Sammler erwägen. Sie müssen auch berücksichtigen, dass Sie Ihre **Ernährung ausgewogen** gestalten sollten, da es sonst zu Mangelerscheinungen kommen kann.

Ein in der Survivalliteratur oft verwendetes Beispiel ist die einseitige Ernährung mit Kleinsäugern wie etwa Kaninchen oder Hasen, die ein ausgesprochen mageres Fleisch haben. Dadurch fehlen dem Körper zum einen lebenswichtige Fette, aber es kommt zum anderen auch zu einem völligen Überangebot an Proteinen, was wiederum zu richtiggehenden Vergiftungserscheinungen und einer massiven Belastung für Leber und Niere führen kann. Es soll Fälle gegeben haben, wo Menschen verhungert sind, obwohl sie das Fleisch von Kleintieren in

Mengen gegessen haben. Man spricht hier im Englischen von einer regelrechten „Rabbit starvation", also einem **Hungertod durch Kaninchen- oder Hasenfleisch**. Ein Teil dieser Fälle ist vermutlich auch darauf zurückzuführen, dass unsere westliche Küche oft nur das Muskelfleisch verwendet, während viele Ureinwohner weit weniger verschwenderisch sind. Die Haut, die **inneren Organe**, das **Hirn** und das **Knochenmark** auch von solch mageren Tieren **enthalten die nötige Menge Fett**, die eine ausgewogene Ernährung gewährleisten würde.

Um sich aus der Natur zu ernähren, bedarf es erheblichen Wissens (zum Beispiel beim Identifizieren von essbaren Pflanzenarten), enormer Erfahrung (wie etwa bei der Nutzung von improvisierten Jagdwaffen) und einer Portion Glück.

In Anbetracht der erwähnten Schwierigkeiten für die Nahrungsbeschaffung sind einige Survivalexperten der Meinung, es sei bei kurz- und mittelfristigen Notlagen sinnvoller, **alle Aktivitäten in den Sparmodus** herunterzufahren und stattdessen lieber zu fasten. Dies sei dem Körper weniger abträglich als eine unausgewogene Ernährung.

Dieser Sparmodus ist sicherlich angebracht, ganz egal ob Sie fasten oder eine Nahrungsaufnahme planen. **Seien Sie effizient!** Planen Sie Ihre nächsten Schritte ganz genau! Wenn Sie zum Fluss runtergehen, um sich die Hände zu waschen, nehmen Sie doch auf dem Rückweg gleich noch einen Topf Wasser für später mit und klemmen Sie sich noch zwei Stücke Feuerholz unter den Arm. Machen Sie keine Schritte mit leeren Händen! Sicherlich wird das nicht immer perfekt gelingen. Aber wenn Sie erst einmal mal eine solche Routine entwickelt haben, werden Sie irgendwann immer effizienter, ohne groß nachzudenken.

Ich habe Experimente mit Fasten gemacht und auf mehrtägigen Touren bewusst wenig oder kein Essen mitgenommen. Dann versuchte ich mich nur mit dem zu ernähren, was ich unterwegs finden oder fangen konnte. Wenn Ihre Gesundheit das zulässt, könnten Sie im Rahmen Ihres Survivaltrainings so etwas einmal für ein paar Tage probieren. Sie werden sicher eine Menge dabei lernen.

Aber gestalten Sie solche Experimente sicher! Sprechen Sie zuerst mit Ihrem Arzt, ob es irgendwelche gesundheitlichen Bedenken gibt. Beginnen Sie vielleicht erst einmal mit einem oder zwei Tagen und nehmen Sie ein paar Freunde mit, damit Sie aufeinander aufpassen können. Packen Sie eine Notration ein und bleiben Sie in relativer Nähe zur Zivilisation, damit Sie leichter abbrechen können, wenn es nicht nach Plan läuft.

Es gibt jedoch auch noch einen Mittelweg zwischen Fasten und einer vollständigen Ernährung aus der Wildnis. Besonders wenn Sie über eine entsprechend sorgfältig gepackte Notration oder Reste Ihrer Reiseverpflegung verfügen, können Sie **mit Zutaten aus der Natur diese Vorräte erheblich strecken** und damit Ihre Chancen, längerfristig zu überleben, massiv erhöhen. Besonders unter diesem Aspekt halte ich das Sammeln von essbaren Wildpflanzen und Pilzen und das Jagen und Fischen von Tieren für durchaus sinnvoll.

Als überlebenshungriger **Jäger und Sammler** müssen Sie jedoch **Opportunist** sein. Ich hatte weiter oben bereits den verschwenderischen Kalorienverbrauch von expliziten Jagdausflügen und kilometerweiten Wanderungen auf der Suche nach einer Handvoll Blaubeeren angesprochen. Solche Aktionen sind unter allen Umständen zu vermeiden!

Halten Sie stattdessen stets die Augen offen und sammeln und jagen Sie, was Ihnen quasi vor die Füße fällt. Stellen Sie Fallen auf, während Sie Feuerholz sammeln. Kontrollieren Sie Ihre ausgelegten Angelschnüre, während Sie Wasser für das Lager holen.

Ein opportunistischer Jäger und Sammler muss auch immer seine Jagdwaffen mit sich führen. Wenn Sie eine Schusswaffe dabeihaben, umso besser. Aber auch improvisierte Jagdgeräte wie Atlatl (☞ Kapitel „Tierische Nahrung") oder Pfeil und Bogen sollten Sie immer mit sich führen. Im einfachsten Fall ist es vielleicht auch nur Ihr Wanderstab, den Sie bei Gelegenheit als Knüppel für die Jagd auf Kleintiere nutzen.

Schon oft war ich auf der Jagd unterwegs und hatte erfolglose Stunden hinter mir. Aber auf den Gang zum Klo stand auf einmal Wild vor mir. Das Gewehr lag da natürlich außer Reichweite im Lager.

Als Jäger und Sammler habe ich gerne auch immer **einen leeren Beutel oder einen Behälter in der Hosentasche**, sodass ich jederzeit schnell ein paar Beeren, Pilze oder Wildpflanzen einstecken kann, sollte ich unerwartet **etwas Essbares finden**.

Jagen, fischen und sammeln Sie, wann immer Sie können! **Legen Sie Vorräte an!** Auf einer meiner Touren fand ich am Anfang überall Beeren und fischte in jedem Kehrwasser des Flusses erfolgreich so viel Fisch, wie ich für den Tag brauchte. Ich wurde verschwenderisch und nahm nur noch, was ich sofort oder während meiner nächsten geplanten Mahlzeit verzehren konnte. Ein paar Tage später verließ mich das Glück. Ich fand kaum noch Beeren und meine Angelversuche wurden immer weniger belohnt. Ich war so verwöhnt worden, dass ich den Überschuss nicht dazu genutzt hatte, Vorräte für schlechte Tage anzulegen. Was für ein Fehler! Ich hätte für die mageren Tage im Vorfeld ohne große Mühe **Fische räuchern** und die **Beeren trocknen** können.

Notverpflegung

Die **Notverpflegung** in Ihrer Survivalausrüstung sollte mit viel Sorgfalt angelegt werden.

Ich mache viele Touren in meiner neuen Heimat im Nordwesten Kanadas. Die Flüsse und Seen bieten gute Angelmöglichkeiten auf Äschen, Saiblinge und Hechte. Es gibt zahlreiches Kleinwild in Form von Schneeschuhhasen, Eichhörnchen und Ziesel sowie jagdbare Hühnervögel. All diese Arten bieten einen **Reichtum an Proteinen, aber nur wenig Fett**. An essbaren Pflanzen kann ich im Frühjahr und Sommer einiges sammeln, was kalorienmäßig jedoch nur wenig auf den Teller bringt. Entsprechend habe ich meine Notvorräte eher mit Fetten und Kohlenhydraten bestückt. Die Proteine kann ich unterwegs leicht durch Fischfang und Jagd gewinnen.

Wenn Sie auf eine Wildnistour gehen, während der Sie sich möglicherweise aus der Natur ernähren müssen, sollten Sie sich sehr gut informieren, auf welche tierische und pflanzliche Notnahrung Sie in dem Gebiet wirklich zugreifen können. Lernen Sie diese Arten eindeutig zu identifizieren. Und **seien Sie ehrlich in Bezug auf Ihre eigenen Jagd- und Sammelfähigkeiten**. Stellen Sie Ihre Notverpflegung unter diesen Gesichtspunkten zusammen.

Gute Komponenten der Notverpflegung sind zum Beispiel **Hülsenfrüchte** wie Bohnen und Linsen, weil sie getrocknet lange halten, leicht sind und sowohl Proteine als auch Kohlenhydrate enthalten. **Schmalz** ist ein praktisches Fett, weil es auch ungekühlt transportiert werden kann. **Olivenöl** enthält gesunde ungesättigte Fettsäuren und hat einen hohen Kalorienwert. **Vollkornmehl** ist leicht, hält sich lange und kann mit etwas Backpulver und Wasser versetzt zu Fladenbrot gebacken werden.

Honig ist lecker und gesund. **Trockenobst, Nüsse und Mandeln** sowie **Energieriegel** sind hervorragende Snacks für unterwegs. Selbstverständlich sind auch komplette **gefriergetrocknete Mahlzeiten**, wie sie im Outdoorfachhandel angeboten werden, eine gute Lösung für den Notvorrat.

Pflanzliche Nahrung

Ich habe mich im Rahmen dieses Buches auf eine Auswahl an Pflanzen beschränkt, die vielen Naturfreunden vermutlich bereits bekannt sind. Und selbst wenn Sie diese Pflanzen nicht mit Namen kennen und Ihnen die Nutzungsmöglichkeiten bisher unbekannt waren, so haben Sie die hier aufgelisteten Arten sicherlich schon am Wegesrand bemerkt.

Die genannten Arten sind auf der **nördlichen Hemisphäre** besonders in den gemäßigten Zonen, zu denen auch Mitteleuropa gehört, und in den höheren nördlichen Breiten Skandinaviens und Nordamerikas sowie in den subalpinen Regionen der Gebirge verbreitet. Sollten Sie Touren in anderen Gebieten planen, ist es empfehlenswert, sich mithilfe von entsprechender Fachliteratur und lokaler Expertise ein entsprechendes Wissen anzueignen.

Wenn Sie Wildpflanzen in Ihrer Ernährung nutzen wollen, egal ob im Notfall oder im Rahmen des regulären Speiseplans, müssen Sie sich bei der Identifizierung der Arten absolut sicher sein. **Pflanzen, die Sie nicht hundertprozentig identifizieren können, dürfen Sie nicht verzehren!** Die Gefahr, sich mit giftigen Pflanzen Schaden zuzufügen, ist zu groß.

Aus diesem Grund habe ich auf schwer bestimmbare Arten bewusst verzichtet. Die Auflistung in diesem Buch ist nicht zur sicheren Bestimmung der Arten gedacht, sondern soll lediglich eine kurze Übersicht nutzbarer Arten sein.

Wenn Sie mehr über Wildpflanzen und deren medizinische Nutzung oder die Verwendung in der Küche lernen wollen, gibt es eine Vielzahl von speziellen Bestimmungsbüchern. Ich möchte Ihnen aber darüber hinaus unbedingt die **Teilnahme an geführten Wanderungen und Kursen von Kräuterspezialisten** ans Herz legen.

Mein Tipp für jeden Neuling in diesem Bereich: Fangen Sie langsam an! Lernen Sie besser nur zwei oder drei Pflanzen pro Jahr neu kennen. Beschäftigen Sie sich dafür intensiv mit der Pflanze Ihrer Wahl. Konzentrieren Sie sich zunächst auf Arten, die Sie besonders zahlreich in Ihrer Region finden. Lernen Sie, an welchen Standorten sie wachsen und wie sie sich über den Verlauf der Jahreszeiten verändern. Studieren Sie, welche Teile in welchen Monaten nutzbar sind und auf welche Weise Sie diese Arten **für medizinische Zwecke** oder ernährungsrelevant oder auch zur Herstellung von Survivalhilfsmitteln verwenden können.

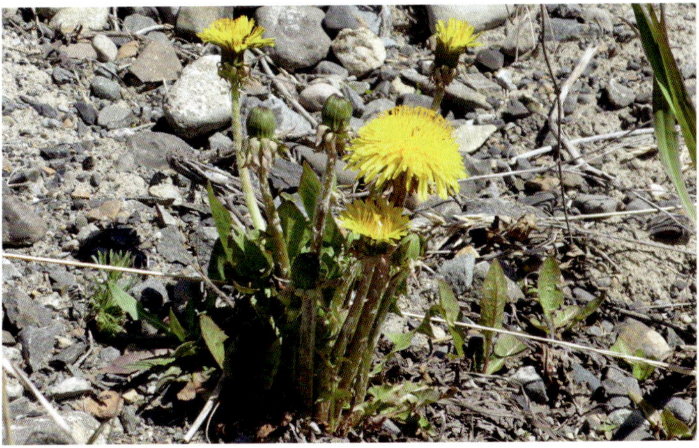

Gewöhnlicher Löwenzahn

Bei dem **Gewöhnlichen Löwenzahn** (*Taraxacum officinale*) handelt sich nicht um eine reine Art, sondern um eine ganze Sammelgruppe von verwandten Pflanzen mit vielen Übergangsformen. Charakteristisch sind die gelben Blüten, die auf einem milchsafthaltigen, hohlen Stängel sitzen, und die rosettig angelegten, länglichen Blätter mit ihren tiefen Einschnitten. Es gibt auch die Gattung Leontodon, die ebenfalls als Löwenzahn bezeichnet wird. Allerdings haben die Leontodonarten keinen hohlen Stiel mit Milchsaft.

Die jungen Blätter können als Salat oder Gemüse verwendet werden und ähneln im Geschmack Rucola. Wenn sie bereits etwas gealtert sind, kann man durch Blanchieren, also das Übergießen mit heißem Wasser, einige der Bitterstoffe entfernen. Die gelben Blüten können ebenfalls roh im Salat gegessen werden. Die Wurzeln können sowohl im Frühjahr vor der Blüte als auch später im Jahr, wenn die Pflanze ihre Wurzelspeicher wieder füllt, entweder als Gemüse gekocht oder durch Trocknen, Rösten und Mahlen zu einem Kaffeeersatz verarbeitet werden.

Die **Brennnessel** (*Urtica dioica*) wird bis etwa 1 m hoch, hat einen vierkantigen Stiel und ovale, stark gezahnte Blätter. Der Name geht auf die Brennhaare auf den Blättern und dem Stiel zurück, die bei Berührung zu einer juckenden und brennenden Reaktion auf der Haut führen.

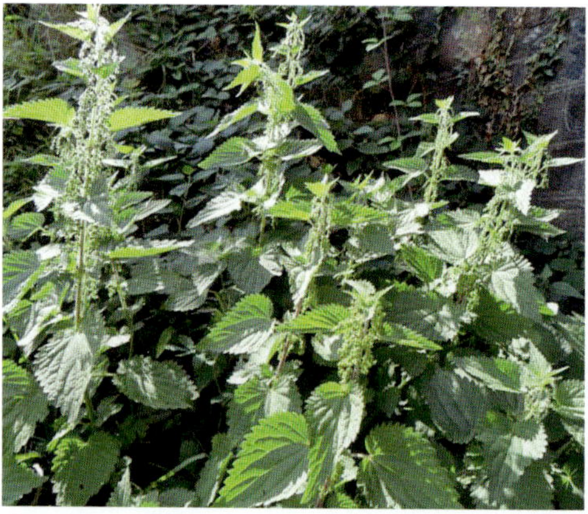

Brennnessel (Foto: Ulrike Schmitz)

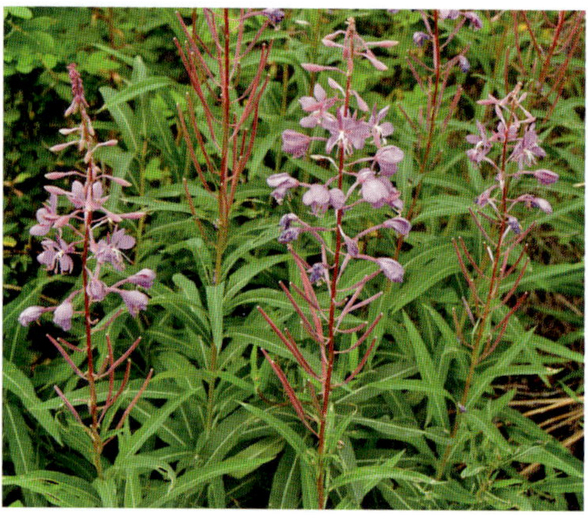

Schmalblättriges Weidenröschen

Tee aus den Blättern wirkt harntreibend und blutreinigend. Brennnessel hat außerdem positive Wirkungen auf die Verdauung und die Atemwege und soll gegen allergische Symptome wie Niesreiz und juckende Augen wirken. Die Blätter der Brennnessel ergeben gekocht einen nahrhaften und schmackhaften „Spinat".

Das **Schmalblättrige Weidenröschen** (*Epilobium angustifolium*) ist eine etwa 1 m hohe Pflanze mit rundem Stängel, wechselständigen, lanzettigen Blättern, traubigem Blütenstand und rosafarbenen Blüten. Das Schmalblättrige Weidenröschen ist eine Pionierpflanze und kommt besonders auf gestörten Flächen wie etwa Waldbrandgebieten vor. Sie kann bis in hohe nördliche Breiten hinein und sogar im alpinen Bereich gefunden werden.

Die jungen Sprossen und Blätter sind roh, gekocht oder angeschwitzt genießbar. Die unterirdischen Teile der jungen Pflanzen können wie Spargel zubereitet werden. Die Blüten sind ebenfalls roh in Wildsalaten genießbar.

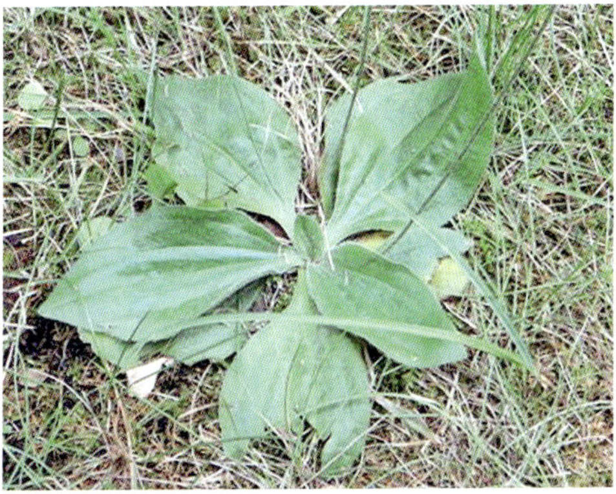
Breitwegerich (Foto: Ulrike Schmitz)

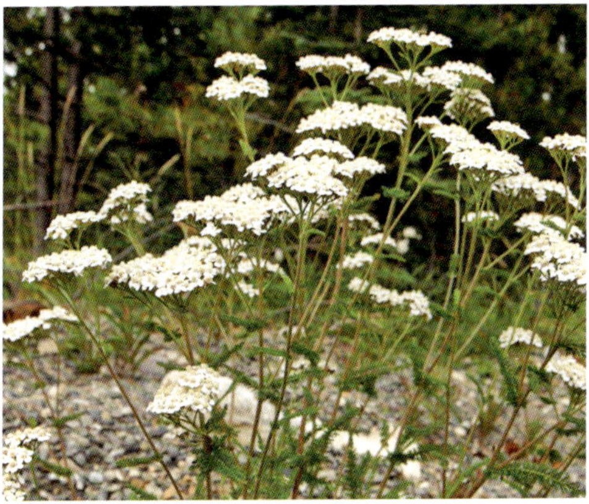
Gemeine Schafgarbe

Der **Breitwegerich** (*Plantago major*) kommt vor allem auf Brachflächen und an Wegrändern vor. Die breiten Blätter und die parallelen Blattnerven des Wegerichs sind ein leichtes Merkmal zur Identifizierung. Zerriebene Blätter können auf Wunden wie zum Beispiel Blasen an den Füßen aufgelegt werden und fördern die Wundheilung. Breitwegerich kann außerdem bei Problemen des Verdauungstraktes helfen.

Die jungen Blätter können roh in Salaten oder auch in gekochten Mahlzeiten verwendet werden. Bei älteren Blättern empfiehlt sich das Entfernen der Nervenfasern.

Die **Gemeine Schafgarbe** (*Achillea millefolium*) ist leicht an den Blättern zu erkennen. Der wissenschaftliche Name millefolium beschreibt die Blätter der Pflanze. Wenn Sie genau hinschauen, sehen Sie die „tausend Blätter“, die gruppiert am Stängel befestigt sind. Es gibt viele – teilweise giftige – Arten, die einen besonders für Anfänger ähnlich aussehenden Blütenstand wie die Schafgarbe haben. Die Blätter sind jedoch ein unverwechselbares Merkmal.

Schafgarbe hilft bei der Blutgerinnung. Wenn Sie eine blutende Wunde haben, zerreiben Sie ein paar Blätter und drücken Sie den grünen Brei auf die Verletzung. Die Blutung stoppt in der Regel innerhalb von ein paar Sekunden. Die Blätter können als Gewürz in Salaten und Eintöpfen den Geschmack verbessern.

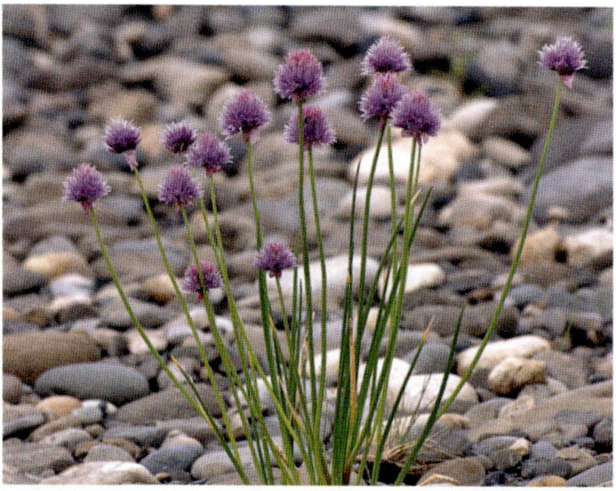

Schnittlauch

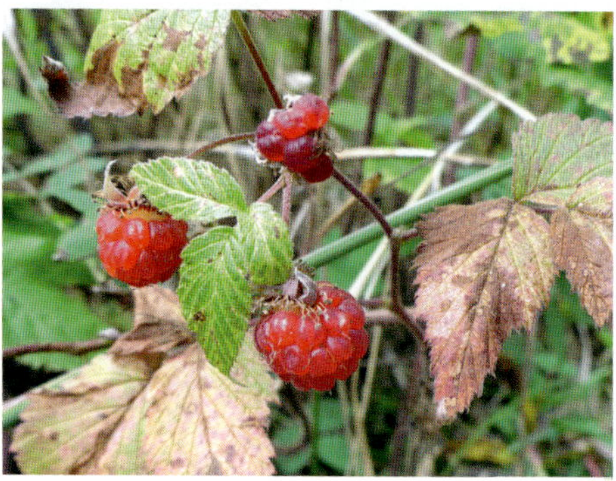

Himbeeren

Die wilde Form des **Schnittlauchs** (*Allium schoenoprasum*) wächst häufig auf feuchten Wiesen und an Fluss- und Seeufern der Mittel- und Hochgebirge sowie der nördlichen Regionen. Die runden, hohlen Stängel haben den typischen Lauchgeschmack. Unverkennbar sind die kugeligen Blütenstände der rosa bis violetten Blüten.

Schnittlauch fördert die Verdauung und regt den Kreislauf an. Er kann in Salaten, Suppen und Eintöpfen verwendet werden und verbessert erheblich den Geschmack.

Neben diesen Wildpflanzen lässt sich natürlich noch eine Vielzahl weiterer Arten für die Ernährung in der Natur nutzen. Ganz besonders sind die allseits bekannten **Beeren und Früchte** als Survivalnahrung geeignet.

Brombeeren und Himbeeren wachsen vor allem an Waldrändern. Man kann nicht nur ihre Früchte ernten und entweder roh oder in Fruchtsuppen und Kompott genießen, sondern auch die Blätter als Tee nutzen.

Erdbeeren gehören zu den Rosengewächsen und kommen in zahlreichen Arten und Unterarten vor, die auf der Nordhalbkugel weitverbreitet sind. Ihre Früchte lassen sich nicht besonders gut lagern und sollten zügig verzehrt werden.

Heidelbeeren wachsen vor allem auf Berghängen und in Heidegebieten. Es gibt viele Arten dieser Gattung mit einer Verbreitung in den gemäßigten und subarktischen Zonen Eurasiens und Nordamerikas. Die kleinen blauen Beeren lassen sich hervorragend trocknen und damit auch für längere Zeit lagern.

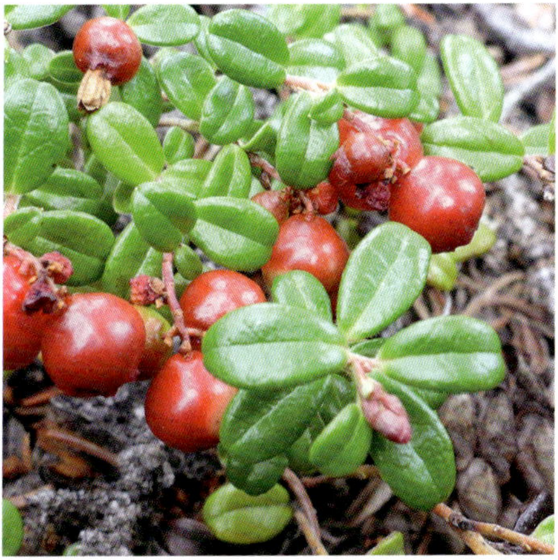

Preiselbeeren

Preiselbeeren bevorzugen die sauren Böden schattiger Wälder der Bergregionen oder der nördlichen Nadelwälder Eurasiens und Nordamerikas. Sie haben einen herben bis sauren Geschmack, der ins Süßliche umschlägt, wenn die Beeren ein paar Mal Frost abbekommen haben. Sie werden am besten gekocht gegessen oder zu Fleischgerichten und Backwaren hinzugefügt. Sie lassen sich prima trocknen und lange lagern.

Die **Moltebeere** ist in Mitteleuropa eher selten, kommt dafür aber in den nördlichen Gebieten Eurasiens und Nordamerikas in Mooren und feuchten Stellen in nördlichen Nadelwäldern vor. Moltebeeren können roh gegessen oder zu Kompott verarbeitet werden.

Hagebutten, die Früchte der Wilden Rose oder Nadel-Rose, enthalten viel Vitamin C und können nach dem Auskernen sowohl roh als auch gekocht gegessen werden. Außerdem kann man sowohl frische als auch getrocknete Hagebutten zu einem leckeren und gesunden Tee verarbeiten.

Auch einige **Baumarten** können zur Ernährung und zu medizinischen Zwecken genutzt werden.

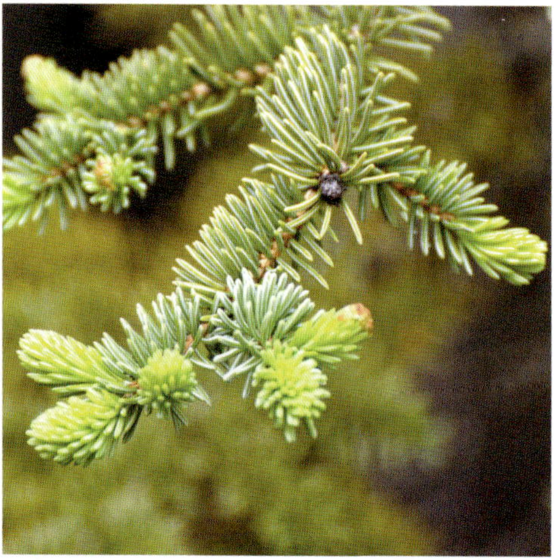
Fichtennadeln

Die ganz jungen hellgrünen Nadeln von **Fichten** und **Kiefern** sind schmackhaft und können sowohl roh als auch gekocht gegessen werden und ältere Nadeln können das ganze Jahr über für einen Tee aufgebrüht werden. Bei einigen Arten wie etwa der Zirbelkiefer werden die Samen so groß, dass sich die Ernte lohnen kann. Sie können geröstet gegessen werden.

Birkensaft zapfen

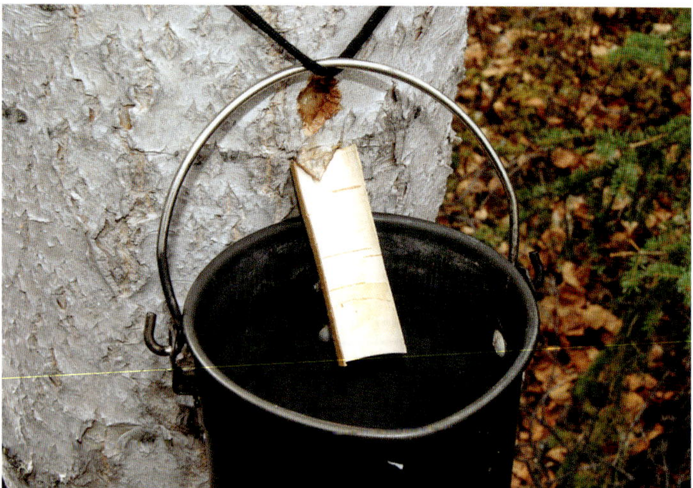

Die jungen Knospen und Blätter von **Birken** und **Zitterpappeln** können ebenfalls verzehrt werden. Außerdem kann man die Rinde von Birken im Frühjahr einschneiden und einen süßlichen Birkensaft zapfen.

🕮 Weitere essbare Pflanzen finden Sie in dem Buch „Essbare Wildpflanzen" von Hartmut Engel und Iris Kürschner, Conrad Stein Verlag, ISBN 978-3-86686-393-4, € 9,90.

Pilze

Pilze gehören nicht zu den Pflanzen, sondern nehmen in der wissenschaftlichen Systematik ein eigenes Reich ein. In unserer Ernährung spielen sie vor allem geschmacklich eine Rolle. Der Nährwert von Pilzen ist eher gering, sie enthalten nur wenige Kohlenhydrate und Fette und liefern nur wenige Kalorien. Allerdings enthalten Pilze durchaus Proteine und liefern Mineralstoffe, Spurenelemente und Vitamine.

Als problematisch können sich die vielen ungenießbaren und sogar giftigen Pilzarten erweisen. Stellt man nun das Risiko einer Vergiftung dem Wert von Pilzen für die Ernährung entgegen, kann man zu dem Schluss kommen, dass sich das Sammeln von Pilzen ganz einfach nicht lohnt.

Wenn Sie Pilze ohne jeden Zweifel als essbar identifizieren können, spricht jedoch nichts dagegen, Ihrer Ernährung ein paar hinzuzufügen. Viele Pilze lassen sich gut trocknen und lagern. Sie können sie in dünne Scheiben schneiden und an einem warmen und trockenen Ort aufhängen oder auslegen.

- ▷ Essen Sie keine Pilze, die Sie nicht kennen und 100%ig als genießbar identifiziert haben!
- ▷ Übertragen Sie Ihre Pilzkenntnisse aus einer Region nicht auf andere Gebiete! Essbare Pilze aus Ihrer Heimat haben in anderen Regionen eventuell giftige Doppelgänger.
- ▷ Essen Sie gesammelte Pilze nur in kleinen Mengen! Pilze sind unter Umständen schwer verdaulich und wenn Ihr Verdauungssystem bereits durch Hunger oder Mangelernährung gestresst ist, kann dieser Effekt eventuell verstärkt werden.

Wenn Sie Pilze bestimmen lernen und für den Verzehr sammeln möchten, beschränken Sie sich lieber auf einige wenige einwandfrei identifizierbare Arten, die keine giftigen Doppelgänger haben.

Tierische Nahrung

Tiere können uns mit **wichtigen Proteinen und Fetten** versorgen und liefern damit Nahrungsbestandteile und Kalorien, die sich in vielen Regionen mit einer reinen Wildpflanzenernährung nicht erschließen lassen. Ein erlegtes Tier kann – je nach Größe – gleich eine **erhebliche Menge an Nahrung** liefern.

Aber Tiere stellen uns auch vor die Herausforderung, dass sie **mobil** sind, vor uns fliehen oder uns sogar **angreifen können**. Und der Verzehr eines Tieres stellt manche Menschen auch vor ein moralisches Dilemma, denn wir beenden dadurch ein Leben. Viele Menschen entscheiden sich für eine vegetarische oder vegane Lebensweise.

Unter reinen Survivalgesichtspunkten ist es wichtig zu verstehen, dass eine solche **tierfreie Ernährung in einer Notlage** in unseren Breiten dauerhaft **nur schwer möglich ist**. Im Alltag können Sie den Speiseplan mit allerlei pflanzlichen Produkten, die reich an Proteinen und Kohlenhydraten sind, zusammenstellen. In den Regionen Eurasiens und Nordamerikas finden Sie außerhalb der landwirtschaftlichen Produktion jedoch nur relativ wenige **Quellen pflanzlicher Fette, Proteine und Kohlenhydrate** mit einer **ausreichenden Ergiebigkeit** für eine rein pflanzliche Ernährung.

Selbst zur ertragreichen Erntezeit für Beerenfrüchte im Spätsommer und Herbst wird es **schwer** sein, **ausreichend Kalorien** von den Büschen zu klauben. Selbst wenn wir uns nur den reinen Kalorienbedarf anschauen und eine ausgewogene Ernährung außer Acht lassen, wird klar, dass eine rein pflanzliche Ernährung unter diesen Umständen an ihre Grenzen stößt: Um **ausreichend Kalorien bereitzustellen, müssten Sie pro Tag etwa 6 kg Heidelbeeren** sammeln und essen. Wenn Sie eine entsprechend ergiebige Stelle fänden, wären Sie mit der Ernte vermutlich den ganzen Tag beschäftigt. Und nach dem Verzehr wäre Ihr Verdauungssystem vermutlich ziemlich überfordert.

Wenn Sie sich für den **Verzehr von Tieren** entscheiden, müssen Sie bedenken, dass Ihr Handeln **Leben kostet**. Tiere sterben, damit Sie etwas zu essen bekommen, damit Sie leben können. Nur wenige Menschen haben in ihrem Leben jemals an den Prozessen teilgenommen, die nötig sind, damit Fleisch verzehrfertig auf unseren Tellern landet. Damit meine ich konkret das Großziehen und Versorgen von Tieren im Rahmen der Landwirtschaft mit dem anschließenden Töten und Schlachten. Hierbei denke ich auch an die Jagd auf Wildtiere mit Ansitz oder

Pirsch, das Erlegen durch eine Schusswaffe und das anschließende Versorgen des Wildes oder an das Angeln von Fischen, vom Todeskampf am anderen Ende der Angelschnur bis hin zum Abstechen und Ausnehmen des Tieres.

Ein **Leben zu beenden, darf nicht leichtfertig** von der Hand gehen. Wenn Sie ein Leben nehmen, **seien Sie so respektvoll wie möglich**. Töten Sie das Tier schnell und effektiv, um unnötiges Leiden zu vermeiden. Verarbeiten und nutzen Sie so viele Teile von dem Tier wie möglich, verschwenden Sie nichts!

Die Methoden, die ich in diesem Buch beschreibe, sind in vielen Ländern nicht zur regulären Jagd und zum Fischfang zulässig. In einem wirklichen **Notfall**, bei dem es um Ihr Überleben geht, halte ich sie dennoch für angebracht. Beim **Survivaltraining** hingegen müssen Sie sich an alle geltenden Gesetze und Verordnungen halten!

Säugetiere

Jagd

Die Jagd auf **Großwild** ohne entsprechende Schusswaffe ist ausgesprochen schwierig und – je nach bejagter Art – auch sehr gefährlich. Unsere Vorfahren haben deshalb, wo immer möglich, Listen angewendet und ihre Beute in Zäune oder über Abhänge getrieben und dem Wild mit Fallen nachgestellt.

Im Rahmen eines Notfalls in der Wildnis ist so etwas eher unrealistisch. Sollten Sie eine Schusswaffe entsprechenden Kalibers dabeihaben, könnten Sie eventuell Glück haben, wenn Sie einem großen Tier begegnen. In diesem Fall sind Sie vermutlich bereits jagdlich ausgebildet und wissen, wie man ein Tier erlegt.

Bedenken Sie, dass Sie bei erlegtem Großwild eine **enorme Menge Fleisch zu verarbeiten** haben. Bei sommerlich warmen Temperaturen wird Fleisch sehr schnell schlecht und Sie müssen sich bereits mit dem Auswaiden des Tieres beeilen, damit das Fleisch schnell genug runtergekühlt werden kann. Eventuell kann es helfen, bei warmen Temperaturen das Fleisch kurz in kaltes Wasser zu legen. Ideal ist das nicht, weil es auch zur Verunreinigung von Fleisch führen kann, aber eventuell ist es die einzige Chance, das Fleisch abzukühlen.

Anschließend müssen Sie das Fleisch entweder **kühl lagern** oder durch Räuchern und Trocknen haltbar machen. Ein ausgewachsenes Reh kann Fleisch für etwa ein bis zwei Wochen liefern. An einem ausgewachsenen Elch essen Sie vermutlich über ein halbes Jahr.

Die Jagd auf **Kleinwild** ist beim Survival meist sinnvoller. Kleinsäuger wie etwa **Hasen, Kaninchen oder Eichhörnchen** können sowohl mit einem Kleinkalibergewehr als auch mit einem starken Luftgewehr oder auch einer Schrotflinte erlegt werden.

Die Jagd auf Kleintiere mit improvisierten Waffen wie etwa Steinen oder Wurfhölzern ist durchaus möglich, erfordert aber sehr viel Übung oder schlicht Glück. Das bedeutet aber nicht, dass ich es in einem Notfall nicht versuchen würde. Es schadet sicher nicht, ein paar wohlgeformte Steine in der Hosentasche und einen kurzen Knüppel zum Werfen in der Hand zu haben, wenn Sie durch die Wälder streifen. Vielleicht haben Sie Glück und finden tatsächlich ein Tier in Reichweite und erzielen einen guten Wurf! Verlassen würde ich mich auf solche Methoden aber nicht unbedingt.

Einfache Speerschleuder (links), Mitte und rechts originale Schleuder und Pfeil von der arktischen Küste Alaskas, wo auch heute noch mit diesen Waffen Jagd auf Robben gemacht wird

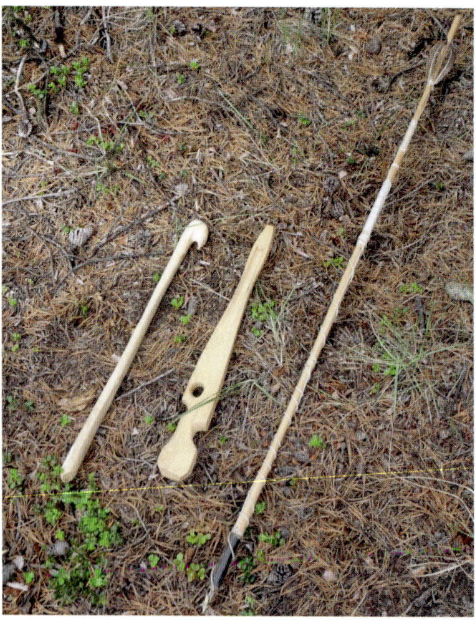

Eine etwas effizientere **improvisierte Jagdwaffe** ist ein **Atlatl**. Es handelt sich dabei um einen Pfeil, der mit einer hölzernen Speerschleuder geworfen wird. Durch die Hebelwirkung der Schleuder übertrifft der Pfeil einen einfachen geworfenen Speer in Geschwindigkeit, Reichweite und Treffgenauigkeit. Ein Atlatl ist leicht herstellbar und auch von einem Laien relativ schnell effizient nutzbar.

Für die Speerschleuder suchen Sie einen stabilen Ast von etwa 2,5 cm Durchmesser mit einer kurzen Astgabel. Aus der Astgabel schnitzen Sie den Wurfhaken, in den der Pfeil eingelegt wird.

Für den Pfeil brauchen Sie einen etwa 1,5 m langen, geraden Schaft. Am besten befestigen Sie vorne eine kleine Steinspitze. Diese muss gar nicht unbedingt scharf sein, wenn Sie damit Vögel oder Kleintiere erlegen wollen. Sie dient vielmehr als Gewicht und hilft, die Flugbahn des Pfeils zu stabilisieren. Am hinteren Ende befestigen Sie Federn, wie bei einem Pfeil, der mit dem Bogen verschossen wird. Ich habe auch hier ein wenig experimentiert und durchaus gute Ergebnisse erzielt, indem ich die Federn einfach als Büschel an den Federkielen an den Schaft gebunden habe. Falls Sie keine Federn haben, können Sie auch einen kleinen Strauß Fichtenzweige anbinden. In das hintere Ende des Pfeilschaftes wird eine runde Kerbe geschnitten, in die der Wurfhaken der Schleuder greifen kann.

Zum Werfen wird die **Speerschleuder mit den drei unteren Fingern gehalten**, während **Zeigefinger und Daumen den Pfeil stabilisieren**. Holen Sie weit aus und beschreiben Sie mit dem Wurfarm eine Vorwärtsbewegung. Dabei lassen Sie den Pfeil los, wenn Sie etwa die halbe Strecke der Reichweite Ihres Arms erreicht haben. Die Schleuder dient als Verlängerung des Arms, wodurch der Pfeil eine enorme Geschwindigkeit und Reichweite erlangen kann.

Einen Pfeil mit dem Atlatl werfen

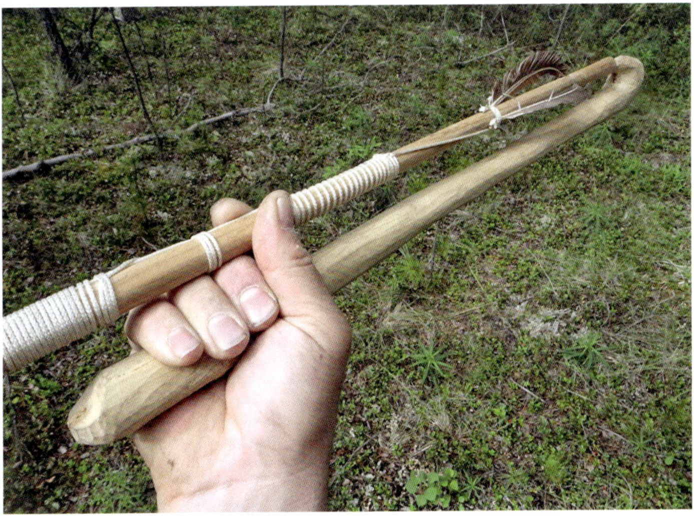

Viele der oben genannten Kleintierarten lassen sich außerdem relativ leicht mit **Drahtschlingen** fangen. Ein wenig Draht sollten Sie unbedingt in Ihr Survivalkit packen.

Besonders im Winter lassen sich die Wechsel dieser Tiere im Schnee gut nachvollziehen. Aber auch im Sommer kann man je nach Untergrund solche viel benutzten Pfade manchmal ausfindig machen. Halten Sie nach **Verengungen** Ausschau, wo das Tier ganz natürlich wie durch einen „Trichter" läuft. Das sind die besten Stellen, um eine Schlinge zu platzieren.

Für einen erfolgreichen Fang, aber auch einen schnellen, erlösenden Tod des Tieres müssen Sie die **Schlingen sehr gewissenhaft aufstellen**. Zu kleine Schlingen verhindern, dass der Kopf des Tieres in die Falle passt. Ist die Schlinge zu groß, wird das Tier unter Umständen mit seinem Körper gefangen und erleidet unnötige Qualen. Um die Drahtschlinge herzustellen, binden Sie in das eine Ende des Drahtes einen einfachen Knoten. Lassen Sie etwa 2 cm Draht überstehen und ziehen Sie den Knoten von Hand kräftig zu. Dadurch entsteht eine kleine Schlinge, durch die das andere Ende des Drahtes gezogen wird. So entsteht eine beliebig verstellbare und sich unter Belastung zuziehende Schlinge.

Drahtschlinge zum Fang von Schneeschuh-Hasen

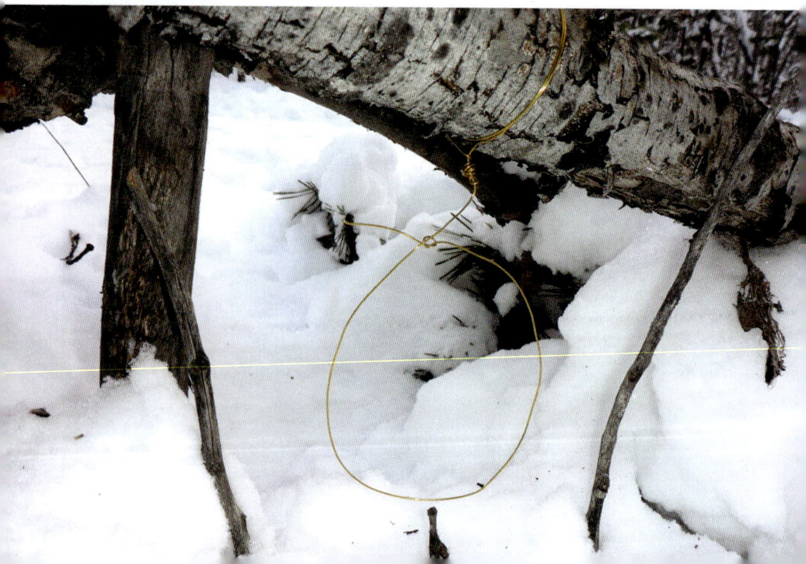

Für **Hasen** müssen die **Schlingen etwa 10-13 cm Durchmesser** haben. Sie können das freie Ende des Drahtes zum Beispiel um einen starken Ast binden und mit seiner Hilfe die Schlinge über den Wildwechsel hängen. Dabei sollte die Schlinge etwa 4-5 cm über dem Boden schweben. Unter die Schlinge können Sie noch einen kleinen Zweig platzieren. Dadurch hebt das Tier beim Passieren den Kopf über das Hindernis und direkt in die Schlinge.

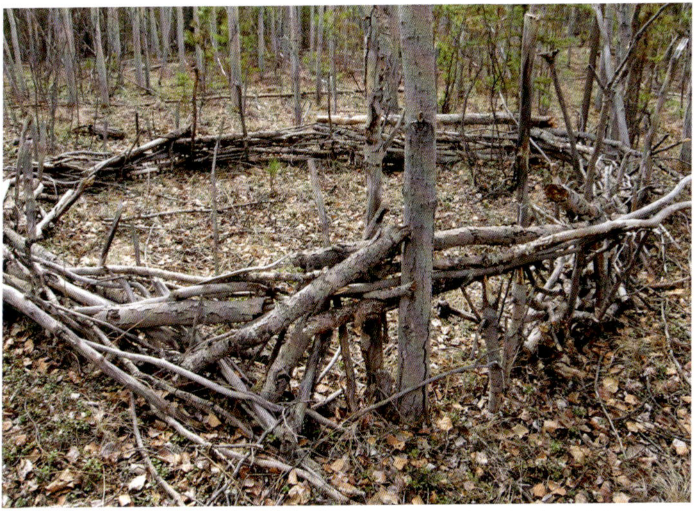

Runder Hasenzaun: Im Inneren werden frische grüne Zweige platziert, die Schlingen werden in die Öffnungen im Zaun gehängt

Falls Sie im Sommer keine Wildwechsel ausmachen können, aber andere deutliche Spuren (Fraßspuren, Kot etc.) finden, die auf das Vorkommen von etwa Hasen und Kaninchen hindeuten, gibt es noch ein paar weitere Möglichkeiten. Zum Beispiel können Sie **aus Ästen und Zweigen einen dichten Zaun bauen** und so die Bewegungen der Tiere lenken. In dem Zaun lassen Sie dann immer wieder kleine Durchgänge frei, in denen Sie eine Schlinge platzieren können.

Alternativ bauen Sie einen runden Zaun (von etwa 2-3 m Durchmesser) und legen frische grüne Zweige mit zarten Blättern aus den Baumkronen in die Mitte.

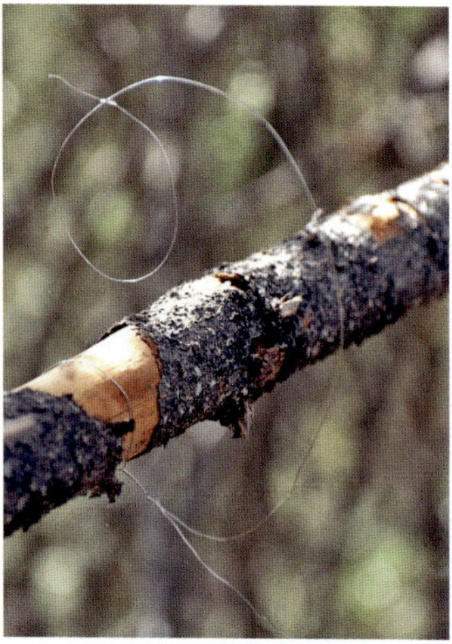

Eichhörnchenschlinge

Eichhörnchen sind ausgesprochen neugierige Tiere. Diese Eigenschaft können Sie sich zunutze machen. Wenn Sie ein Gebiet gefunden haben, in dem Eichhörnchen aktiv sind (deutlich erkennbar an den Fraßspuren, Wildwechseln zwischen Bäumen, Nestern), lehnen Sie einen etwa **3-4 m langen und besenstielstarken Stock in einem 45-Grad-Winkel an einen Baum**. An diesen Stock binden Sie nun 3-4 Drahtschlingen. Es ist wichtig, dass die Schlingen von oben zu dem Stock herunterhängen, da nur so ein schneller Tod des Tieres herbeigeführt wird. Die Schlingen können Sie wie oben beschrieben herstellen, jedoch sind die Maße anders. Sie sollten einen Durchmesser von etwa 5 cm haben und etwa 2-3 cm über dem Ast schweben. Wenn die Hörnchen nun den Stab entlangrennen, werden sie in der Schlinge gefangen.

Split-Stick-Schlagfalle

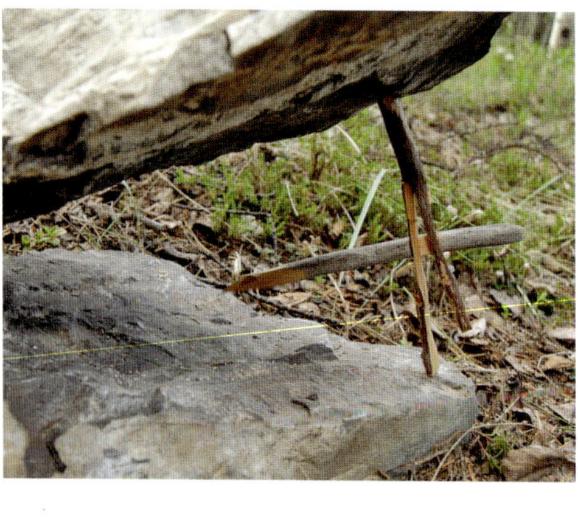

Einige sich langsam bewegende Säuger wie etwa **Igel** in Europa oder auch **Stachelschweine** in Südeuropa und **Baumstachler** in Nordamerika können auch mit einem Knüppel oder einem Steinschlag erlegt werden. Für Kleinsäuger wie etwa **Mäuse** und **Ratten** können Sie einfache **Schlagfallen** improvisieren.

Eine wirkungsvolle Schlagfalle lässt sich mit einem einfachen „**Split Stick**" herstellen. Dazu spalten Sie einen etwa fingerdicken Ast der Länge nach, wie abgebildet.

Als weiteres Bauteil kommt nun der eigentliche Auslöser hinzu. Dazu schnitzen Sie in den gespaltenen Zweig einen rechten Winkel und eine rechteckige Kerbe in den Auslöser. Der Auslöser wird nun mit der Kerbe über dem gespaltenen Stock platziert. Durch das Gewicht der Schlagfalle wird auf den Auslöser Spannung gebracht. Berührt ein Tier nun den Auslöser, kollabiert das ganze Gebilde und das Schlaggewicht landet auf der Beute. Sie sollten das Schlaggewicht drei- bis fünfmal so hoch wie das Gewicht des Beutetieres ansetzen. Außerdem sollten Sie die Falle auf einem harten Untergrund aufbauen, damit möglichst viel Energie auf das Beutetier wirken kann und nicht im weichen Waldboden vergeudet wird.

Verarbeitung

Wenn Sie ein **Säugetier ausnehmen**, egal ob ein kleines Eichhörnchen oder einen riesigen Elch, ist die Methode im Grunde immer gleich. Ich finde es einfacher, wenn man das Tier mit dem Kopf nach unten und gespreizten Hinterläufen aufhängen kann. Schneiden Sie mit dem Messer die Haut unter den Fußgelenken rund um das Bein ein. Dann setzen Sie einen Schnitt durch die Haut vom Fuß bis in die Leistengegend an.

Die ersten Schnitte entlang der Beine

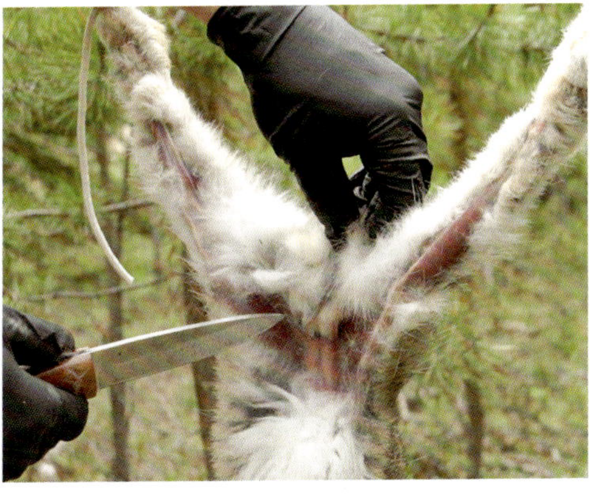

Wiederholen Sie den Prozess auf der anderen Seite und verbinden Sie die beiden Schnitte in der Leistengegend.

Nun müssen Sie sich entscheiden, ob Sie die **Haut wie eine Socke vom Tier ziehen** oder hinterher als **ausgebreitete Decke** weiterverwerten wollen.

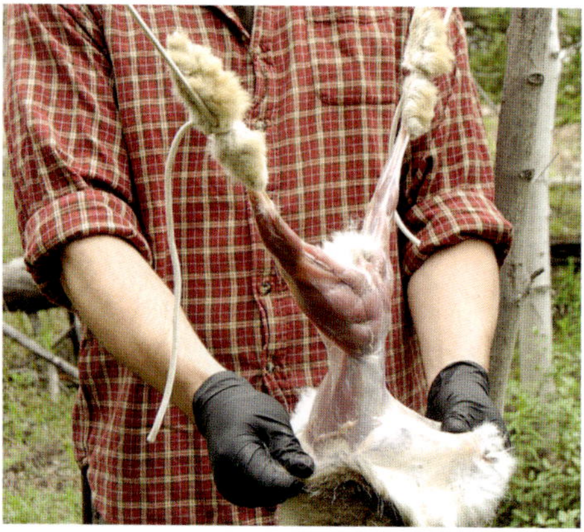

Das Fell wird wie eine Socke abgezogen

Besonders bei Kleintieren ist die „Sockenmethode“ am einfachsten. Ziehen Sie die Haut dafür gleichmäßig von den Beinen zum Kopf hin ab. Bei manchen Tieren wie etwa Schneeschuhhasen und Kaninchen geht das meist ohne den Einsatz eines Schneidwerkzeuges. Bei anderen Arten müssen Sie die Haut beim Abziehen eventuell vorsichtig mit einem Messer abtrennen.

Alternativ dazu können Sie die Haut als „offene Decke“ abziehen. Dazu machen Sie auch wieder die Schnitte wie oben beschrieben. Allerdings setzen Sie dann einen weiteren Schnitt vom Bauch bis zur Brust und weitere Schnitte entlang der Vorderläufe an. Nun trennen Sie die Haut mit dem Messer von dem darunterliegenden Gewebe. Passen Sie auf, dass Sie die Haut nicht verletzen, wenn Sie das Fell hinterher weiterverwenden wollen.

Dann wird vorsichtig der Bauch aufgeschnitten. Achten Sie darauf, keine inneren Organe zu verletzen. Besonders Magen- und Darminhalt und die Gallenblase können das Fleisch verunreinigen und ungenießbar machen. Danach entfernen Sie alle Innereien.

Sie können das **Tier dann weiter zerlegen**, indem Sie die Schultern unter dem Schulterblatt und die Hinterläufe an den Hüftgelenken abtrennen. Dann können Sie die größeren Fleischstücke an Rücken und Brustkorb versorgen.

Machen Sie sich erst einmal keine Sorgen um Steaks und komplizierte Bratenschnitte. Dies ist ein Survivalhandbuch! Für Ihre Zwecke können Sie sämtliches Fleisch entweder **in Würfel für den Eintopf** oder in **dünne Streifen zum Räuchern und Trocknen** schneiden.

Manche Tiere können schwere Krankheiten übertragen. Vermeiden Sie den Kontakt mit Blut und Exkreten, besonders wenn Ihre Haut kleine Wunden aufweist. Tragen Sie Handschuhe, wenn möglich.

Fische

Jagd/Angeln

Fische sind ebenfalls eine gute Notnahrung. Sie enthalten viel Protein und sind mit dem entsprechenden Wissen und etwas Übung relativ leicht zu fangen. Manche Fischarten wie etwa Lachse enthalten gesunde Fette, was sie besonders gehaltvoll macht. Andere Arten enthalten wesentlich weniger Fette und sind dadurch kalorienmäßig weniger wertvoll.

Wenn Sie in Ihrer Ausrüstung ein kleines Sortiment an Angelzubehör eingepackt haben, haben Sie echte Chancen, etwas zu fangen. Aber mindestens ebenso wichtig wie das richtige Gerät ist das Wissen um die richtige Stelle und die richtige Art, den Köder zu präsentieren.

Im Notfall werden Sie mit einfachsten Mitteln eine Angel improvisieren müssen. In Ihrem Survivalkit haben Sie vermutlich nur etwas Schnur, ein paar Haken und Kunstköder wie etwa Blinker, Spinner oder Gummiwürmer und vielleicht ein paar kleine Gewichte.

Improvisierte Angel

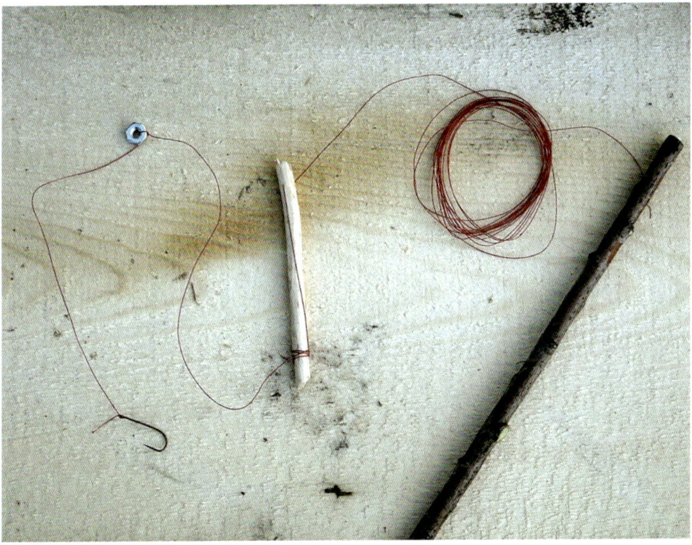

In Ufernähe kann man mit einer einfachen Stipprute angeln, hergestellt aus einem langen und flexiblen Ast. **Weidenruten** sind dafür gut geeignet. Sie können Ihre Schnur einfach am oberen Ende befestigen. Sie kann ruhig etwas länger als die Rute sein. Wenn Sie die Schnur aber zu lang lassen, werden Sie sich öfter verheddern.

Am unteren Ende der Angelschnur können Sie **Haken** und **Gewicht** befestigen. Als Gewicht dienen in der Regel kleine Bleischrote oder Birnenbleie. Als Alternative können Sie auch Schrauben, Nägel oder andere Metallteile anbinden. Eventuell finden Sie auch kleine Steine, die aufgrund ihrer Form mit Schnur befestigt werden können. Je kleiner die Fische sind, die Sie angeln möchten, desto leichter muss auch das Blei sein.

Wenn Sie jedoch in der Strömung eines Flusses angeln wollen, werden Sie wiederum schwerere Gewichte brauchen. Schwere Gewichte kann man improvisieren, indem man Steine in ein Tuch oder in etwas Plastikfolie wickelt und diese dann an die Angelschnur hängt.

Reuse aus Plastikflasche

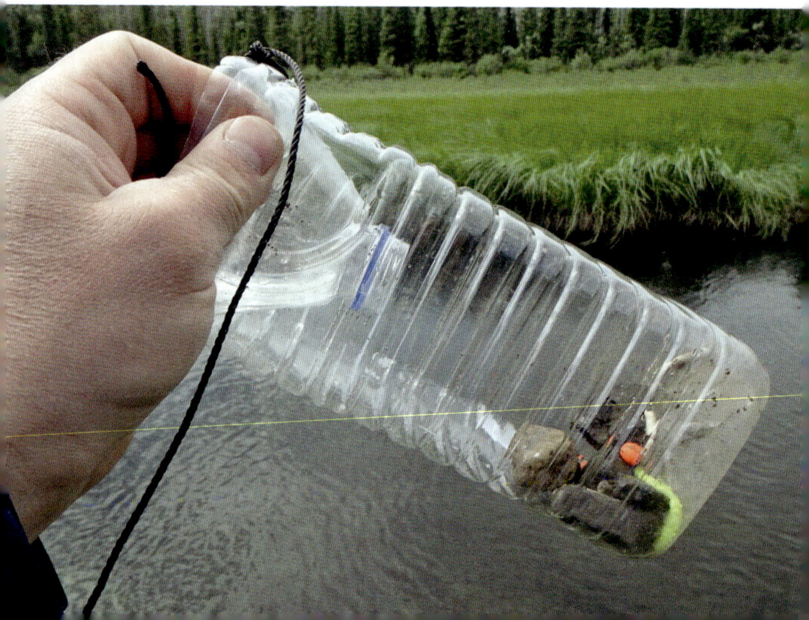

Oberhalb des Gewichtes wird die **Pose** oder der **Schwimmer** angebracht. Die Pose dient dazu, den Köder in der gewünschten Tiefe im Wasser zu präsentieren, funktioniert aber auch als Bissanzeiger. Wenn ein Fisch den Köder schluckt, sehen Sie die Pose wackeln oder sogar ganz untertauchen. Ich habe schon öfter mit kleinen trockenen Stöckchen als Schwimmer erfolgreich experimentiert. Dazu habe ich das Holz mit dem Messer einfach leicht gespalten und die Angelschnur darin eingeklemmt. Auf diese Weise lässt sich die Pose leicht auf die Tiefe anpassen, in der Sie fischen wollen.

Wenn Sie mit dieser Angel mit Kunstködern wie etwa kleinen **Spinnern, Blinkern oder Gummiwürmern** fischen wollen, binden Sie diese ohne zusätzliche Pose oder Gewichte direkt an die Schnur und ziehen die Köder so durch das Wasser, dass sie mit ihrer taumelnden und drehenden Bewegung Raubfische zum Biss animieren.

📖 Weitere Informationen und Tipps rund ums Angeln bietet das Buch „Angeln“ von Harald Barth und Ronald Metzger, Conrad Stein Verlag, ISBN 978-3-86686-021-6, € 9,90.

Aus einer alten Plastikflasche oder ähnlichen Behältern können Sie eine einfache **Reuse** improvisieren. Schneiden Sie die Flasche unter dem Hals auf und stecken Sie den so entstandenen Trichter (ohne Deckel) in die Flasche. Sie können ihn dort mit etwas Draht oder Schnur befestigen. Mit kleinen Ködern wie etwa Beeren, Insekten oder Fischinnereien und ein paar Steinen als Gewicht bestückt platzieren Sie Ihre Fischfalle nun in Kehrwassern oder zwischen Wasserpflanzen. Oft schwimmen kleine Fische oder Jungfische in die Reuse, die Sie entweder mit in den Eintopf werfen oder als Köderfische für größere Räuber nutzen können.

Mit einem **Speer** Fische zu fangen, erfordert einige Übung und sicherlich auch eine Portion Glück. Diese Methode ist vor allem für größere Fische geeignet, die in Ufernähe in seichtem Wasser vorkommen. Stehende Hechte im Schilfgürtel können so erlegt werden. Aber auch Lachse, die bei ihrem Laichzug flussaufwärts ziehen und in den seichten Kehrwassern ruhen, lassen sich gut mit dem Speer jagen. Sie können die Zugbewegung der Lachse auch etwas steuern, indem Sie mit Steinen und Holzpflöcken Hindernisse errichten, durch die die Fische schwimmen müssen. An diesen Stellen können Sie dann mit Ihrem Speer warten. Beachten Sie, dass der Fisch durch die Brechung des Lichtes im Wasser an einer anderen Stelle erscheint, als er wirklich ist. Wirken Sie dem entgegen, indem Sie die Spitze des Speers beim Zielen bereits ins Wasser tauchen.

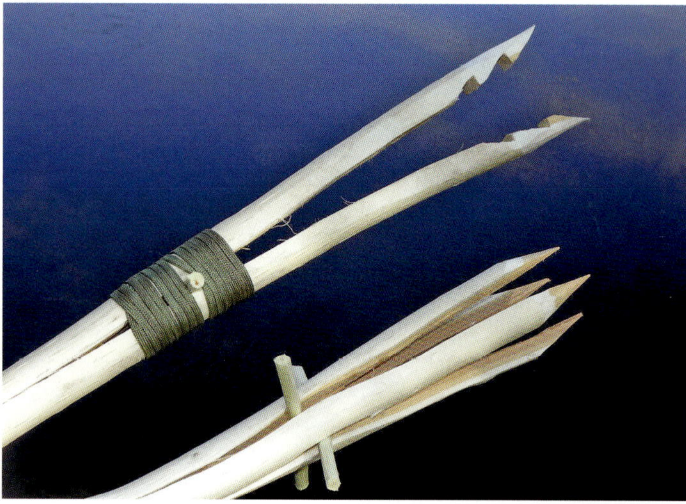

Zwei improvisierte Fischspeere

Es gibt mehrere Möglichkeiten, einen **Fischspeer** zu improvisieren. Für eine einfach herzustellende Version spalten Sie einen 2-3 cm starken Stab von etwa 3 m Länge an einem Ende für etwa 20-30 cm. Spalten Sie ihn zweimal in einem 90-Grad-Winkel zueinander. Dadurch entstehen die vier Spitzen des Speeres, die Sie nun anspitzen können.

Wenn Sie feine Zweige zwischen die Zacken des Speers stecken, werden die Spitzen auseinandergehalten. Diese Version ist allerdings nur in seichtem Wasser wirkungsvoll. Sie müssen den Fisch auf den Boden drücken und dann mit den Händen herausheben.

Etwas aufwendiger in der Herstellung ist ein Speer mit zwei Zacken und richtigen Widerhaken. In einem solchen Speer kann der Fisch auch zwischen den beiden Spitzen eingeklemmt werden.

Es ist leichter, einen Fischspeer aus grünem Holz zu schnitzen und dann trocknen zu lassen. Dann können Sie das Holz in der Hitze des Feuers vorsichtig weiter härten. Wenn Sie Öl oder Fett haben, können Sie das Holz anschließend imprägnieren. So erhöhen Sie die Lebenserwartung Ihres Speers erheblich.

Aus einem biegsamen Weidenstab und einem Hemd lässt sich leicht ein **einfacher Kescher** bauen, mit dem Sie im seichten Wasser kleine Fische erbeuten oder auch größere Fische an der Angel sicher landen können.

Improvisierter Kescher

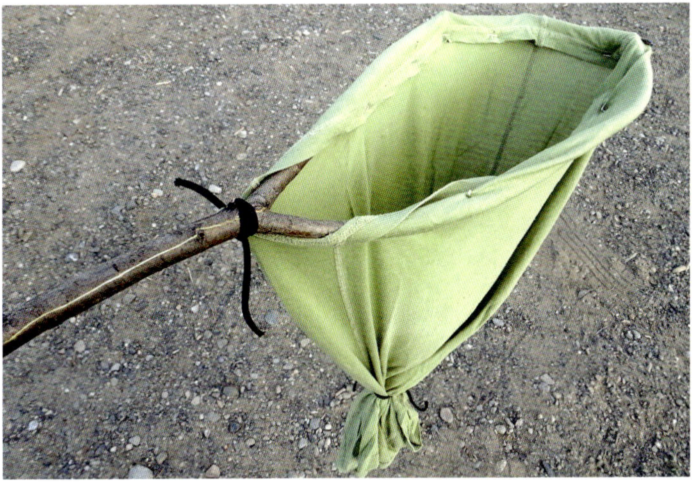

Flussbarsche sind in Seen und langsam fließenden Gewässern zu finden. Dort halten sie sich vor allem an strukturellen Besonderheiten wie etwa hügelartigen Erhebungen und steilen Abbrüchen oder großen versunkenen Baumstämmen auf. Sie können gut mit einem kleinen bis mittelgroßen Haken gefangen werden. Als Köder eignen sich kleine Köderfische, Würmer oder Insekten, die unter einem leichten Schwimmer präsentiert werden. Aber auch kleine Gummiwürmer, Spinner oder Blinker, die sie an Ihrer Leine durch das Wasser ziehen, können zum Erfolg führen.

Der **Hecht** ist ein weiterer Räuber, der in langsam fließenden oder stehenden Gewässern mit relativ klarem Wasser vorkommt. Es gibt ihn in fast ganz Europa und er ist auch in den nördlichen Regionen Skandinaviens und Nordamerikas weitverbreitet. Er steht zwischen Wasserpflanzen oder in Schilfgürteln und lauert dort auf seine Beute: kleine Fische, aber auch Frösche, junge Enten oder schwimmende Mäuse. Manchmal versteckt er sich aber auch zwischen großen Steinen oder unter versunkenen Baumstämmen. Er ist extrem beißfreudig und schnappt sich so ziemlich alles, was in seinen scharfbezahnten Mund passt. Hechte stehen durchaus auch in sehr flachem Wasser und können dort unter Umständen mit einem Speer erlegt werden. Wenn Sie eine Angel improvisieren, versuchen Sie Ihr Glück mit Köderfischen, Stücken von bereits gefangenen Fischen oder großen, hellen Spinnern und Blinkern, die Sie durch das Wasser führen. Damit die scharfen Zähne die Angelschnur nicht beschädigen und zerschneiden, sollten Sie ein sogenanntes Stahlvorfach (ein kurzes Stück dünnes Stahlseil) vor den Köder binden. Wenn Sie keins haben, können Sie auch ein Stück stabilen Draht einbinden.

Karpfenartige wie **Rotfedern** und **Rotaugen** kommen in stehenden und langsam fließenden Gewässern vor. Dort stehen sie in Schwärmen in geschützten Bereichen zwischen Wasserpflanzen und unter Seerosen. Sie ernähren sich vor allem von Algen, Wasserpflanzen und kleinen Insekten. Sie lassen sich mit kleinen Haken und Insekten wie Maden, Würmern oder großen Fliegen und einem feinen Schwimmer fangen.

Aale leben am Grund von Seen und langsamen Flüssen und ernähren sich dort als Räuber und Aasfresser. Sie werden in der Regel über Nacht auf mittelgroßen Haken gefangen, die Sie mit Köderfischen, Würmern oder anderem Aas bestücken sollten. Legen Sie den Köder mit einem Gewicht auf den Gewässergrund. Eine inzwischen meist illegale Methode, Aale zu fangen, sind die sogenannten Aalschnüre. Dabei wird eine lange, stabile Schnur tief in den Fluss oder den See gelegt. An dieser befinden sich zahlreiche kürzere Angelschnüre, die Sie beködern müssen. So haben Sie die Chance, über Nacht gleich mehrere Aale an einer Schnur zu erbeuten.

Aalblut enthält ein giftiges Eiweiß, das bei Kontakt mit offenen Wunden oder in den Augen Schaden anrichten kann. Wenn das Fleisch jedoch erhitzt wird, wird dieses Protein wirkungslos. Passen Sie also beim Ausnehmen des Aals gut auf und kochen Sie Ihren Fang ausreichend.

Aalquappen sind nicht mit den Aalen verwandt, sondern gehören zu den Dorschen. Sie leben in großen Flüssen und tiefen Seen und halten sich dort vor allem am Grund auf, wo sie ähnlich den Aalen nach Beute jagen und Aas fressen. Wie beim Aal präsentieren Sie Ihren Köder am besten über Nacht auf dem Boden des Gewässers.

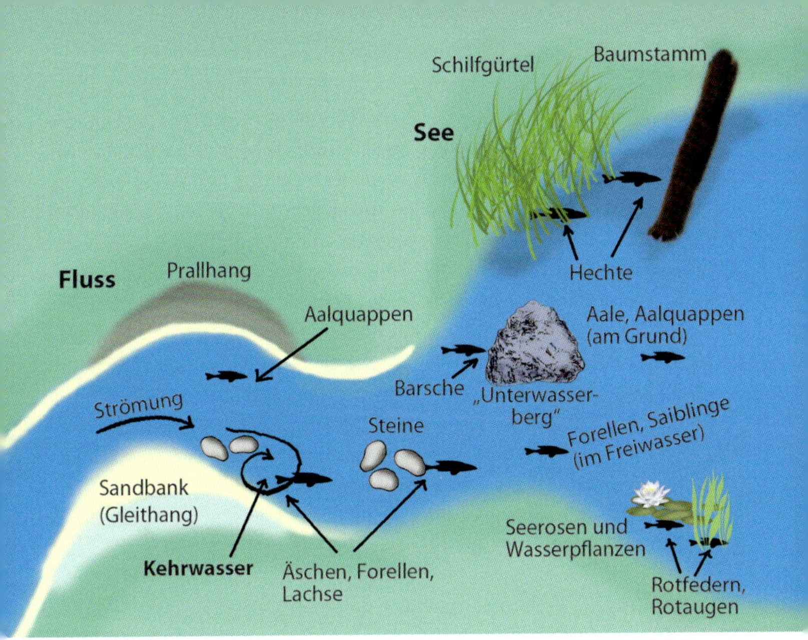

Kehrwasser

Äschen leben in schnell fließenden Bergbächen und Flüssen, in den klaren Seen der europäischen Gebirge und in einigen Gewässern Skandinaviens. Sie sind mit der Art der Arktischen Äsche auch im nördlichen Nordamerika verbreitet. Sie stehen gerne hinter größeren Hindernissen oder in den Kehrwassern (ein Bereich hinter einem Hindernis, in dem das Wasser entgegen der Hauptstromrichtung fließt) in Ufernähe und warten dort auf leichte Beute, die den Fluss heruntergespült wird. Insekten oder auch kleine Köderfische sowie kleine, helle Spinner sind oft erfolgreich. Äschen sind für das improvisierte Angeln gut geeignet, weil man ihre Standorte in Ufernähe mit kurzen Angelruten oder sogar mit der Handleine gut erreichen kann.

Es gibt zahlreiche **Forellenarten** wie die Regenbogenforelle, die Seeforelle, die Bachforelle und die zur gleichen Familie gehörenden Saiblinge, die in Eurasien und Nordamerika verbreitet sind. Sie leben in kalten und meist schnell fließenden Gebirgsbächen oder in kalten und klaren Seen. Sie können mit kleinen bis mittelgroßen Haken und Insekten oder auch kleinen Spinnern oder Kunstfliegen gefangen werden.

Die verschiedenen **Lachsarten** sind ebenfalls mit den Forellen verwandt. Sie haben eine besondere Lebensweise, da sie in Flüssen geboren werden, dann aber im Verlauf ihres Lebens in die Meere wandern und dort Geschlechtsreife erlangen. Dann ziehen sie zum Laichen wieder zu ihren ursprünglichen Laichgründen zurück, um sich dort fortzupflanzen. Besonders auf diesen Zügen stromaufwärts können Lachse relativ leicht mit Netzen, Reusen und anderen Fischfallen oder auch mit Fischspeeren und Keschern in den Kehrwassern gefangen werden. Der Erfolg mit der Angel variiert stark, da die Lachse bei ihrer Wanderung eigentlich nichts essen. Allerdings behalten sie teilweise einen gewissen Jagdtrieb, weshalb es unter Umstände doch manchmal möglich ist, den einen oder anderen Lachs an grelle Kunstköder zu locken. Wenn die Lachse in großen Schwärmen aufsteigen, können Sie auch Glück haben, wenn Sie einen großen Haken einfach durch den Fluss ziehen. Immer wieder werden so Lachse seitlich am Körper gehakt und gefangen. Bei Sportanglern gilt das als verpönt, aber wenn Sie um Ihr Überleben kämpfen, sind solche Mittel wohl gerechtfertigt.

Verarbeitung

Wenn Sie einen Fisch gefangen haben, müssen Sie ihn **schnell und effizient töten**, um längeres Leiden zu vermeiden. Schlagen Sie dem Fisch mit einem Knüppel oder auch dem Rücken eines schweren Messers zum Betäuben in den Nacken. Dann stechen Sie mit dem Messer in das Herz, das zwischen Kopf und Bauch gleich unterhalb der Kiemendeckel sitzt. Wenn Sie es getroffen haben, setzt gleich eine starke Blutung ein.

Fisch schuppen

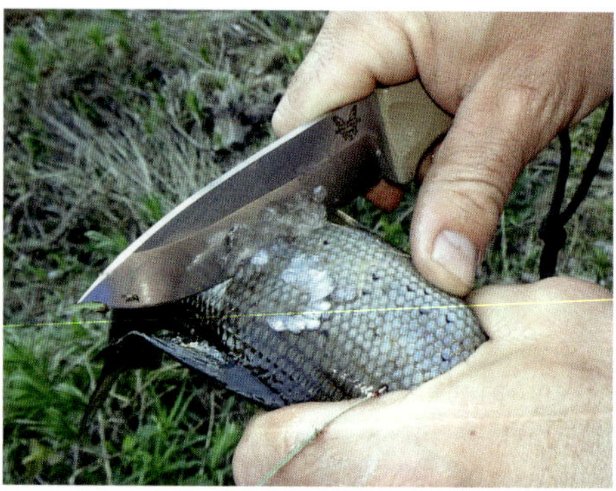

Anschließend müssen Sie den Fisch für den Verzehr vorbereiten. Wenn Sie die **Schuppen entfernen** wollen, schaben Sie mit der Messerklinge in einem 90-Grad-Winkel zum Körper gegen den Strich, bis sich alle Schuppen gelöst haben.

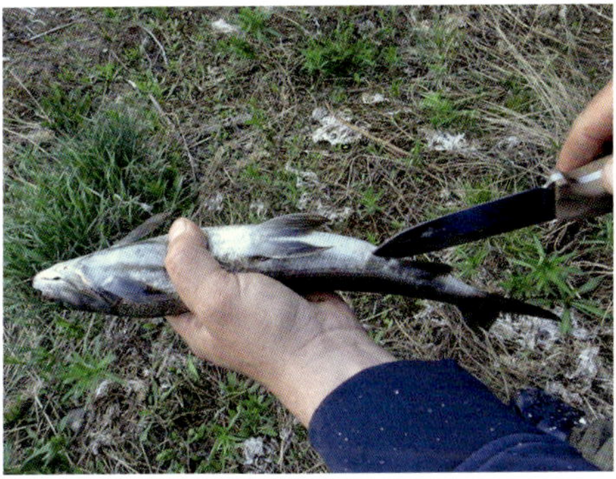
Fisch aufschneiden

Fische wie etwa **Aal und Aalquappe** haben keine Schuppen und müssen **gehäutet** werden. Schneiden Sie die Haut hinter dem Kopf um den gesamten Körper ein. Dann bringen Sie noch einen kleinen Schlitz in die Haut quer dazu an. Beginnen Sie an dieser Stelle die Haut wie eine Socke nach unten abzuziehen. Das geht am besten, wenn Sie die Zange eines Multitools benutzen können. Alternativ können Sie die Haut auch zwischen zwei Holzstöcken einklemmen und damit abziehen.

Nach dem Schuppen oder Häuten schneiden Sie vorsichtig den Bauch des Fisches vom After bis zum Kinn auf, ohne die Organe zu verletzen.

Dann entfernen Sie alle **Innereien und die Kiemen**. Entfernen Sie auch das feine weiße Häutchen unter der Wirbelsäule mit den darunterliegenden Blutgefäßen. Herz und Fischeier können Sie aufbewahren und in den Eintopf werfen. Für den Überlebensfall ist es nicht sinnvoll, gefangene Fische zu filetieren. Diese Methode ist zu verschwenderisch, außerdem enthält die Haut wichtige Nährstoffe und sollte unbedingt mitgekocht werden.

Fisch ausnehmen

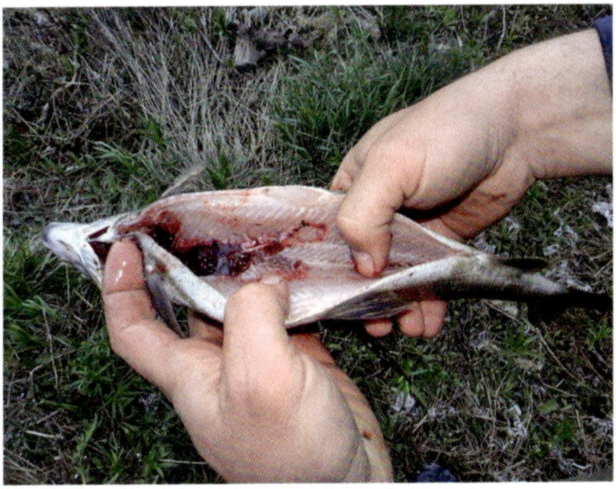

Süßwasserfische können parasitische Würmer enthalten und müssen deshalb immer vor dem Verzehr gegart werden.

Vögel

Jagd

Auch **Vögel** dienen seit jeher als Nahrung und in einem Survivalfall sollten Sie auf diese Ressource zurückgreifen. Die Vogeljagd ist mit einer Schrotflinte sicherlich am aussichtsreichsten. Aber eventuell haben Sie auch ohne Schusswaffe Glück, wenn Sie Steine, Wurfholz oder auch den Pfeil eines Atlatls in größere aufsteigende Vogelschwärme, z. B. **Enten** und **Gänse,** werfen.

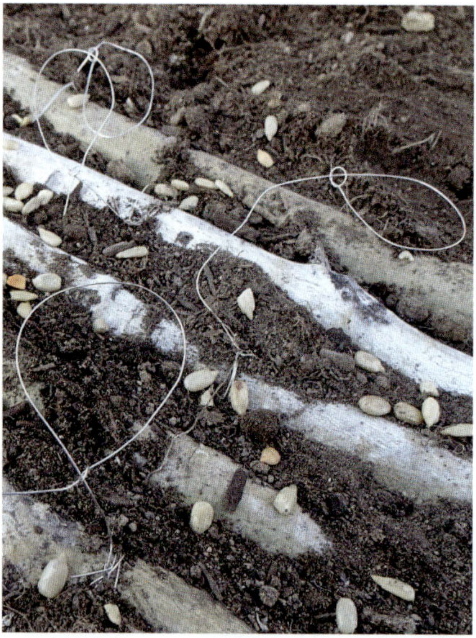

Vogelfalle

Einige Arten der **Raufußhühner**, wie etwa **Schneehühner** oder das nordamerikanische **Tannenhuhn**, verlassen sich bei Gefahr eher auf ihre Tarnung und halten oft einfach nur still. Man kann sich ihnen ganz langsam bis auf wenige Meter nähern und sie dann per Steinwurf oder mit einem Wurfholz erlegen. Es ist auch möglich, diese Hühner mit einer Schlinge am Ende einer langen Stange aus dem Baum zu „pflücken". Wenn sie Jungvögel haben, imitieren die Muttertiere oft einen kranken Vogel und „verleiten" den Angreifer. Eventuell haben Sie Chancen, der Mutter dabei so nah zu kommen, dass sie mit einem Steinwurf erlegt werden kann. Auch die Brut selbst ist eine leichte Beute.

In einem skandinavischen Museum sah ich eine **Vogelfalle**, bei der kleine Schlingen aus Angelschnur oder feinstem Draht an einem Holzbrett befestigt waren. Dieses Brett wird ausgelegt und mit Samen und Körnern bestreut. Wenn Vögel von dem Köder angelockt werden, sollen sich die Füße in den Schlingen verfangen.

Nicht zu vernachlässigen sind **Vogeleier** während der Brutzeit. Die meisten Vögel bauen ein Nest und legen mehrere Eier hinein, die dann anschließend ausgebrütet werden. Wenn Sie nicht alle Eier aus dem Nest nehmen, legt die Mutter eventuell weitere Eier nach. Manche Vogelarten haben im späteren Sommer noch ein zweites Gelege. Halten Sie also den ganzen Sommer nach Nestern und brütenden Eltern Ausschau. Sie sollten die gesammelten Eier nur gekocht essen.

Verarbeitung

Um **Vögel auszunehmen**, beginnen Sie am besten mit dem **Rupfen**. Bei ganz frisch gefangenen Vögeln können Sie einen Großteil der Federn eventuell sofort rupfen. Wenn sie sich nicht so leicht lösen lassen, bereiten Sie einen Topf heißes Wasser vor. 70 °C sind ideal, aber vermutlich haben Sie kein Thermometer zur Hand. Probieren Sie es einfach aus! Tauchen Sie den Vogel für 20-30 Sekunden in heißes Wasser und bewegen Sie ihn auf und ab, damit das Wasser zwischen die Federn gelangt. Danach sollten sich die Federn leicht rupfen lassen. Wenn nicht, erhitzen Sie das Wasser etwas mehr. Kochendes Wasser ist zu heiß, da es den Vogel bereits äußerlich garen wird.

Danach wird der Bauch vom Anus her aufgeschnitten und die Innereien werden entfernt. Herz, Nieren und Leber gesunder Vögel können mitgekocht werden.

Wirbellose Tiere

Auch **wirbellose Tiere** sind als Nahrung nicht zu vernachlässigen. Maden, Heuschrecken und Regenwürmer können durchaus in Eintöpfen verarbeitet oder geröstet genossen werden. Sie sind oft sehr nahrhaft und stehen in anderen Kulturen durchaus auf dem Speiseplan.

Nahrungszubereitung

Auch wenn es der Moral sicher manchmal guttun würde, ist es im Ueberlebensfall nicht wichtig aufwendige Menus aufzutischen. Es geht vielmehr darum, nahrhafte Gerichte zu kochen, die Sie satt machen, gesund und am Leben halten.

Die sicherlich beste Methode zum Garen ist das **Kochen in einem Topf**. Suppen und Eintöpfe sind die perfekten Survivalmahlzeiten, weil so die meisten Nährstoffe in der Brühe erhalten bleiben und genutzt werden können.

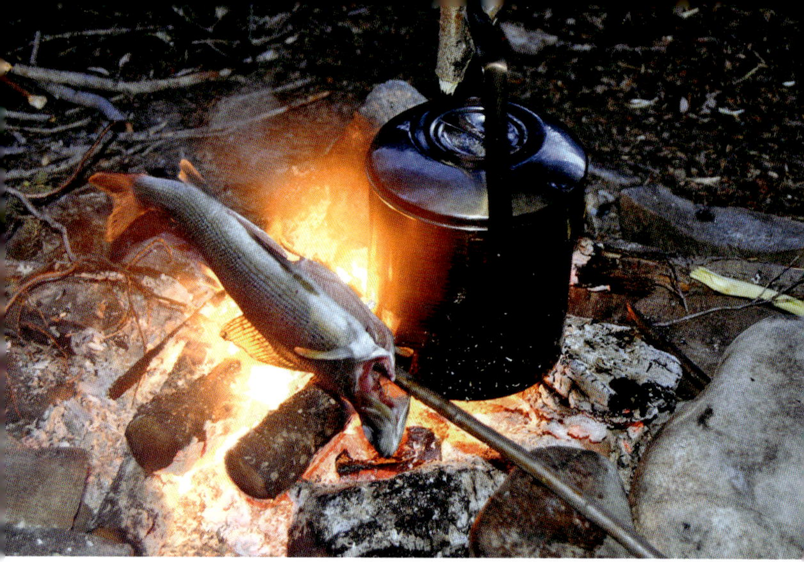

Fische grillen

Wenn Sie Fleisch und Fisch **direkt über dem Feuer grillen** oder in der **heißen Glut garen**, benötigen Sie zwar keinen Topf und keine Pfanne, **verlieren** aber durchaus **wichtige Nährstoffe**, wenn der ölige Saft ins Feuer tropft. Wenn Sie auf diese Weise Fisch zubereiten wollen, lassen Sie die Schuppen am besten dran. Sie bilden eine schützende Schicht und halten beim Garen die Feuchtigkeit im Fisch.

Vogeleier können Sie d**irekt in die heiße Glu**t oder Asche legen. Stechen Sie die Eier aber vorher leicht an, sie können sonst explodieren.

Sie können Fische und dünne Fleischstücke auch auf einem **heißen Stein** neben dem Feuer braten.

Eine weitere Möglichkeit ist ein **Holzrahmen aus grünem Weidenholz**, auf dem Sie Ihre Nahrung neben oder über das Feuer halten können, bis es genießbar ist.

Sie können **Nahrung** auch **haltbar machen**, indem Sie sie **trocknen**.

Die meisten **Beeren** und einige **Kräuter** lassen sich **hervorragend trocknen**. Legen Sie Ihre Ernte flächig aus oder hängen Sie sie in Sträußen auf und deponieren Sie sie an einem warmen, trockenen und luftigen Ort ohne direkte Sonneneinstrahlung. Die Pflanzenteile sollten sich beim Auslegen nicht berühren, damit sie nicht vergammeln. Wenden und bewegen Sie das Gut häufig, um ein gleichmäßiges Trocknen zu erreichen.

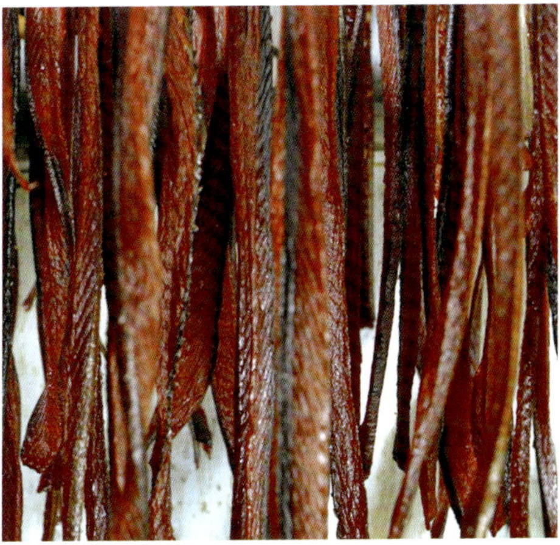

Fisch wird durch Trocknen und Räuchern haltbar gemacht

Fisch und Fleisch werden am besten in feinste Streifen geschnitten und neben dem Feuer im Rauch oder in einer improvisierten **Räucherkammer** getrocknet. Der Rauch macht es länger haltbar, verbessert den Geschmack und hält Fliegen fern, die im Fleisch Eier ablegen wollen. Eine einfache Räucherkammer kann man improvisieren, indem man aus Stangen und einer Zeltplane ein einfaches Tipi baut und darin grünes Holz (z. B. frisches Weidenholz) auf etwas Glut zum Rauchen bringt. Das Räuchergut wird dann etwas erhöht in den Rauch gehängt.

Notsignale

Wenn Sie sich nicht aus eigener Kraft zu unseren Rettern bewegen können – weil Sie verletzt oder erschöpft sind, weil Sie die Orientierung verloren haben oder weil die Distanz einfach zu groß ist – müssen Sie die Retter zu sich lotsen.

Die größten Chancen auf Rettung haben Sie, wenn Sie vorher einen **Notfallplan** (☞ Kapitel „Tourenplanung, Risikomanagement, Prävention unterwegs") gemacht haben und eine verantwortungsvolle Person Ihre Route und den Zeitplan kennt. Dadurch können Rettungsdienste **gezielter nach Ihnen suchen**. Es ist extrem schwierig für Rettungstrupps, große Areale abzusuchen, denn oft sind Personal und technische Hilfsmittel nur begrenzt verfügbar. Zusätzlich spielen natürlich auch Umweltfaktoren eine große Rolle.

Telekommunikation

Mithilfe von Mobiltelefonen oder satellitengestützten Kommunikationsgeräten können Sie auch ohne die Vertrauensperson daheim in abgelegenen Gebieten Kontakt zu Helfern aufnehmen. Wenn andere Menschen in der Nähe sind oder Rettungskräfte bereits in der Umgebung nach Ihnen suchen, können Sie auch mit zahlreichen weiteren Hilfsmitteln auf Ihre missliche Lage aufmerksam machen.

Mobiltelefone sind heute quasi überall dabei und dienen – neben ihrer Funktion als Kommunikationsmittel – als Ersatztaschenlampe, GPS-Gerät, Fotoapparat, Notizbuch sowie mit entsprechenden Apps auch als Pflanzenbestimmungshilfe und Erste-Hilfe-Ratgeber. Sie können in einem Notfall eine wertvolle Hilfe sein. Ihr Hauptproblem sind jedoch eine relativ **kurze Akkulaufzeit** und oft **mangelnde Wasserdichtigkeit** (es sei denn, sie werden entsprechend verpackt oder sind als sogenannte Outdoorhandys entsprechend abgedichtet und stoßgeschützt). Ein weiteres Problem ist die **Netzabdeckung**, die zwar in stark besiedelten Gebieten Europas meist gegeben sein mag, jedoch nicht in abgelegenen Wildnisgebieten anderer Regionen erwartet werden kann.

inReach, Satellitentelefon, SPOT-Tracker

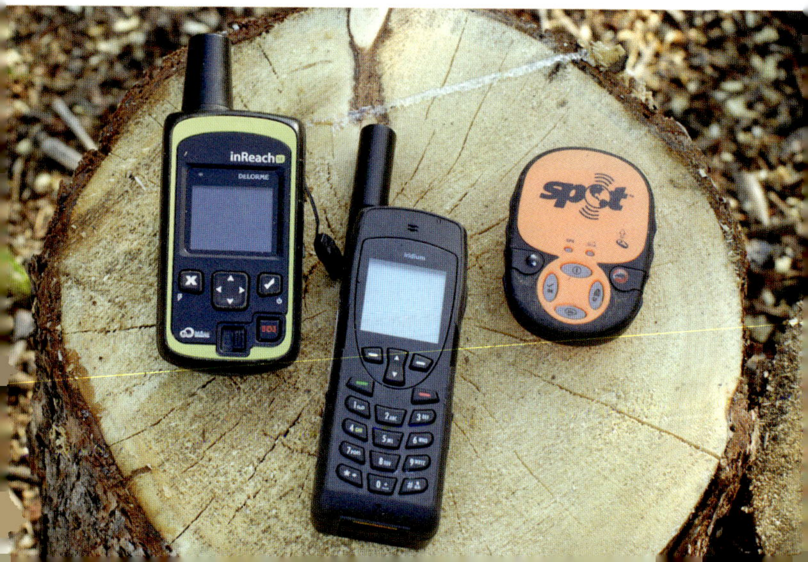

Verlassen Sie sich nicht auf Ihr Handy, ohne vorher sichergestellt zu haben, dass Sie an Ihrem Reiseziel auch wirklich Empfang haben!

Der Vorteil eines Mobiltelefons ist, dass Sie direkt mit den Rettern kommunizieren und mitteilen können, was Ihr Problem ist und wo Sie sich befinden. Gegebenenfalls können Sie auch Tipps und Hinweise – wie zum Beispiel medizinischen Rat – direkt über Telefon erhalten, mit denen Sie Ihre Lage verbessern können.

Wenn die rechtlichen und technischen Möglichkeiten gegeben sind, ist es Rettungsorganisationen auch möglich, den Standort Ihres Telefons – zumindest grob – zu orten und Sie so leichter zu finden.

Satellitentelefone bieten die Möglichkeit, auch ohne ein Mobilfunknetz direkt mit Rettungskräften Kontakt aufzunehmen. Sie stehen in direktem Kontakt zu speziellen Kommunikationssatelliten und sind nahezu weltweit auch in abgelegenen Gebieten einsetzbar.

Aber Satellitentelefone haben auch einige Nachteile. Es ist Rettungsmannschaften nicht möglich, Ihr Telefon zu orten. Sie müssen Ihren Standort also selbst mitteilen, was schwierig ist, wenn Sie nicht wissen, wo Sie sind. Satellitentelefone sind außerdem relativ groß und schwer – obwohl die neueren Modelle immer kleiner und handlicher werden – und haben meist anfällige Teleskopantennen, die bei Kälte leicht abbrechen können. Außerdem sind sie in der Anschaffung teuer und recht kostenintensiv, was die Verträge oder Prepaidoptionen angeht. Es kann aber sinnvoll sein, ein solches Gerät zu mieten.

Es gibt verschiedene System wie etwa Iridium und Globalstar. Informieren Sie sich bei den Betreibern über die Netzabdeckung in Ihrem Zielgebiet.

Seit ein paar Jahren nutzen auch Geräte zum **Verschicken und Empfangen von Textnachrichten** diese Satellitensysteme. Zurzeit sind solche Geräte von Garmin unter dem Namen **inReach** erhältlich, von SPOT gibt es das **Modell X-Messenger**. Dadurch ist es möglich, sowohl die Rettungsdienste oder andere Kontaktpersonen über die Lage vor Ort zu informieren als auch sinnvolle Anweisungen, die zur Problemlösung beitragen können, zu erhalten. Man kann auch eine Trackingfunktion einschalten, sodass jemand den Tourenverlauf von daheim beobachten kann.

Neben diesen Zwei-Wege-Kommunikationsgeräten gibt es auch noch satellitenbasierte Tracking-/Messenging-Geräte wie etwa die **SPOT-Tracker**. Sie ermöglichen jedoch nur eine **Ein-Weg-Kommunikation**. Sie können als Benutzer in der Wildnis vorprogrammierte Nachrichten senden, den Standort übermitteln und um Unterstützung bitten oder Rettung anfordern. Die Möglichkeiten gegenüber den

Zwei-Wege-Geräten sind dadurch bereits stark eingeschränkt und es kommt im Zusammenhang mit SPOT-Geräten immer wieder zu Missverständnissen und Fehlalarm bei Rettungsmannschaften – meist aufgrund der Fehlinterpretation daheimgebliebener Freunde und Verwandte, mit denen kein klarer Kommunikationsplan entwickelt wurde.

Sogenannte **Personal Locator Beacons (PLBs)** sind Geräte, die – sobald sie aktiviert werden – den Standort bestimmen und ein Notsignal über die internationale Notfallfrequenz von 406 MHz senden. Diese Frequenz wird durch die Cospas-Sarsat-Organisation überwacht. Sobald ein Notsignal empfangen wird, wird die für Notfälle zuständige Behörde der Region informiert, damit eine Rettung eingeleitet werden kann.

PLBs, die im Outdoorfachhandel bezogen werden können, sind sehr zuverlässig und robust. Neben dem Kaufpreis sind in der Regel keine weiteren Kosten für den Betrieb erforderlich. Ihr Nachteil liegt darin, dass man nicht mit den Rettern kommunizieren kann, um die Art des Notfalls und die örtlichen Bedingungen mitzuteilen.

Bei **ELTs (Emergency Locator Transmitter) und EPIRBs (Emergency Position-Indicating Radio Beacon)** handelt es sich wie bei den PLBs um Sender, die auf der internationalen Rettungsfrequenz 406 MHz senden. Sie sind jedoch auf bestimmte Einsatzgebiete spezialisiert. So finden sich ELTs in der Luftfahrt und können manuell ausgelöst oder durch einen starken Stoß, wie bei einer Bruchlandung, aktiviert werden. EPIRBs sind für marine Einsätze konzipiert und werden durch Kontakt mit Wasser, wie im Fall eines sinkenden Schiffes, ausgelöst.

Wenn Sie sich in einer Notsituation befinden, die Schiffe oder Flugzeuge involviert. Suchen Sie nach dem Sender, der in der Regel entsprechend markiert ist, und aktivieren Sie das Gerät, sofern es nicht ohnehin bereits sendet. Auf Schiffen und in Flugzeugen ist der Ort dieser Sender meist deutlich markiert.

Optische und akustische Notsignale

Neben den Telekommunikationsmitteln gibt es auch eine Vielzahl an **akustischen** und **optischen Signalen**, die auf **geringeren Distanzen** wirksam sind.

Eine **Signalpfeife** ist leicht und klein genug, dass jeder Wildnisreisende sie umgehängt oder in der Tasche mit sich tragen kann. Sie können damit Hilfe herbeirufen oder auch einfach nur die Aufmerksamkeit Ihrer Reisepartner auf sich lenken.

Wenn Sie erschöpft sind, können Sie immer noch eine Pfeife blasen, auch wenn Sie schon lange nicht mehr um Hilfe rufen können oder heiser sind. Die Fox 40, eine weltweit genutzte Signalpfeife, kann bis zu 115 Dezibel laut pfeifen.

Dennoch sollten Sie die Lautstärke einer Pfeife nicht überschätzen. Wenn Ihre Retter gegen einen starken Wind positioniert sind, hören sie eventuell keinen Mucks, während Ihre Pfeife windabwärts vermutlich über einen Kilometer weit zu hören sein wird.

Ein **Signalhorn** ist ein Horn, das auf einen Druckluftbehälter geschraubt ist. Diese Geräte sind extrem laut und können bei richtiger Windrichtung weit gehört werden. Für normale Wildnistouren sind sie mir zu unhandlich und die Hornaufsätze können leicht abbrechen. Aber man findet sie oft auf Segel- und Motorbooten.

Taschenlampe, Signalspiegel, Signalrakete, Signalpfeife

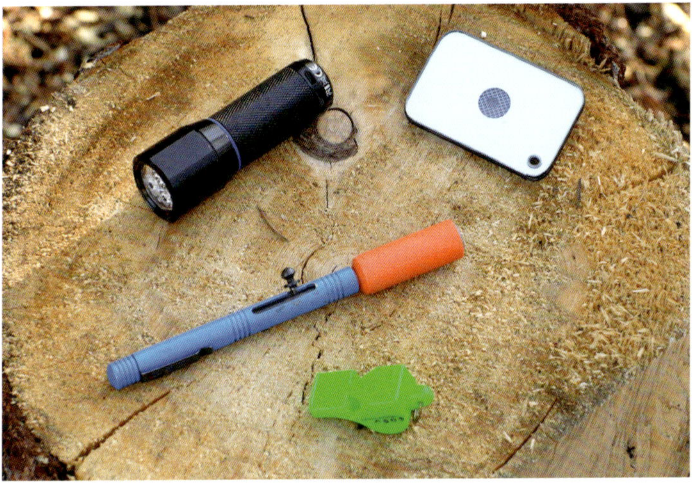

Wenn Sie eine Signalpfeife, ein Signalhorn oder ein anderes lautes Signalmittel verwenden, sollten Sie sich dabei die Ohren zuhalten. Wenn Sie selbst die volle Lautstärke abbekommen, können Sie danach für ein paar Augenblicke nicht so gut hören und verpassen so eventuell die Antwort Ihrer Retter.

In vielen Ländern gibt es im regulären Handel Abschussstifte für relativ kleine **Signalraketen** zu kaufen. Diese Geräte verschießen Leuchtkugeln in verschiedenen Farben mit einem lauten Knall. Die Leuchtkugeln steigen nur etwa 30-40 m und haben keine besonders lange Brenndauer. Dennoch können sie gut dazu geeignet sein, um andere Personen in unmittelbarer Umgebung auf einen Notfall aufmerksam zu machen.

Aus dem marinen Bereich kommen wesentlich effektivere Signalraketen, die je nach Reiseland aber nur mit einer speziellen Lizenz erworben, transportiert und benutzt werden dürfen. Diese Raketen schießen weiter und höher und bleiben länger sichtbar. Wenn Sie Signalraketen auf Ihre Reise mitnehmen wollen, sollten Sie sich unbedingt mit den örtlichen Bestimmungen vertraut machen und auch sichergehen, ob und wie Sie diese Geräte zum Beispiel auf einem Flug mitnehmen können. Außerdem sollten Sie den Umgang mit den Raketen sorgfältig lernen und üben. Diese Geräte können sehr gefährlich sein, wenn sie falsch angewendet, gelagert oder transportiert werden!

Rauch- oder Nebeltöpfe verströmen einen dicken farbigen Rauch, wenn sie aktiviert werden. Dieser Rauch ist tagsüber von Flugzeugen und Hubschraubern gut sichtbar.

Lichtkreis

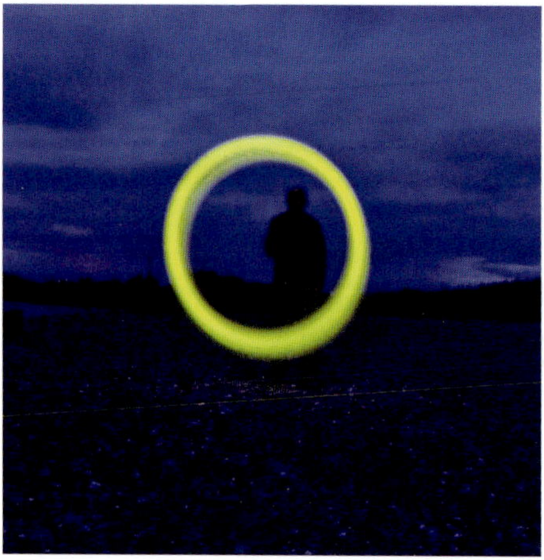

Handfackeln werden ebenfalls für Seenotfälle und – besonders in Nordamerika – auch für Unfälle im Straßenverkehr vertrieben. Sie sprühen eine helle rote Flamme aus und produzieren etwas Rauch und sind deshalb auch nachts gut zu sehen.

Das Licht einer batteriebetriebenen **Taschen- oder Stirnlampe** kann ebenfalls über eine mittlere Distanz gesehen werden. Besonders in offenem, aber auch in bergigem Gebiet können

Sie so effektiv ein Signal senden. Je heller die Lampe ist, desto besser können Sie natürlich gesehen werden. Manche Lampen sind mit einer Blinkfunktion ausgestattet. Manche senden automatisch SOS-Blinksignale in Morsealphabet.

Wenn Sie Ihre Lampe an eine Schnur binden und im Kreis schwenken, vergrößern Sie Ihre Lichtquelle von einem leuchtenden Punkt zu einem großen **Lichtkreis**.

Wenn Retter näher kommen, ist es sinnvoll, sie nicht mit der hellen Lampe direkt anzustrahlen und zu blenden. Leuchten Sie stattdessen lieber die Umgebung aus.

Im marinen Bereich gibt es wasserdichte **Stroboskoplampen**, die speziell als Notsignale entwickelt wurden. Sie sind wesentlich heller als normale Taschenlampen und können zum Teil über Distanzen von bis zu mehreren Kilometern gesehen werden. Manche dieser Lampen müssen von Hand angeschaltet werden, während andere Modelle beim Kontakt mit Wasser automatisch auslösen, also wenn eine Person z. B. über Bord geht.

Ein **Signalspiegel** ist ein relativ kleines, leichtes, aber extrem wirksames Signalmittel – wenn die Sonne scheint. Am besten besorgen Sie sich einen echten Glasspiegel aus dem militärischen Bereich. Billige Plastikspiegel haben bei Weitem nicht die gleichen hervorragenden reflektierenden Eigenschaften wie ein Spiegel aus Glas. Und so benutzen Sie den Signalspiegel: Strecken Sie einen Arm lang aus und spreizen Sie Zeige- und Mittelfinger. Durch Ihre Finger visieren Sie Ihre Helfer an. Dann nehmen Sie den Spiegel vor das Auge und schauen durch das Loch im Spiegel. Wenn Sie einen Spiegel mit Reflektorgitter im Visierloch haben, verstärkt dieser noch einmal die für Sie sichtbare Reflexion. Bringen Sie nun die Lichtreflexion (die Sie auch seitlich auf Ihren Fingern sehen) über die Position der Retter.

Handhabung eines Signalspiegels

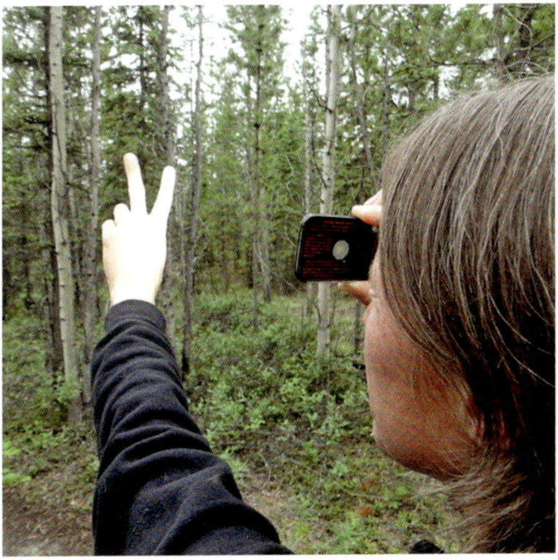

Sie können natürlich auch andere Ausrüstung nutzen, um auf sich aufmerksam zu machen. Unterschätzen Sie nicht die Wirkung von **Bekleidung in Signalfarben** und Reflektoren auf Ihrer Kleidung! Hängen Sie **farbige Zeltplanen** und Schlafsäcke oder **Müllbeutel** in den Wind. Wickeln Sie exponierte, gut sichtbare Bäume mit farbigem Signalflatterband oder einer **silbernen Rettungsdecke** ein. Geben Sie mit der **Jagdwaffe** Schüsse ab, um auf sich aufmerksam zu machen. Überlegen Sie noch vor Ihrer Tour, wie Sie mit der Ausrüstung in Ihrem Gepäck im Notfall Hilfe herbeirufen können!

Als **allgemeines Notsignal** werden in der Regel **Gruppen von drei Signalen** (wenn möglich von jeweils etwa 3 Sekunden Dauer) genutzt. Das können drei Töne aus der Trillerpfeife sein, drei Lichtsignale mit der Taschenlampe oder drei Schüsse aus dem Jagdgewehr.

Ein weiteres international bekanntes Signal ist die Buchstabenfolge SOS des **Morsealphabets**. Dabei folgen drei kurze Signale, drei lange und wieder drei kurze Signale aufeinander.

Notsignale

Morse SOS ●●● ——— ●●●

Allgemeines Notsignal ——— ——— ——— (Dreiergrupppen)
3 Sek. 3 Sek. 3 Sek.

Alpines Notsignal
(im Alpenraum)

Hilferuf ● ● ● ● ● ●
10 Sek. 10 Sek. 10 Sek. 10 Sek. 10 Sek. 10 Sek.

Antwort ● ● ●
20 Sek. 20 Sek. 20 Sek.

Im Alpenraum hingegen wird das sogenannte **alpine Notsignal** verwendet. Dabei werden sechs Signale pro Minute gegeben (also alle 10 Sekunden). Dann folgt eine Minute Pause. Als Antwort auf das alpine Notsignal geben die Retter drei Signale pro Minute (also alle 20 Sekunden). Darauf folgt wieder eine Minute Pause.

Wenn Sie nicht in der Lage sind, mit Ihrer Ausrüstung auf sich aufmerksam zu machen, können Sie auch ein **Signalfeuer** entfachen. Ein wirksames Signalfeuer muss mit Überlegung errichtet und gezielt eingesetzt werden, damit es auch gesehen werden kann. Es ist quasi unmöglich, ein wirklich effektives Signalfeuer dauerhaft brennen zu lassen. Es sollte also erst dann angezündet werden, wenn man bereits einen Hubschrauber oder ein Flugzeug in der Nähe hört oder sieht. Man hat dann aber **nur wenige Minuten Zeit**, um so **viel Hitze und Rauch zu produzieren**, dass die **Rauchsäule über die Baumwipfel** reicht und auch aus der Luft gesehen werden kann.

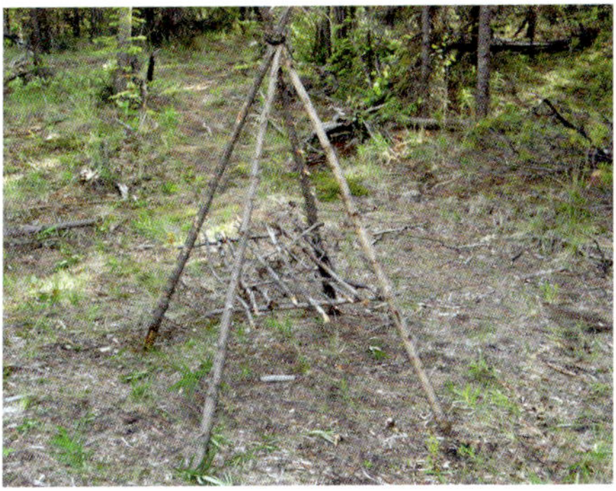

Gerüst für das Signalfeuer

Laut einiger Rettungsorganisationen hat man von dem Moment, wo man ein Flugzeug hört, bis zu dem Zeitpunkt, an dem man wieder aus dem Sichtfeld der Besatzung verschwunden ist, **nur etwa 2-4 Minuten**. Das variiert sicherlich auch noch je nach Flugzeugtyp und Flugroute. Auf jeden Fall ist das nicht viel Zeit! Es ist daher wichtig, das Signalfeuer entsprechend vorzubereiten. Der folgende Aufbau eines Signalfeuers produziert innerhalb kürzester Zeit enorme Hitze und Rauch:

Feuernest für das Signalfeuer

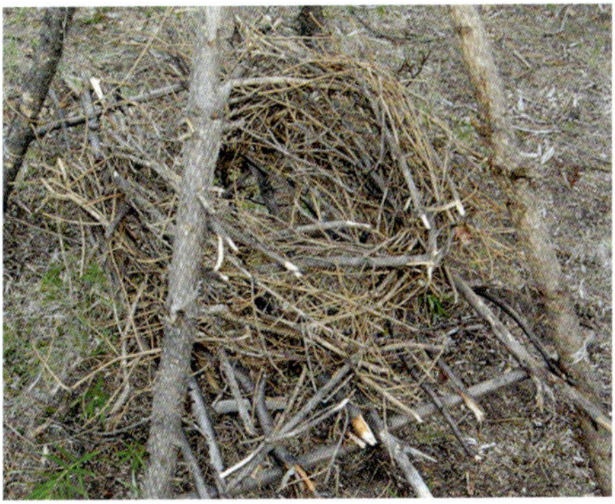

Zunächst bauen Sie ein **Gestell aus vier Stangen** und binden etwas erhöht eine **Plattform** aus Zweigen in das Gerüst.

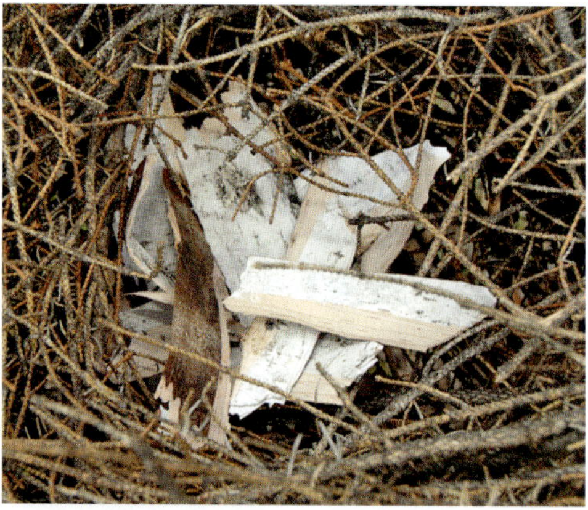
Zunder im Feuernest

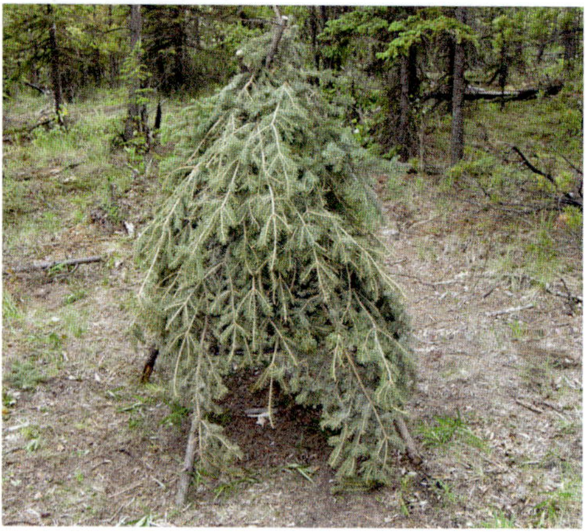
Das Gerüst wird mit Fichtenzweigen abgedeckt

Dann wird **Anzündholz kreisförmig auf die Plattform** geschichtet. Am besten nehmen Sie trockenes Fichtenreisig oder Feathersticks. Die kreisförmige Anordnung bewirkt einen Kamineffekt, bei dem von unten Sauerstoff angesogen wird und sich das Feuer schnell vergrößert und enorme Hitze produziert.

Im Inneren des Kamins schichten Sie Ihren **Zunder** auf. Das Feuer wird später von unten durch die Plattform entzündet.

Anschließend wird das Gerüst von außen **mit Fichtenzweigen abgedcckt**. Arbeiten Sie ganz gleichmäßig und legen Sie viel Material auf! Je dicker und dichter die Fichtenzweige aufliegen, desto mehr Rauch produziert Ihr Signalfeuer.

Wenn ein solches Signalfeuer nicht zu realisieren ist, können Sie auch grüne Zweige oder Kunststoffe auf ein bereits existierendes Koch- oder Wärmefeuer legen, um Rauch zu produzieren. Oder Sie sprenkeln moderate Mengen Wasser in das Feuer, um weißen Dampf zu erzeugen.

Mit Baumstämmen, Steinen oder anderem Material, das einen farblichen Kontrast zum Boden bietet oder durch den Abstand vom Boden einen Schatten erzeugt, kann man **Boden-Luft-Signale** auf gut sichtbaren offenen Flächen auslegen.

Im Winter können Sie **Notsignale in den Schnee stapfen** oder Ruß und Asche als Färbemittel verwenden und so riesige Signale in den Schnee „schreiben", die von einem Flugzeug oder einem gegenüberliegenden Berghang aus gesehen werden können.

Boden-Luft-Signale

I	Benötige medizinische Hilfe.
X	Bauche Hilfe, kann nicht weiter.
II	Benötige medizinische Ausrüstung.
F	Benötige Nahrung und Wasser.
↑	Bewege mich in diese Richtung.
N	Nein
Y	Ja

Generell gilt: Seien Sie sichtbar! Das klingt logisch, aber manchmal denken Menschen in Notlagen anders als ihre vermeintlichen Retter. In einem mir bekannten Fall kletterte ein Vermisster in einen Baum, um höher und dadurch besser sichtbar zu sein. Der Hubschrauber flog mehrmals direkt an ihm vorbei. Da aber die Hubschrauberbesatzung auf den Bereich unter den Bäumen fokussiert war, achtete niemand auf die Baumwipfel.

Tragen Sie **bunte und helle Bekleidung**, damit Sie besser entdeckt werden können. Dunkle Farben und eventuell sogar gedeckte Naturfarben sind für Suchmannschaften kaum zu sehen.

Bleiben Sie in Bewegung! Winkende Arme sind von einem Hubschrauber oder Flugzeug aus kaum wahrzunehmen. Wenn Sie aber als Person aufstehen und im kleinen Kreis laufen, sind Ihre Bewegung und der Schatten, den Sie dabei werfen, besonders aus der Luft gut sichtbar.

Welche Signalmittel sollten Sie also auf Tour mitnehmen? Die Antwort darauf hängt von Ihrer Erfahrung, dem Tourengebiet und der Art der Fortbewegung ab. Wenn Sie zum Beispiel wandernd unterwegs sind, spielen Volumen und Gewicht eine wichtige Rolle. Ein Satellitentelefon mag zu schwer sein, aber ein kleiner Satellitentextsender ist durchaus tragbar und kann in einem Notfall eine unbezahlbare Hilfe sein. Wenn Sie Angst davor haben, als Seekajakpaddler kaum sichtbar im von Wellen aufgewühlten Meer zu driften, ist es sinnvoll, zum Satellitensender oder PLB noch eine blinkende Stroboskoplampe an die Schwimmweste zu hängen. Selbst wenn die Retter dank modernster Satellitentechnik in Ihre Nähe gefunden haben, kann es sein, dass sie Sie in den Wellentälern nicht ausmachen können. Als Kanufahrer können Sie sich in der Regel ein höheres Gewicht leisten und eventuell das Satellitentelefon einpacken. Aber sind Sie versiert genug im Kartenlesen oder bei der Bedienung eines GPS-Geräts, um der Rettungsleitstelle auch die Koordinaten Ihres Standortes zu übermitteln?

Überlegen Sie sich im Vorfeld Ihrer Expedition genau, mit was für Notfällen Sie zu rechnen haben und wie Sie mit Ihren Signalmitteln darauf reagieren können. Stellen Sie sicher, dass alle Gruppenmitglieder die Signalmittel bedienen können.

Navigation

Bedenken Sie auch die technischen und personellen Möglichkeiten der Rettungsmannschaften vor Ort! Die meisten Rettungsstellen geben gerne Auskunft über ihre Kapazitäten und können Ihnen eventuell bei der Tourenplanung helfen.

Den Umgang mit Navigationshilfen wie etwa **Karte, Kompass, Höhenmesser und GPS-Geräten** gehört zur Grundausbildung eines Wildnisreisenden. Obwohl die Anwendung dieser Geräte vielleicht erst einmal verwirrend wirkt, ist die Orientierung auf Tour kein Hexenwerk und erfordert nur ein wenig Übung. Lernen Sie mit Gleichgesinnten, studieren Sie Schritt-für-Schritt-Anleitungen, besuchen Sie einen Kurs bei einer Survivalschule oder dem Alpenverein. Wenn Sie in die

Wildnis aufbrechen, sind solide **Orientierungskenntnisse eine wichtige Voraussetzung** für eine erfolgreiche und sichere Tour.

An dieser Stelle möchte ich nicht die Grundlagen von Outdoornavigation besprechen, sondern lediglich einzelne Aspekte zum Thema **Orientierung in Notfällen** aufgreifen.

Wenn ich auf Tour gehe, betrachte ich nicht nur meine geplante Reiseroute oder den Standort meines Lagers, sondern lege auch eine **mentale Karte der Umgebung** an und versuche **natürliche Auffanglinien** zu identifizieren. Dabei handelt es sich nur um eine ganz grobe Orientierung. In meinem heimischen Wald etwa weiß ich, dass es im Norden eine tiefe Schlucht gibt. Im Osten würde ich nach etwa 10 km an ein Seeufer stoßen. Im Süden gelange ich nach etwa 6 km an eine Schotterstraße und im Westen verläuft eine Hauptstraße als gerade Linie von Nord nach Süd. Wenn ich also unterwegs die Orientierung verlieren sollte, kann ich – auch ohne Kenntnis meines Standortes – so lange gerade in eine Richtung laufen, bis ich eine meiner Auffanglinien erreicht habe, und von dort wieder meine Navigation aufnehmen.

Wichtig ist dabei aber eben, dass Sie eine **Richtung zuverlässig einhalten** können. In einem dichten Wald, bei starker Bewölkung oder unter anderen schwierigen Umständen ist das leichter gesagt als getan. Menschen tendieren ohne Orientierungshilfe dazu, Bögen zu beschreiben oder im Kreis zu laufen. Einfache und teilweise **improvisierte Orientierungshilfen** können helfen, eine grobe Richtung einzuhalten.

Ein einfacher **Knopf- oder Taschenkompass** ist für die richtige Kartenarbeit ungeeignet, kann aber nach Verlaufen bei der Einhaltung der ungefähren Richtung hilfreich sein.

Mit der **Schattenspitzmethode** können Sie anhand der Sonne die Himmelsrichtungen bestimmen. Stecken Sie einen geraden Stock von etwa 1 m Länge senkrecht in den Boden. Markieren Sie die Spitze des geworfenen Schattens. Nach etwa einer halben Stunde markieren Sie wieder das Ende des Schattens, der sich nun von Westen nach Osten bewegt hat. Ziehen Sie eine Linie zwischen den Markierungen. Die erste Markierung liegt im Westen, die zweite im Osten. Die Nord-Süd-Ausrichtung liegt im 90-Grad-Winkel dazu.

Diese Methode ist sehr genau an den Tagen der Tag-und-Nacht-Gleiche. Außerdem ist sie an allen anderen Tagen des Jahres immer noch recht akkurat, wenn Sie die Messung in der Mittagszeit ausführen.

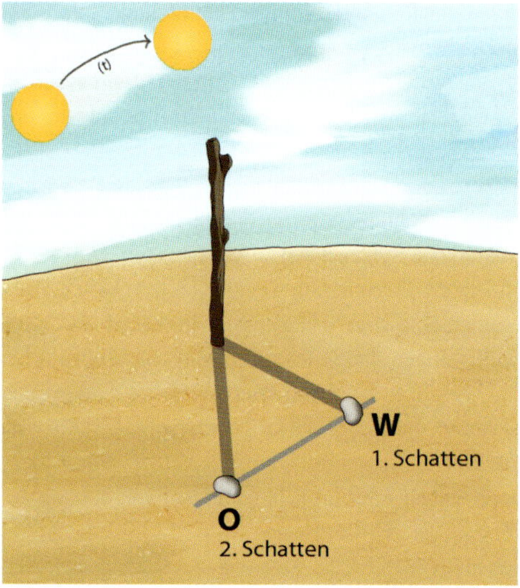

Schattenspitzmethode

Das Problem besteht darin, dass der Schattenverlauf an anderen Tagen nicht linear ist (wie zu denTag-und-Nacht-Gleichen), sondern eine Parabel beschreibt. Zur Mittagszeit ist das vernachlässigbar. Aber je früher morgens oder später abends Sie messen, desto größer wird der Fehler. Dennoch reicht die Genauigkeit auch bei der größten Abweichung für eine grobe behelfsmäßige Orientierung meist immer noch aus.

Nachts können Sie die Nordrichtung bei klarem Himel durch die Position des **Polarsterns** bestimmen. Suchen Sie den Großen Wagen. Nehmen Sie den Abstand der zwei Sterne in der hinteren Achse und verlängern Sie den Abstand um das Fünffache. So treffen Sie auf den Polarstern. Denken Sie sich eine gerade senkrechte Linie vom Polarstern nach unten zum Horizont. Das ist die geografische Nordrichtung.

In vielen Gebieten führen **Fließgewässer** in die Zivilisation. Siedlungen und Verkehrswege grenzen oft an Flüsse. Wenn alle anderen Navigationsversuche scheitern, kann es zum Erfolg führen, Bächen und Flüssen zu folgen. Aber diese Taktik birgt auch Risiken. Oft ist das Terrain um einen Wildfluss herum zugewuchert, hat feuchte Böden oder schwierig zu passierendes Geröll. Bäche und Flüsse können Sie auch zu gefährlichen Schluchten und Steilwänden mit Wasserfällen führen. In Karstgebieten etwa können Fließgewässer plötzlich im Fels verschwinden und unterirdisch verlaufen. Folgen Sie einem Fluss, können Ihre Schwierigkeiten also durchaus wachsen. Wägen Sie Ihre Optionen gut ab, bevor Sie sich einer solchen Strategie verschreiben!

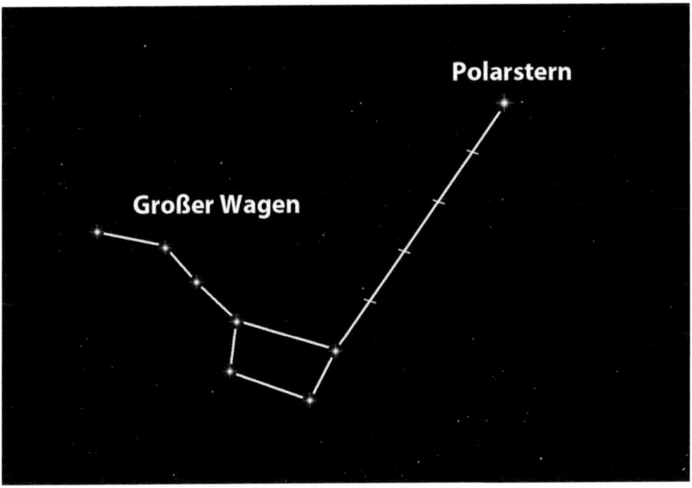

Polarstern

📖 Grundlagenwissen zum Umgang mit den verschiedenen Navigationsmitteln und zur Orientierung ohne Hilfsmittel vermitteln die folgenden Bücher:

- „Karte • Kompass • GPS" von Reinhard Kummer, Conrad Stein Verlag, ISBN 978-3-86686-685-0, € 8,90
- „GPS: Grundlagen • Tourenplanung • Navigation" von Michael Hennemann, Conrad Stein Verlag, ISBN 978-3-86686-495-5, € 9,90
- „Trailfinder · Orientierung ohne Kompass und GPS" von Wolfgang Regal, Conrad Stein Verlag, ISBN 978-3-86686-325-5, € 9,90

Werkzeuge und improvisierte Hilfsmittel

Dieses Kapitel widmet sich der sicheren Handhabung und Wartung von Werkzeugen und der Herstellung improvisierter Hilfsmittel in der Wildnis.

Der sichere Umgang mit dem Messer

Messer sind wichtige Werkzeuge und Sie werden dieses Schneidwerkzeug in der Wildnis – nicht nur im Notfall – vermutlich täglich anwenden. Im Kapitel „Survivalausrüstung“ gehe ich näher auf die wichtigsten Eigenschaften eines Survivalmessers ein. Damit Sie sich und andere mit diesem Schneidwerkzeug nicht verletzen, gibt es ein paar Grundregeln zu beachten.

Halten Sie ausreichend Abstand zu anderen! Stellen Sie sicher, dass Sie in alle Richtungen mit ausgestreckten Armen niemanden berühren können. Das ist ein sicherer Mindestabstand, wenn Sie mit einer scharfen Klinge arbeiten.

Dreieck des Todes: In diesem Bereich können Unfälle mit dem Messer lebensgefährliche Verletzungen verursachen

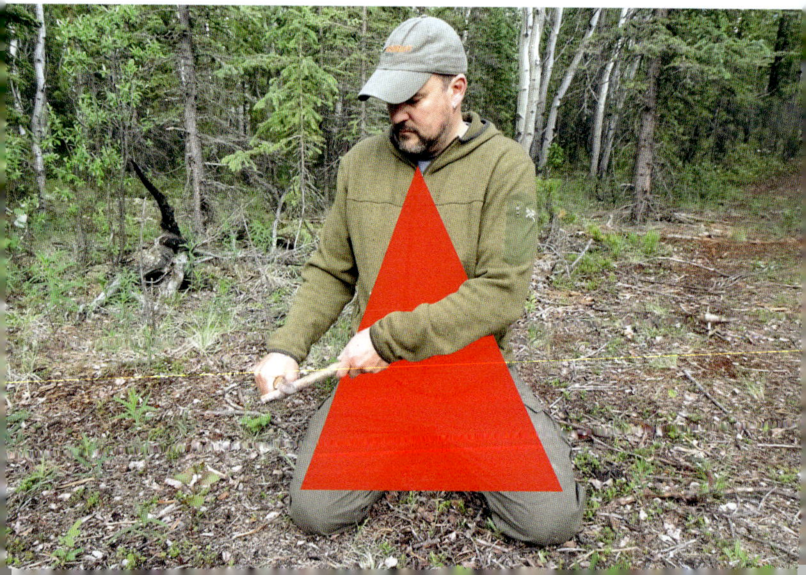

Wenn Sie die Arbeit unterbrechen, stecken Sie das **Messer immer gleich zurück in die Scheide**, damit es sicher verstaut ist und nicht verloren geht. **Setzen Sie sich** beim Schnitzen hin. Beim Herumlaufen können Sie ausrutschen oder hinfallen und sich mit dem Messer schwer verletzen. Während Sie in Bewegung sind, muss das Messer sicher in der Scheide verstaut sein.

Sie werden oft geneigt sein, mit dem Messer im Bereich Ihrer Beine oder des Bauches zu arbeiten. Wenn Sie hier abrutschen, können Sie sich leicht lebensgefährliche Verletzungen zufügen, da sich hier wichtige Organe und einige Arterien befinden. Man nennt diesen Bereich auch das **„Dreieck des Todes"**. Gewöhnen Sie sich lieber an, mit dem Messer neben Ihrem Körper zu arbeiten. Schneiden und schnitzen Sie seitlich vom Körper weg. Das ist viel sicherer!

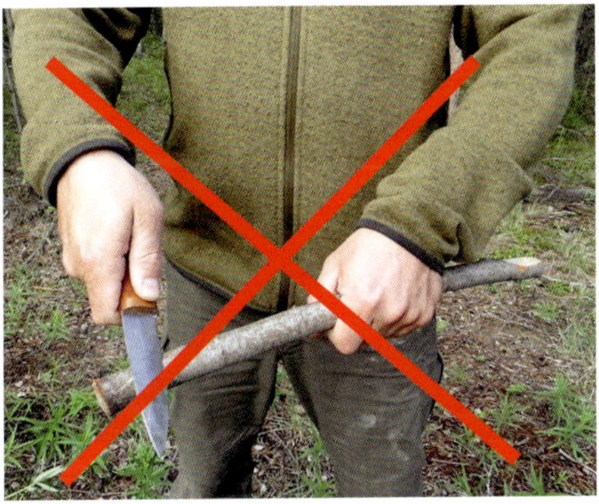

FALSCH! Ein solcher Schnitt kann zu schweren Schnittverletzungen führen

RICHTIG! Arme und Ellenbogen sollten eng am Körper anliegen

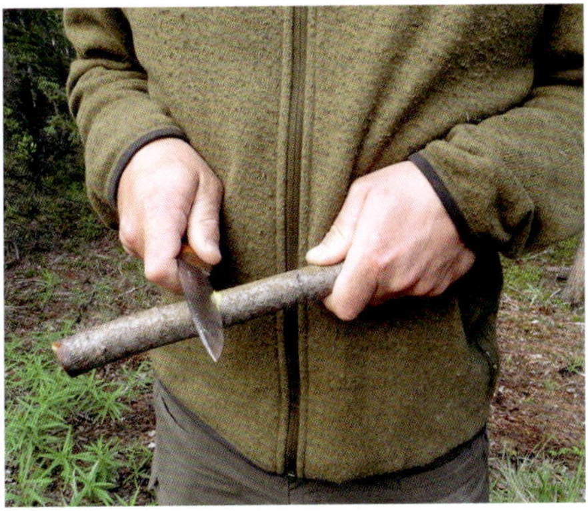

Generell müssen Sie bei jedem Schnitt bedenken, **wo die Klinge landen würde**, wenn Sie abrutschen oder das Schnittgut komplett durchtrennen. Sie müssen das Messer immer so verwenden, dass **Ausrutscher** durch die Arm- oder Handhaltung **abgebremst** werden, bevor die scharfe Schneide eine Verletzung verursachen kann.

In der folgenden Abbildung gebe ich Ihnen dazu ein Beispiel. Im ersten Bild führe ich einen Schnitt aus, der bei einem Ausrutscher in meiner linken Hand landen würde. Achten Sie auf meine – falsche – Armhaltung: Die Ellenbogen sind frei. Eine Verletzung ist hier nicht nur möglich, sondern sehr wahrscheinlich!

In dem zweiten Bild habe ich die Ellenbogen eng an den Körper gezogen und drücke sie seitlich an.

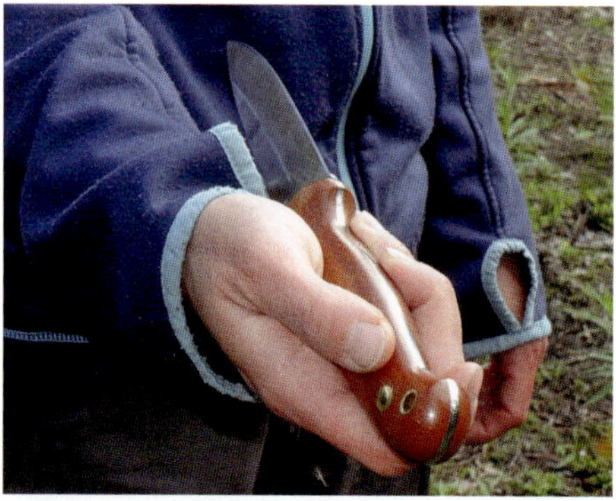

Messer sicher übergeben

Bohren mit der Messerspitze

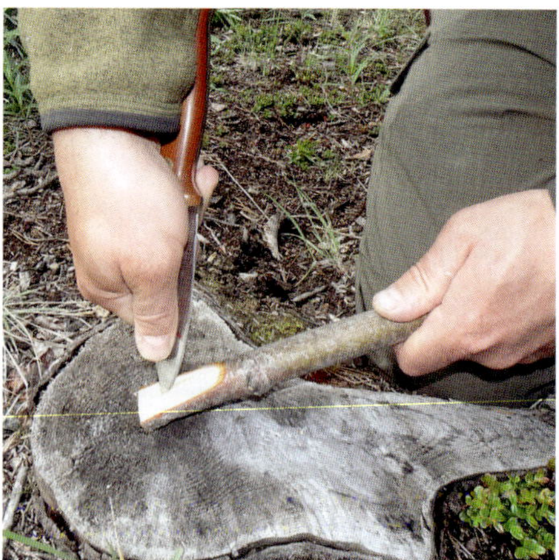

Die Hand mit dem Messer kann so gar nicht bis zur linken Hand rutschen, weil ich die Reichweite meiner Unterarme absichtlich stark begrenzt habe. Ein solcher Schnitt kann also – mit der richtigen Armposition und Handhaltung – durchaus sicher ausgeführt werden.

Wenn Sie jemandem ein **Messer überreichen** möchten, fassen Sie es so an, dass der Griff der anderen Person zugewandt ist und die Schneide nicht in ihre Hand zeigt. So vermeiden Sie Verletzungen, auch wenn die andere Person das Messer ungeschickt aus Ihrer Hand zieht.

Wenn Sie mit der **Messerspitze bohren** wollen, legen Sie das Werkstück auf einer sicheren Unterlage auf. Niemals dürfen Sie es dabei in der Hand halten oder auf das Bein auflegen!

Ein scharfes Messer ist ein sicheres Messer. Mit einem stumpfen Messer müssen Sie beim Arbeiten viel mehr Kraft aufbringen und das Risiko eines Abrutschens ist wesentlich höher.

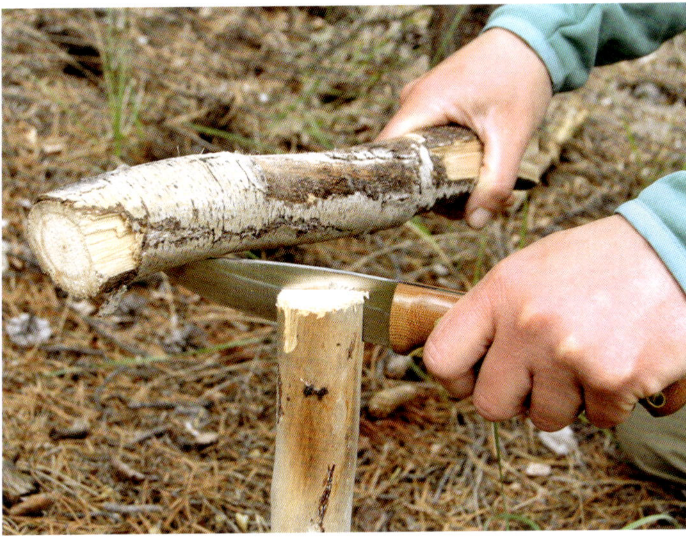

Spalten von Feuerholz mit dem Messer

Um mit dem Messer einen mitteldicken **Baum** zu **fällen**, legen Sie die Klinge am Baum an und benutzen einen Holzklöppel (Baton), um die Schneide in das Holz zu treiben. So entfernen Sie in kleinen Schritten rundherum immer mehr Material, bis Sie den Baum umstoßen können.

Äste und kleine Bäumchen von wenigen Zentimetern Durchmesser schneidet man am besten, indem man sie erst **biegt**. Dadurch werden die Fasern im Holz gespannt und können dann mit dem Messer ganz einfach diagonal durchtrennt werden.

Auch zum **Spalten von armdicken Scheiten** mit dem Messer können Sie ein Baton benutzen. Setzen Sie das Messer an und schlagen Sie es gleichmäßig durch das Holz, bis das Scheit gespalten ist. Verzichten Sie auf besonders knorriges Holz, um das Messer nicht zu beschädigen.

Messer schärfen

Ich verwende zum Nachschleifen meiner Messer auf Tour nur einen kleinen **Diamantschleifstahl mit feiner Körnung**. Damit kann ich das Messer täglich nach der Benutzung schleifen, sodass es nie wirklich stumpf wird. Es ist wesentlich schwerer, ein erst einmal richtig stumpf gewordenes Messer wieder scharf zu bekommen, als ein scharfes Messer immer scharf zu halten.

Messer schärfen

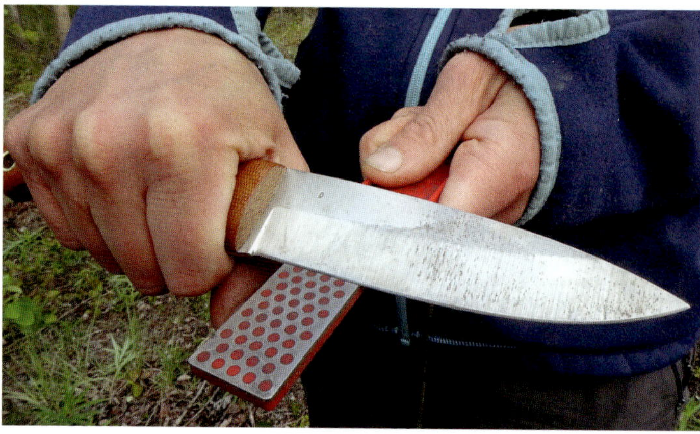

Die meisten Klingen schleife ich in einem **25-Grad-Winkel**. Das ergibt eine gute Schneide für allgemeine Arbeiten. Legen Sie die Klinge in diesem Winkel auf den Schleifstein und bewegen Sie das Messer, als wollten Sie ein Stück von dem Schleifstein abschneiden. Wiederholen Sie das etwa fünfmal, bis ein einseitiger feiner Grat auf der gegenüberliegenden Seite ensteht. Wechseln Sie dann die Seite, damit die Klinge gleichmäßig geschliffen wird. Prüfen Sie das Ergebnis immer wieder.

Am Ende des Schleifvorgangs bleibt immer ein feiner Grat stehen. Die Klinge bleibt länger scharf, wenn Sie diesen nach dem Schleifen wegpolieren. Dazu wird das Messer über die Innenseite eines Stücks **Leder abgezogen**. Sie können dafür auch die Innenseite Ihres Ledergürtels benutzen. Danach sollte Ihr Messer fast so scharf wie eine Rasierklinge sein.

Messer schärfen erfordert Übung. Lassen Sie es sich von einem Profi zeigen und üben Sie daheim, bevor Sie in der Wildnis darauf angewiesen sind.

Axt und Säge

Die Axt gehört zu den **gefährlichsten Werkzeugen** in der Wildnis. Wenn Sie eine mitnehmen wollen, müssen Sie den sicheren Umgang lernen und sehr diszipliniert mit diesem Schneidwerkzeug arbeiten. Gehen Sie bei der Arbeit mit der Axt **langsam und methodisch** vor.

Halten Sie ausreichend **Abstand** zu anderen Personen. Stellen Sie sicher, dass auch vor und hinter Ihnen niemand steht, der verletzt werden könnte, falls die Axt aus der Hand rutscht.

Vor jeder Benutzung sollten Sie **Axtkopf und Stiel begutachten**. Vergewissern Sie sich, dass der Kopf fest sitzt und nicht wackelt. Wenn er lose ist, kann man sich unterwegs manchmal damit behelfen, die Axt für ein paar Stunden ins Wasser zu legen. Dadurch schwillt der Holzstiel auf und sitzt wieder fest im Axtkopf. Der Stiel darf keine Risse oder andere Beschädigungen aufweisen.

Kniend ist Holz spalten besonders sicher

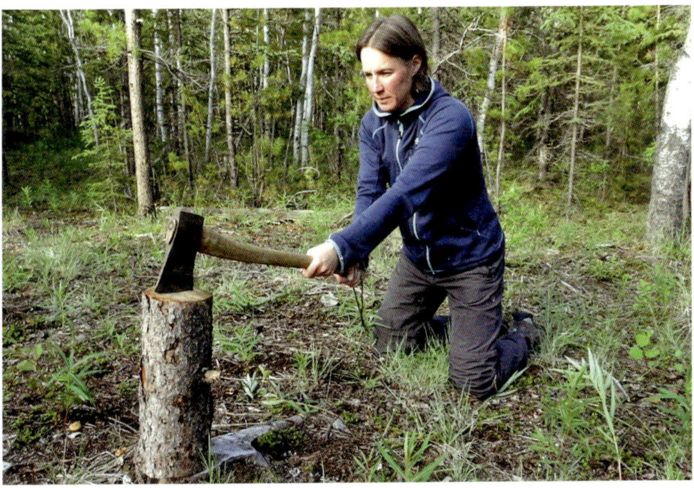

Schärfen Sie die Axt gut, damit sie mühelos in das Holz eindringen kann. Eine stumpfe Axt rutscht eher vom zu hackenden Holz ab und erhöht so die Unfallgefahr.

Das sichere Fällen von Bäumen mit der Axt ist recht komplex und es gibt viel zu beachten. Es würde den Rahmen dieses Buches sprengen, darauf näher einzugehen. Ich möchte mich hier nur mit den Techniken zum Spalten und Entasten beschäftigen.

Zum **Holzspalten** suche ich mir erst eine sichere Unterlage aus Holz. Spalten Sie Ihr Feuerholz niemals auf einem Stein oder dem Erdboden. Im besten Fall hauen Sie sich die Axtschneide stumpf. Im schlimmsten Fall prallt die Axt auf dem harten Untergrund ab oder wird seitlich abgelenkt und landet in Ihrem Bein.

Mit einer armlangen Axt oder einem noch kürzeren Beil arbeite ich beim **Holzhacken kniend**. Wenn die Schneide hier vom Werkstück abgelenkt wird, landet der Schlag vor mir im Boden und nicht in der Kniescheibe.

Zum **Entasten** stellen Sie sich neben den liegenden Baumstamm und hacken die Äste hinter Ihrem Körper ab. Arbeiten Sie dabei auch nur auf der abgewandten Seite des Baumes. So verhindern Sie, dass abgleitende Schläge Ihre Beine verletzen.

Entasten eines Baumes: Arbeiten Sie weg vom Körper!

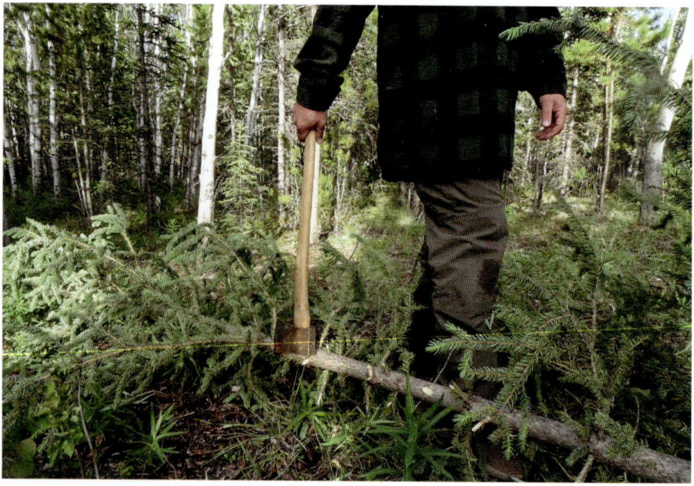

Eine **Säge** kann hässliche Wunden verursachen, wenn Sie eine Hand neben dem Anschnitt auf dem Holz platzieren und die Säge beim Anreißen zu springen beginnt. Das passiert besonders oft, wenn Sie den Schnitt zu enthusiastisch und mit viel Druck beginnen. Lassen Sie das Eigengewicht der Säge wirken und schneiden Sie am Anfang nur auf Zug. Wenn eine ausreichende Nut (Vertiefung) vorhanden ist und die Säge leicht geht, können Sie schneller und kräftiger arbeiten.

Wenn Sie eine Bügelsäge nutzen, können Sie auch durch die Säge greifen, um Ihr Holz festzuhalten. So kann das Sägeblatt nie auf Ihre Hand springen.

Falls Sie in Ihrem Survivalkit ein Sägeblatt eingepackt haben, können Sie unterwegs leicht eine **Bügelsäge improvisieren**. Mir gefällt dieses dreieckige Design am besten, weil es sehr stabil und leicht zu bauen ist. Sie brauchen zwei stabile und etwa

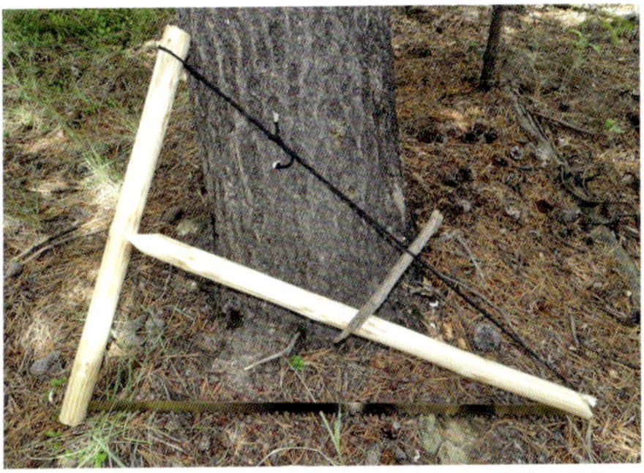

Improvisierte Bügelsäge

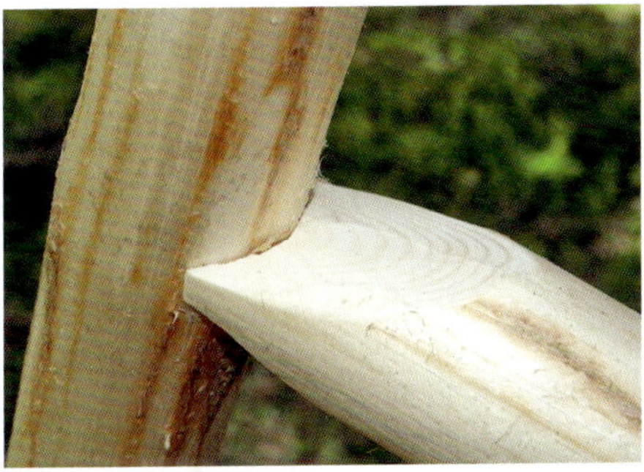

Verbindung des Holzrahmens

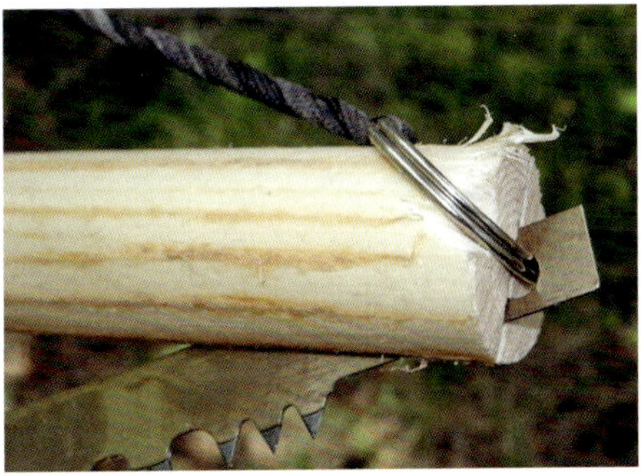

Verbindung des Holzsägeblatts

daumendicke Äste, der eine etwa so lang wie Ihr Unterarm, der andere etwas kürzer als das Sägeblatt. Der lange Stab muss an einem Ende gespalten werden, damit das Sägeblatt eingelassen werden kann. Als Knebel zur Befestigung des Sägeblattes verwende ich am liebsten ein paar Schlüsselringe, aber Sie können auch ein paar Metallstifte (Schrauben, Nägel) nutzen. Am anderen Ende wird in den Stab eine runde Kerbe geschnitten, damit er das Handstück aufnehmen kann. Wenn Sie die Säge wie in der Abbildung zusammengesetzt haben, wird von oben eine Schlinge über die Bauteile gelegt. Wenn Sie diese mit einem kleinen Stöckchen verdrehen, wird die Säge gespannt.

Seile und Schnüre

Bindematerial ist wichtig für den Bau von Notunterkünften, beim Bau von Werkzeugen, für die Herstellung und Reparatur von Kleidung und vieles mehr. Es ist aufwendig und zeitintensiv, längere **Schnüre und Seile in der Natur zu improvisieren**, aber es macht durchaus Spaß, beim Survivaltraining damit zu experimentieren.

Weidenrinde schälen

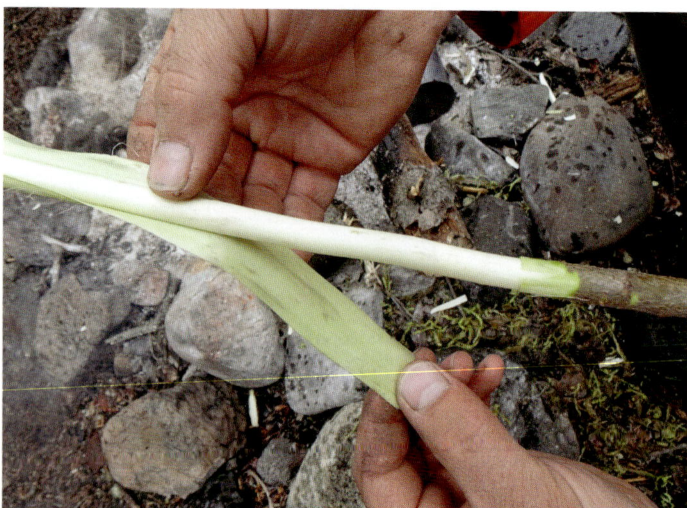

Die **Innenrinde von Weidentrieben** kann im Frühjahr von den Zweigen geschält und dann aufgefasert werden. Ich habe gute Erfahrungen damit gemacht, die Fasern in einer milden Lauge aus Wasser und Asche für etwa 45 Minuten aufzukochen. Danach werden die Fasern getrocknet. Dann sind sie fertig und können zu Schnüren verdreht werden.

Sehr gutes Schnurmaterial ergeben die verwelkten Stängel der **Brennnessel** im Spätsommer und Herbst. Ziehen Sie die Halme über eine abgerundete Kante, bis die holzigen Teile zerbrechen. Dann können Sie die feinen Fasern herauslösen. Das geht auch sehr gut mit den welkenden Stängeln des **Weidenröschens**. Allerdings sind die Fasern nicht annähernd so stabil wie die der Brennnessel.

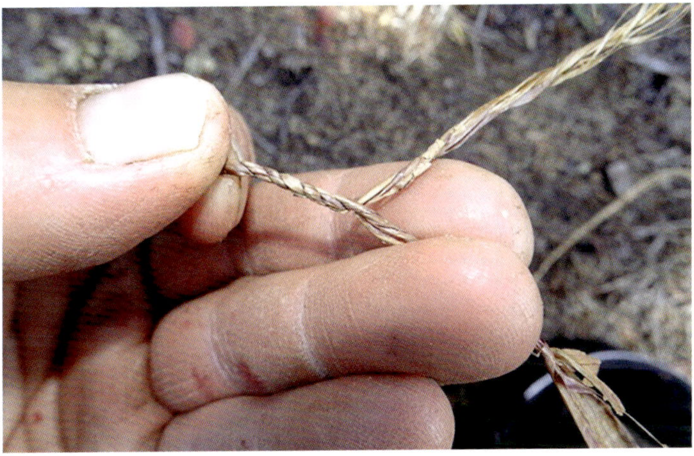

Getrocknete Pflanzenfasern werden zu Schnur verdreht

Zum **Verdrehen der Schnur** nehmen Sie zwei gleich starke Bündel an Fasern. Drehen Sie jedes Bündel einzeln im Uhrzeigersinn. Wenn in den Fasern so viel Spannung entsteht, dass sich die Schnur zusammenziehen möchte, verdrehen Sie die beiden aufgezwirbelten Faserbündel gegen den Uhrzeigersinn. So entsteht langsam, aber sicher der Anfang Ihrer Schnur. Wenn Sie an das Ende des Faserbündels gelangen, fügen Sie einfach weitere Fasern ein und setzen die Arbeit fort. Am stabilsten wird die Schnur, wenn die Überlappungen nicht auf gleicher Höhe ansetzen. Beginnen Sie also mit den Fasern bereits etwas versetzt.

Gutes Bindematerial sind auch die **Wurzeln von Fichten**. Sie finden diese in dichten Moospolstern unterhalb von großen Fichten ganz nah an der Oberfläche und leicht zugänglich. Am besten splitten Sie die Wurzeln der Länge nach. Dann sind sie flexibler. Wenn Sie die Fichtenwurzeln für eine spätere Nutzung aufbewahren wollen, müssen Sie sie vor der Anwendung in Wasser einlegen, damit sie wieder flexibel werden.

Knoten

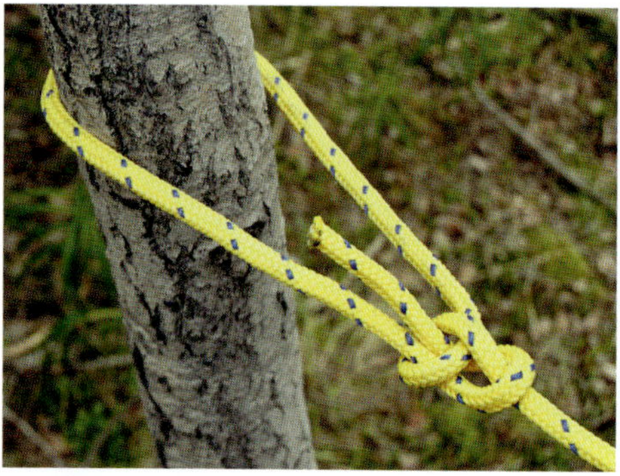

Palstek

Schotstek

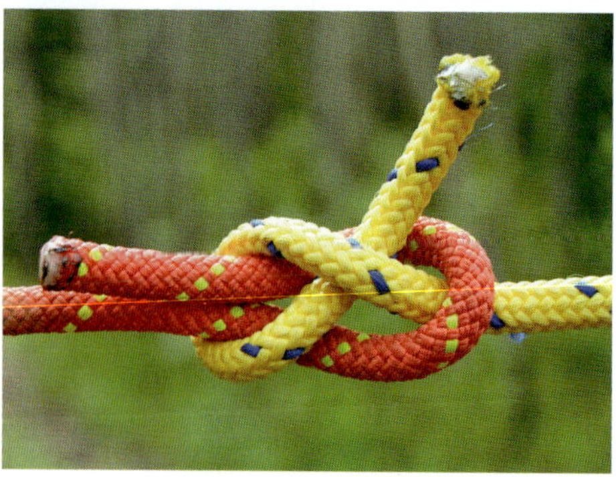

Damit Sie Seile und Schnüre sinnvoll anwenden können, sollten Sie ein paar Knoten lernen. Man kommt meist mit ein paar einfachen aus. Hier sind meine Favoriten. Es handelt sich dabei um Knoten für alltägliche Anwendungen, jedoch nicht unbedingt zur Sicherung von Personen wie etwa im Bergsport.

Der **Palstek** ist ein einfacher Knoten aus der Schifffahrt. Er dient dazu, eine Schlinge an das Ende eines Seils zu knoten. Er lässt sich auch nach hoher Belastung leicht wieder öffnen.

Der **Schotstek** dient dem Verbinden gleich oder auch ungleich starker Seilenden.

Mit dem **Mastwurf** können Sie zum Beispiel die Zeltplane abspannen oder einen Knebel abbinden.

Der **Konstriktorknoten** ist mit dem Mastwurf eng verwandt. Sie können ihn wie eine Schlauchschelle oder einen Kabelbinder zum Reparieren von gebrochener Ausrüstung verwenden. Dieser Knoten lässt sich allerdings nicht mehr öffnen, wenn er sich zugezogen hat. Er muss aufgeschnitten werden! Ich habe bei diesem Knoten die Abfolge beim Legen detailliert abgebildet, weil er sich nicht so leicht aus dem fertigen Knoten ableiten lässt.

Manchmal ist es praktisch, ein **Dreibein** zusammenzubinden, zum Beispiel für ein Kochgestell oder für den Bau einer Notunterkunft. Am einfachsten geht es, wenn Sie die Stangen für die Konstruktion parallel auf den Boden legen. Dann binden Sie eine einfache, lockere Schlaufe um das eine Ende der Stangen. Nun nehmen Sie das lose Ende des mittleren Beines

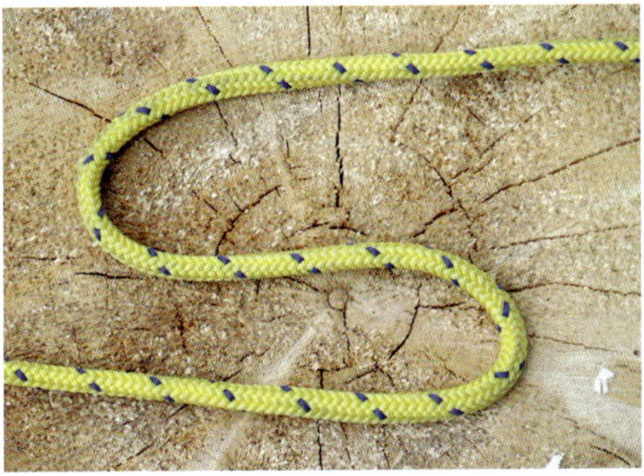
Konstriktorknoten Schritt 1

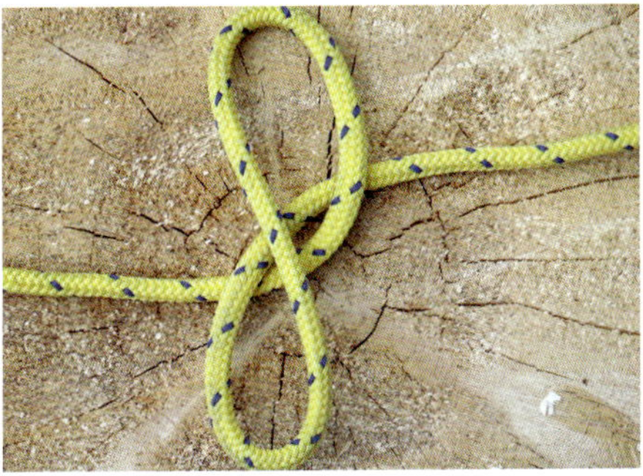
Konstriktorknoten Schritt 2

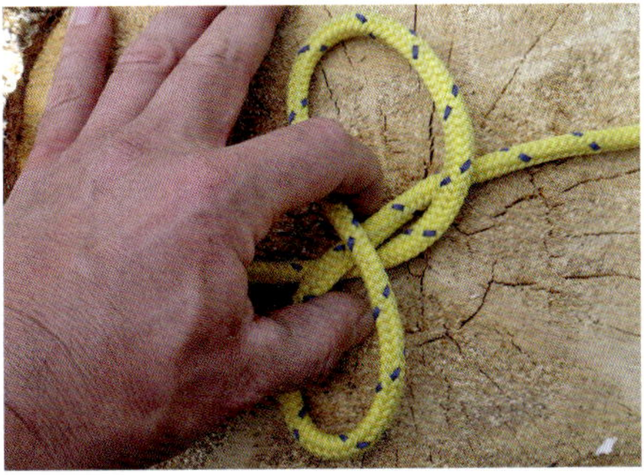
Konstriktorknoten Schritt 3

und schlagen es um 180 Grad um. Danach heben Sie die Stangen dort, wo die Schnur eingebunden ist, hoch und stellen das Dreibein auf. Dabei verzwirbelt sich die Schlaufe und es entsteht eine stabile dreibeinige Konstruktion. (Den fertigen Knoten finden Sie auf der Buchklappe.)

Weitere Hilfsmittel

Einen einfachen **Grabstock** zum Graben von Feuerstellen oder zur Ernte von Wurzeln können Sie herstellen, indem Sie an einem etwa 3 cm dicken Stock ein Ende mit dem Messer abflachen und die andere Seite anspitzen. Sie können das Holz kräftigen, indem Sie die Enden am Lagerfeuer härten.

Einfache **Behälter** können Sie herstellen, indem Sie unter gezieltem Pusten mit Glutstücken Vertiefungen in Holzscheite brennen. Kratzen Sie verkohltes Material immer wieder heraus, bevor Sie sich mit neuer Glut wieder tiefer arbeiten. Alternativ kann man auch aus der papierartigen **Rinde von Birken** einfache Schachteln falten.

Packrolle

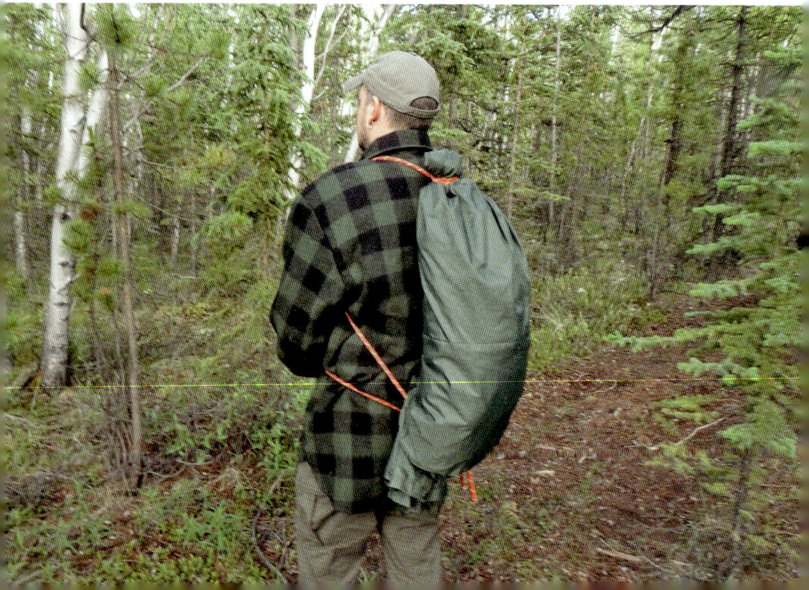

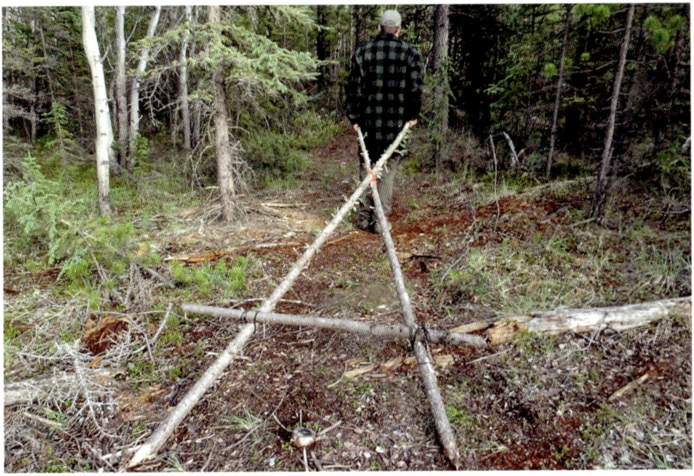

Travois

Wenn Sie keinen Rucksack haben, können Sie aus einer Zeltplane und etwas Schnur eine **Packrolle** zum Transport leichter Ausrüstung wickeln.

Große und sperrige Lasten kann man auf einem **Travois**, einem improvisierten Lastschlitten ziehen. Ein Travois ist ein großes Dreieck, das aus stabilen Stangen zusammengebunden wird. Man hebt es am vorderen Ende hoch und schleift die beiden hinteren Enden der Stangen beim Lastentransport über den Boden.

Eine einfache **Greifzange** ist hilfreich, wenn Sie heiße Steine oder glühende Kohlen aus dem Feuer holen müssen. Sie wird aus zwei Stangen mit abgeflachten Enden hergestellt. Nutzen Sie den Konstriktorknoten für eine stabile Bindung.

Survivalausrüstung

Ohne Hilfsmittel und Werkzeuge in der Wildnis zu überleben, setzt ein enormes Wissen und Können und vermutlich auch eine ordentliche Portion Glück voraus. Selbstverständlich haben unsere Vorfahren ohne modernes Werkzeug, ohne synthetische Materialien und ohne Mobiltelefon gelebt.

Und auch heute noch gibt es Urvölker, die abgeschieden von unserer Zivilisation in entlegenen Wildnisgebieten so leben wie schon viele Generationen vor ihnen. Im Rahmen dieses Buches möchte ich mich jedoch mit einer modernen Herangehensweise an das Thema Survival beschäftigen. Es geht mir darum, Ihnen Überlebenstechniken zu vermitteln, die Sie tatsächlich in einer Notlage anwenden können, ohne sich vorher jahrelang mit Aspekten experimenteller Archäologie beschäftigt zu haben. **Eine Basisausrüstung wird Ihnen dabei eine Hilfe sein**.

Oft wird zur Mitnahme einer Überlebensausrüstung, eines **Survivalkits**, geraten. In der Fachliteratur finden sich Packlisten, nach denen man die Ausrüstung zusammenstellen soll. Im Fachhandel können Sie bereits fertige Sets kaufen und dabei auf eine enorme Auswahl zurückgreifen. Ich möchte Ihnen an dieser Stelle sowohl von dem **Kauf eines fertigen Survivalkits** als auch von den meist allgemein gehaltenen Packlisten abraten. Stellen Sie lieber Ihre eigene Liste zusammen.

Dabei **müssen Ihr Training, Ihre Kenntnisse und Ihre Fertigkeiten berücksichtigt werden**. Aber auch **Reiseziel und Jahreszeit** spielen eine wichtige Rolle, wenn Sie Ihre Ausrüstung planen.

Was hilft es Ihnen, einen Feuerstahl einzupacken, wenn Sie nicht gelernt haben, den nötigen Zunder zu präparieren? Sollten Sie wirklich eine Axt mitnehmen, wenn Sie im Umgang mit diesem gefährlichen Werkzeug nicht sicher sind? Wofür brauchen Sie auf einer Wanderung durch ein wasserarmes Hochgebirge ein Döschen mit Angelzubehör? Was wollen Sie auf einer Winterwanderung mit einem Wasserfilter in Ihrer Notfallausrüstung, wenn sämtliche Gewässer zugefroren sind?

Wenn Sie sich mit Ihrem Allradfahrzeug auf eine abgelegene Route begeben, gehen von dieser Art des Reisens spezifische Gefahren und Risiken aus. Wenn Sie sich mit Ihrem Gefährt bei der Durchquerung eines Baches festgefahren haben, freuen Sie sich vermutlich, wenn Ihre Notfallausrüstung auch entsprechendes Bergematerial wie Seilwinde, Schaufel, Hacke und Sandbleche beinhaltet. Auf einer Wildwasserkanutour wäre eine Schaufel vermutlich weniger hilfreich. Eine Schwimmweste und ein Trockenanzug wären hingegen eine prima Ergänzung zu Boot und Paddel.

Solche Gegenstände werden selten als Survivalausrüstung betrachtet, sondern eher als **Sicherheitsausrüstung**, die einfach bei bestimmten Aktivitäten eine Notwendigkeit darstellt. Man kann es drehen und wenden, wie man will: Wenn Sie mit Ihrem Geländewagen in einem reißenden Bach feststecken oder nach einer Bootskenterung in einem eisigen Gebirgsfluss schwimmen, befinden Sie sich in einer Situation, die Sie im schlimmsten Fall nicht überleben werden.

Es ist aus rein praktischer Sicht völlig egal, ob Sie Seilwinde oder Schwimmweste als Sicherheitsausrüstung oder als Teil Ihrer Survivalausrüstung betrachten. **Wichtig ist, dass Sie diese Dinge dabeihaben und wissen, wie man damit umgeht, bevor Sie sich auf Ihre Abenteuertour begeben!**

Es würde den Rahmen dieses Buches sprengen, nun sicherheitsrelevante Ausrüstung für jede erdenkliche Outdooraktivität zu betrachten. Ich werde hier nun also Überlebensausrüstung von allgemeiner Art besprechen, die Sie hoffentlich zusätzlich zur Sicherheitsausrüstung der gewählten Aktivität einpacken.

Bei der Zusammenstellung der Survivalausrüstung muessen wir noch eine weitere Frage diskutieren und die Wahl der Fortbewegung bzw. der gewählten Aktivität berücksichtigen: **Wie sinnvoll ist ein Survivalkit überhaupt? Sollte ich wirklich immer ein solches mit mir herumtragen?**

Die meisten Survivalkits sind von der Idee her ähnlich angelegt wie eine Erste-Hilfe-Tasche. Sie befindet sich irgendwo im Gepäck oder direkt an der Person und soll beim Eintreffen eines Notfalls hervorgekramt, geöffnet und dann benutzt werden, um die Situation einfacher zu machen und die Notlage zu beenden.

Ich benutze solche Survivalkits nur auf manchen meiner Touren. Wenn ich im kanadischen Winter mit dem Motorschlitten für Tagestouren unterwegs bin, habe ich tatsächlich ein solches Kit unter dem Sitz verstaut. Sollte ich unerwartet stecken bleiben, finden sich darin ein paar hilfreiche Werkzeuge, die es mir ermöglichen, eine Nacht unbeschadet zu überstehen. Auf Touren mit dem Hundeschlitten habe ich ein kleines Set in der Beintasche, um mir helfen zu können, falls ich vom Schlitten falle und die Hunde ohne mich weiterrennen. Auf einer wochenlangen Kanuexpedition durch abgeschiedene Gegenden Westkanadas und Alaskas trug ich eine Gürteltasche mit einem Survivalkit. Auch auf Tageswanderungen oder kurzen Jagdausflügen packe ich eine kleine Survivalausrüstung in meinen Rucksack.

Diesen Beispielen ist gemein, dass ich die Möglichkeit in Betracht ziehe, **von meinem restlichen Gepäck getrennt zu werden**. Oder aber ich befinde mich auf Tagesausflügen, bei denen ich keine weitere Campingausrüstung dabeihabe.

Bin ich hingegen auf einer mehrtägigen Wanderung oder einer wochenlangen Ski- oder Schneeschuhtour unterwegs, packe ich kein spezielles Survivalkit nach dem obigen Konzept ein. Auf solchen Touren halte ich das Risiko, von meiner regulären Ausrüstung getrennt zu werden, für gering. Außerdem muss ich Gewicht und Volumen sparen und kann mir den „Luxus" eines zusätzlichen Survivalkits, dessen Inhalt nur in einem Notfall zur Anwendung kommt, nicht leisten.

Sie müssen auf diesen Touren vielmehr sicherstellen, dass in Ihrem Gepäck alle wichtigen Gegenstände vorhanden sind, die Sie zum Überleben im Notfall benötigen.

Ob Sie diese Ausrüstung als Survivalkit bezeichnen oder diese Gegenstände einfach Teil Ihrer normalen Outdoorausrüstung sind, ist dabei eher nebensächlich. Hauptsache, Sie haben, was Sie brauchen, wenn Sie es brauchen!

Was also sind diese hilfreichen Gegenstände, wenn Sie sich in einem Notfall in der Wildnis befinden?

Wenn Sie Ihre Ausrüstung zusammenstellen, können Sie wieder die Dreierregel aus dem Kapitel „Entscheidungshilfen und Strategien für Notfälle" zur Hilfe nehmen. Danach sind **Erste Hilfe, Wetterschutz**, eine **Wärmequelle, Trinkwasser** und **Nahrung** besonders wichtig zum Überleben. Weil Sie auch sicher wieder nach Hause kommen möchten, müssen Sie auch noch Werkzeuge zur **Navigation** mitnehmen und Hilfsmittel einpacken, mit denen Sie ein **Notsignal** absetzen können.

Im Folgenden stelle ich Ausrüstungsgegenstände vor, die ich auf meinen Touren nutze und die sich als zweckmäßig erwiesen haben. Diese Sammlung basiert maßgeblich auf meiner persönlichen Erfahrung. Fragen Sie sich, was Sie – mit Ihrer Erfahrung, Ihren Kenntnissen und Fertigkeiten – benötigen, um die anstehenden Aufgaben nach der Dreierregel zu bewältigen. Nur wenn Sie sich selbst als Maßstab für diese Aufgabe nehmen, können Sie eine sinnvolle Survivalausrüstung zusammenpacken.

Behalten Sie auch Gewicht und Volumen der Ausrüstung im Auge. Beschränken Sie sich auf das Nötigste und solche Gegenstände, die in der Natur schwer zu improvisieren sind! Setzen Sie vor allem auf **leichte Ausrüstung**. Sie müssen im Notfall Energie sparen und können wertvolle Kalorien nicht dadurch verschwenden, dass Ihre Ausrüstung zu schwer ist.

Die **Qualität der Ausrüstung** ist ein weiteres Kriterium bei der Auswahl. Oft höre ich in meinen Kursen Sätze wie „Ist ja nur für den Notfall", die als Ausrede für minderwertige Ausrüstung dienen. Gerade wenn es sich um einen Notfall handelt und Ihr Leben oder das eines anderen Menschen auf dem Spiel steht, brauchen Sie hochwertiges und belastbares Material! Das bedeutet aber nicht, dass Sie immer das Teuerste kaufen müssen. Es gibt auch hervorragende günstige Ausrüstung!

Erste-Hilfe-Set

Die Erste-Hilfe-Ausrüstung soll in medizinischen Notfällen genug Material stellen, um verletzte und erkrankte Personen bis zum Eintreffen von professionellen Rettern versorgen zu können. Fertige Sets aus dem Fachhandel können eine gute Basis für eine Erste-Hilfe-Ausrüstung für Wildnistouren sein. Organisationen wie etwa das Rote Kreuz oder die Johanniter-Unfall-Hilfe geben bei ihren Erste-Hilfe-Kursen oft Checklisten für Erste-Hilfe-Sets aus. Auch sie bieten eine gute Grundlage.

Aber für ein wirklich sinnvolles Set müssen Sie selbst überlegen, was passieren kann und was Sie mit Ihrer Erste-Hilfe-Ausbildung in einem solchen Fall tun können – und was Sie dafür im Erste-Hilfe-Pack benötigen.

Im Rahmen der Tourenvorbereitung haben Sie sich mit Gefahren und Risiken beschäftigt. Was für **Verletzungsrisiken** bestehen bei Ihrem Vorhaben? Ihr Erste-Hilfe-Set sollte die Antwort auf diese Frage widerspiegeln!

Bedenken Sie, dass Sie Wunden nicht nur im Sinne einer Erstversorgung mal schnell verbinden, sondern sich **eventuell noch für Tage oder gar Wochen um die Wundversorgung kümmern** müssen, bis Sie einen Arzt oder ein Krankenhaus erreichen. Bringen Sie also **genug Material** für die Dauer der geplanten Tour mit! Besonders unter diesem Aspekt sind die meisten fertigen Kits und die Empfehlungen der Rettungsorganisationen unzureichend.

Als Erstes gehören stabile **Einweghandschuhe** in das Erste-Hilfe-Set. Für kleine und mittlere Wunden habe ich neben einzeln abgepackten **Pflastern** auch die Sorte dabei, die man zurechtschneiden kann. Für größere und tiefere Schnitte und andere Verletzungen kommen eine ganze Reihe verschiedener **Kompressen** dazu. Diese werden mit **Mullbinden, Dreieckstüchern und wasserfestem Klebeband** auf der Wunde in Position gehalten. Für großflächige Brandwunden oder Bauchverletzungen habe ich besonders große Verbände dabei. Für klaffende Kopfwunden kommen Steristrips™ in das Set, und seit ich gelernt habe, Wunden zu nähen, habe ich auch ein wenig steriles Nahtmaterial dabei. Für lebensgefährliche Blutungen packe ich ein Tourniquet (zum Abbinden des betroffenen Glieds) ein.

Eine **Maske zur sicheren Beatmung** bei der Wiederbelebung gehört ebenso in mein Set wie ein **Fieberthermometer**, eine **Schere**, eine **Pinzette**, **Sicherheitsnadeln** und eine **große Spritze**, um Wunden auszuwaschen.

An Medikamenten habe ich ein **Desinfektionsmittel** und sowohl **schmerzlindernde** als auch **fiebersenkende Mittel** dabei. Ein starkes **Durchfallmittel**, ein *Epipen* und ein **Antihistamin** gegen allergische Reaktionen sowie ein **Breitbandantibiotikum**, das auch bei infizierten Wunden hilft, runden die Sache ab. Sprechen Sie mit Ihrem Arzt und einem kompetenten Apotheker und lassen Sie sich in Bezug auf Notfallmedikamente gut beraten.

Kontrollieren Sie regelmäßig das Verfallsdatum von Verbandsmaterial und Medikamenten in Ihrer Ausrüstung.

Wetterschutz

Unsere **Körperkerntemperatur** bei etwa 37 °C zu halten, ist eine der wichtigsten Aufgaben in einem Notfall. Wie bereits beschrieben kann je nach herrschenden Bedingungen bereits nach ein paar Stunden ohne Schutz vor Wettereinflüssen eine Unterkühlung eintreten. Der Schutz vor Regen, Schnee, Wind und niedrigen Temperaturen ist also von besonderer Bedeutung für das Überleben in der Wildnis.

In den heißen Tropen- und Wüstengebieten unserer Erde gilt es selbstverständlich auch, unseren Körper vor besonders hohen Temperaturen zu schützen, aber der Schwerpunkt dieses Buches liegt eher auf den gemäßigten und kalten Regionen.

Bekleidung

Eine besondere Bedeutung beim Schutz vor Wettereinflüssen kommt unserer **Bekleidung** zu. Mit der richtigen Kleidung können Sie, in Kombination mit dem entsprechenden Know-how, durchaus auch die eine oder andere Nacht in der Wildnis überstehen.

Eine bewährte Methode, sich zu kleiden, ist das flexible **Lagen- oder Zwiebelprinzip**. Es basiert darauf, verschiedene Bekleidungslagen zu kombinieren. Dadurch ist es sehr einfach, auf wechselnde Wetterbedingungen zu reagieren.

Die **erste, körpernahe Lage** besteht aus **Unterwäsche**, die Feuchtigkeit vom Körper wegtransportiert. Dadurch bleibt die Haut trocken und warm. Hier bieten sich Stoffe aus **Polypropylen, Polyester oder weicher Merinowolle** an. Baumwolle hingegen speichert Nässe, fühlt sich dadurch klamm und kalt an und ist deshalb nicht zu empfehlen.

Die zweite Lage besteht aus einer oder mehreren **Isolationsschichten**. Dabei kann es sich um Hemden, Jacken und Hosen aus **Polyesterfleece oder Wolle**, aber auch um **daunen- oder kunstfasergefüllte Kleidung** handeln. Dünne Wanderhosen oder Hemden aus schnell trocknenden synthetischen Stoffen oder mückenstichfesten Polyester-Baumwoll-Mischgeweben gehören ebenso zu dieser Bekleidungsschicht.

Die **dritte Lage** besteht aus der eigentlichen **Wetterschutzschicht**. Hier bieten sich synthetische **wasser- und winddichte Materialien** an, die gleichzeitig Wasserdampf vom Körper nach außen durchlassen. Mit dieser Schicht schützen Sie die isolierenden Schichten vor Nässe und den Körper vor dem Wärmeverlust durch Wind.

Es gibt individuelle Gründe und Situationen, um vom Zwiebelprinzip abzuweichen. Generell haben Sie jedoch mit diesen verschiedenen Lagen ein sehr anpassungsfähiges System, das Sie zuverlässig vor widrigen Wetterbedingungen in verschiedenen Zielgebieten schützen kann.

Wie sollte man sich nun also mit all diesen Lagen anziehen? Eine einfache Faustregel besagt: Wenn man **aktiv** ist und durch Muskelarbeit warm wird, lieber **komfortabel kühl** kleiden, um übermäßiges Schwitzen zu vermeiden. In den **inaktiven Phasen** und bei Pausen zieht man sich lieber **komfortabel warm** an, um Auskühlung zu vermeiden.

Achten Sie beim Kauf wirklich genau darauf, was Sie für Ihr Geld erstehen. Reicht die Jacke auch über den Hintern und die empfindliche Nierengegend? Ist die Kapuze wirklich noch groß genug, wenn Sie drei Fleecejacken mit Kragen übereinandertragen und Schal und Mütze über den Kopf gezogen haben? Können Sie die Taschen Ihrer neuen Regenjacke auch dann noch öffnen, wenn Sie einen Rucksack mit Hüftgurt tragen? Sind die vielen Beintaschen Ihrer Wanderhose wirklich bequem zu tragen, wenn sie mit praktischem Kleinkram vollgestopft sind? Ist der moderne niedrige Hüftschnitt der Hose wirklich sinnvoll, wenn Sie bei jedem Bücken nach Feuerholz einem blutdurstigen Mückenschwarm den halben Hintern entgegenstrecken?

Auch die **Farbe Ihrer Bekleidung** kann für Ihr Überleben relevant sein. Bunte Kleidung in hellen Signalfarben, die sich vom natürlichen Hintergrund kontrastreich abheben, ist im Notfall auf weite Distanzen zu sehen!

Zu guter Letzt: Nehmen Sie ausreichend Bekleidung mit auf Tour! Auch auf kurzen Tagestouren, besonders in den Bergen, kann das Wetter extrem schnell umschlagen. Der vermeintlich überschaubare Tagesausflug mit blauem Himmel am Morgen kann durchaus mit einem Schneesturm am Nachmittag enden. Planen Sie Ihre Kleidung basierend auf den schlechtesten Wetterbedingungen, mit denen Sie in der gegebenen Jahreszeit an dem gegebenen Ort rechnen müssen.

Bedenken Sie außerdem, dass Sie sich in einem Notfall eventuell nur noch eingeschränkt bewegen können. Die Bekleidung muss Sie auch dann zuverlässig warm halten, wenn Sie inaktiv sind und keine Wärme durch Muskelaktivität erzeugen können.

Notunterkunft

Unsere Chancen auf Erhaltung der Körperkerntemperatur können wir außerdem erhöhen, indem wir zusätzlich Ausrüstung einplanen, die uns beim Bau eines **Notunterschlupfes** dienen kann.

Auf einer mehrtägigen Wildnistour bringen die meisten einen **Schlafsack**, eine **isolierende Unterlage** und ein **Zelt** mit. Sofern diese Ausrüstung im Notfall noch vorhanden ist, sollte man natürlich darauf zurückgreifen. Aber nur in besonderen Fällen wird man solche Gegenstände in ein Survivalkit packen. Solche Ausnahmen können das Notfallset in einem Auto für Überlandfahrten unter winterlichen Bedingungen sein. Ich kenne Buschpiloten, die für den Fall, dass sie irgendwo notlanden müssen, in ihrem Flugzeug standardmäßig eine solche Ausrüstung dabeihaben. Auch auf längeren Tagestouren mit dem Motor- oder Hundeschlitten habe ich bei extremen Wintertemperaturen einen richtigen Schlafsack als Teil meiner Survivalausrüstung dabei. Für einen Rucksackwanderer oder Skitourengeher käme das wegen des zusätzlichen Gewichts und Volumens vermutlich nicht infrage.

Aber es gibt auch ein paar leichte und weniger voluminöse Ausrüstungsgegenstände, die helfen können, den Körper vor den Unbilden des Wetters zu schützen und warm zu halten.

Im Gebirge werden häufig wind- und wasserdichte **Biwaksäcke** verwendet, die auch in Wald und Tundra gute Dienste leisten können. Sie werden in verschiedenen Größen meist für eine oder zwei Personen angeboten. Ich nehme auch auf Solotouren lieber die große Version für zwei Personen mit. Darin kann ich auch noch den Hund und meine Ausrüstung trocken unterbringen oder – ganz vorsichtig natürlich – sogar eine wärmende Kerze anzünden oder mich umziehen. Die

Zwei-Personen-Biwaksäcke sind meist rechteckig geschnitten und können auch behelfsmäßig als Plane aufgespannt werden. In den Versionen für mehrere Personen kann man sich außerdem gegenseitig ein wenig warm halten. Ich bevorzuge Modelle aus dampfdurchlässigen Stoffen. Dadurch bildet sich im Inneren weniger Kondensfeuchtigkeit. Diese Modelle sind oft auch mit einem Moskitonetz versehen, was in niedrigen Lagen und nördlichen Gebieten helfen kann, wenn sommerliche Plagegeister wie Zecken und Mücken unterwegs sind.

Die einfachsten und billigsten Versionen werden aus einer **alubedampften Plastikfolie** hergestellt, ähnlich wie die allseits bekannten Rettungsdecken. Sie sind nicht besonders stabil und nur für den einmaligen Einsatz gedacht. Ihre größten Vorteile sind die geringen Anschaffungskosten, das geringe Gewicht und das kleine Packmaß. So einen **Notfallbiwaksack** kann man leicht in die Tasche stecken und auf Exkursionen immer dabeihaben.

Rettungsdecken sind dünne Plastikfolien, die mit einer Aluminiumschicht bedampft sind. Dadurch können sie sowohl sichtbares Licht als auch infrarote Strahlung, also Wärme, reflektieren. Sie variieren extrem in der Qualität und ihre Reißfestigkeit ist stark von der Art der Trägermaterials abhängig, auf dem die Bedampfung aufgebracht wurde. Die ganz dünnen und billigen Folien reißen leicht ein. Es gibt aber auch etwas stabilere Versionen aus belastbarerer Folie, die viel besser geeignet sind und kaum mehr Gewicht und Volumen aufweisen. Aber auch diese Modelle sind so dünn, dass sie kaum als eigenständiges Wetterschutzdach zu verwenden sind. Sie eignen sich wirklich nur als reiner Wärmereflektor oder in Kombination mit einer stabileren Zeltplane.

Noch stabiler sind **Rettungsdecken aus gewebtem Kunststoff**, auf die im Nachhinein die Bedampfung aufgetragen wurde. Sie sind stabil genug, um sie als eigenständige Zeltplane zu nutzen, und meist haben sie an den Ecken bereits Ösen zum Abspannen. Allerdings sind sie voluminöser und schwerer als die anderen Rettungsdecken und reflektieren weniger effektiv, weil die Oberfläche durch das gewebte Trägermaterial nicht so glatt ist.

Eine rechteckige **Zeltplane (Tarp)** bietet eine gute Möglichkeit, ein Schutzdach abzuspannen. Es gibt Tarps in verschiedenen Größen aus verschiedenen Materialien, meist aus polyurethanbeschichtetem Polyester oder einem noch leichteren silikonisierten Nylon. Wenn Sie sich für eine solche Plane für Ihre Survivalausrüstung entscheiden, achten Sie darauf, dass in den Ecken und entlang der Kanten sowie in der Planenmitte entweder **stabile Ösen oder Gurtbandschlaufen** angebracht sind, damit Sie die Plane abspannen können.

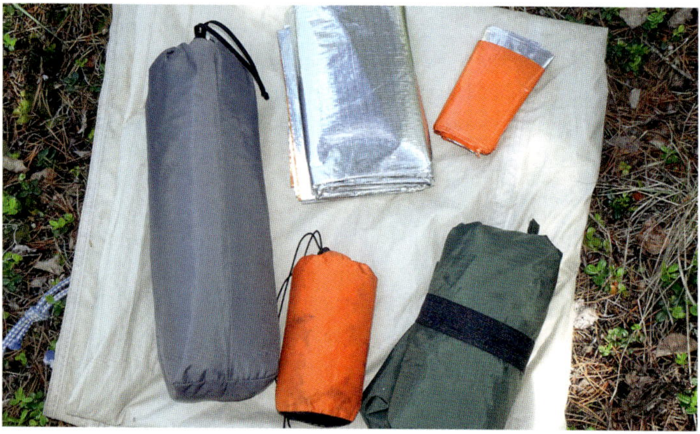

Tarp (Hintergrund), Biwaksäcke (unten links und Mitte), Rettungsdecken (oben rechts), Poncho (unten rechts)

Auch rechteckige **Ponchos** können wie eine Zeltplane abgespannt werden und stellen eine leichte Alternative zu einem Tarp dar. Natürlich ist das Schutzdach entsprechend kleiner und nur für eine Person gerade ausreichend. Allerdings kann der Poncho auch als Regenschutz beim Wandern genutzt werden kann.

Wenn Sie im Notfall das im Kapitel „Wetterschutz und Notunterkünfte“ erwähnte **Supershelter** bauen wollen, brauchen Sie zusätzlich zur Rettungsdecke auch noch **ein paar Quadratmeter klarer Plastikfolie** in Ihrer Survivalausrüstung.

Feuer

Ein Feuer ist auf vielfache Weise hilfreich, wenn Sie sich in der Wildnis in Not befinden. Deshalb sollten Sie gleich mehrere Werkzeuge zum Feuerstarten einpacken.

Es gibt viele verschiedene Arten von **Streichhölzern**. Die Auswahl reicht von einfachen **Haushaltszündhölzern** bis zu den etwas größeren **Kaminstreichhölzern** und **Sturmstreichhölzern** mit extra langem Zündkopf. Manche Streichhölzer kommen außerdem mit einer **wasserfesten Imprägnierung** daher. Ein weiterer Unterschied ist, ob es sich um sogenannte Sicherheitszündhölzer, bei denen eine entsprechende Reibfläche nötig ist, oder um sogenannte **Überallanzünder** handelt, die auf jeder beliebigen rauen Fläche entfacht werden können.

Für Wildnistouren bevorzuge ich eine Mischung aus Überall-Kaminzündhölzern und ein paar Sturmstreichhölzern für Schlechtwettertage.

Wichtig ist, die Zündhölzer wasserdicht zu verpacken. Es gibt im Handel verschiedene **Streichholzdosen**. Testen Sie unbedingt, ob das von Ihnen gewählte Modell auch wirklich dicht ist! Eventuell müssen Sie den Dichtungsring ersetzen.

Ein herkömmliches **Einwegfeuerzeug** ist einfach zu bedienen und kann mit einer Butantankfüllung viele Feuer entzünden. Wenn Sie das Feuerzeug umgedreht mit einer Schnur um den Hals tragen und unter der Bekleidung verstauen, bleibt es bei Regen trocken und auch bei extremen Wintertemperaturen warm genug für den Gebrauch. Verwenden Sie ein brennbares Klebeband, um die Schnur am Feuerzeug zu befestigen. Im Notfall können Sie das Klebeband entfernen und als behelfsmäßigen Feuerstarter nutzen.

Benzinfeuerzeuge haben den Nachteil, dass die Füllung verdunstet. Man muss sie immer wieder neu befüllen. Deshalb halte ich sie für die Survivalausrüstung für ungeeignet.

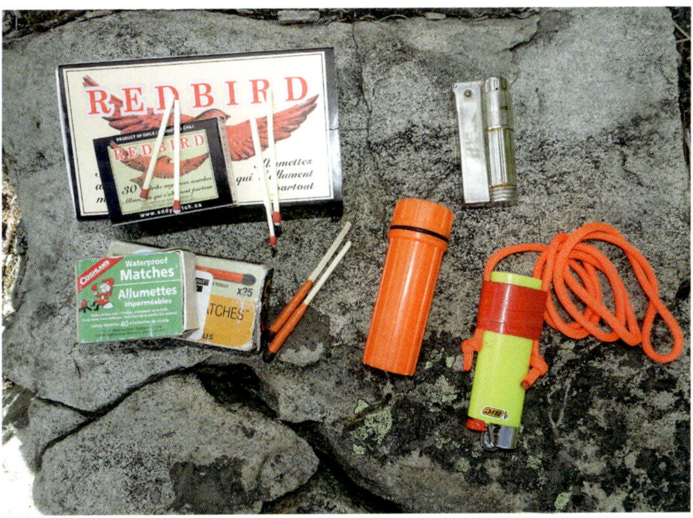

Streichhölzer und Feuerzeuge

Beim **Feuerstahl** gibt es verschiedene Qualitäten und die Produkte unterscheiden sich in der Härte der verwendeten Legierung. Nach meiner Erfahrung produzieren weichere Mischungen viele große Funken, haben aber eine geringere Lebensdauer, weil bei jeder Nutzung größere Mengen Material abgetragen werden. Die härteren Legierungen sind besonders für Ungeübte schwieriger zu verwenden, halten dafür aber wesentlich länger. Natürlich gibt es verschiedene Größen. Dickere Feuerstähle produzieren mehr Funken als dünne Modelle, weil der Schaber mehr Kontakt zum Stab hat.

Eine Sonderform des Feuerstahls sind sogenannte **Magnesiumfeuerstarter**. Dabei handelt es sich um einen Feuerstahl, der in einem Magnesiumblock eingelassen ist. Zuerst schabt man mit einer scharfen Kante (Messerrücken) feine Magnesiumspäne vom Block, die man anschließend mit dem Feuerstahl entzündet. Ich finde diese Magnesiumblöcke nicht so praktisch, da der Feuerstahl zu dünn und schnell verbraucht ist. Es mir auch schon mehrfach passiert, dass der Feuerstahl aus der Fassung gefallen ist und verloren ging.

Ein Vergrößerungsglas, also eine **Lupe oder eine Fresnellinse**, kann Sonnenlicht bündeln und so Zunder entzünden. Der Vorteil ist, dass sich so eine Linse nicht verbraucht und ewig funktioniert. Aber sie funktioniert natürlich nur an sonnigen Tagen.

Feuerstahl und Magnesiumfeuerstarter

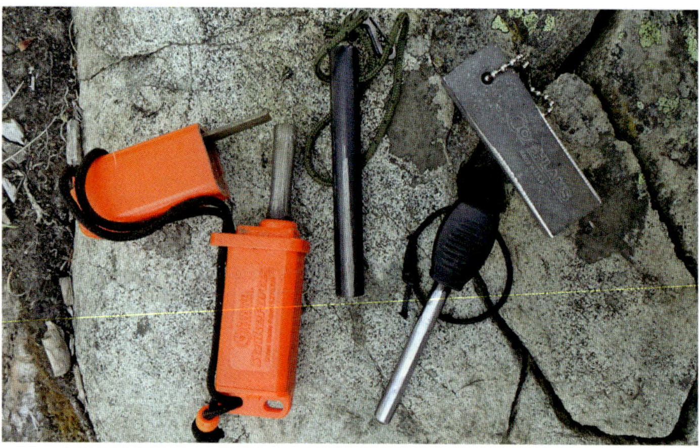

Mit etwas Wissen ist es möglich, in der Natur auch bei Regen trockenen Zunder zu finden bzw. herzustellen. Aber das ist unter Umständen mit erheblichem Aufwand verbunden. Und manchmal braucht man einfach schnell ein brennendes Feuer. Deshalb sollten Sie auch noch ein paar **Anzündhilfen** einstecken. Sie können einfache **Grillanzünder** einpacken oder auch spezielle Zunder im Outdoorladen erstehen.

Eine der einfachsten Methoden, die Sie schnell zu Hause improvisieren können, ist es, **Wattebällchen in Vaseline zu tränken**. Reiben Sie die Vaseline tief und gleichmäßig in die Watte ein und verstauen Sie die Anzünder wasserdicht in Ihrer Ausrüstung. Die trockene Watte fängt Funken hervorragend auf und beginnt sofort zu brennen. Die Vaseline verlängert die Brenndauer erheblich. Außerdem imprägniert die Vaseline die Watte gegen Feuchtigkeit, falls es mal nass wird.

Eine weitere Möglichkeit für selbst gemachte Anzünder sind Stücke von Pappe aus alten **Eierkartons**, die **in flüssigem Kerzenwachs** getränkt wurden. Diese Anzünder können leicht mit der Flamme eines Feuerzeugs oder eines Streichholzes entzündet werden und brennen dann für mehrere Minuten.

Ein alter **Fahrradschlauch** kann mit dem Messer oder einer Schere in feine Streifen zerschnitten werden und lässt sich ebenfalls prima als Feuerstarter verwenden. Ebenso brennt **Ducttape/Panzertape** hervorragend. Aber passen Sie auf, dass es nicht brennend an Ihren Fingern kleben bleibt!

Trinkwasser und Nahrung

Da Wasser verhältnismäßig schwer ist, kann man – besonders auf Rucksacktouren – kaum einen größeren Vorrat einpacken. Eine **Trinkflasche** mit mindestens einem Liter Fassungsvermögen ist eine gute Basis.

Wenn Sie bei besonders heißem Wetter unterwegs sind oder bereits wissen, dass Sie mehr Wasser benötigen, dann sind Wasserbehälter für 2-3 Liter sicher nicht verkehrt!

Wasserflaschen aus einwandigem **Edelstahl** können bei geöffnetem Deckel auch zum Abkochen am Feuer genutzt werden. Isolierte Edelstahlflaschen mit doppelwandiger Konstruktion sind dazu nicht geeignet.

Einfacher geht das Abkochen natürlich in einer **Edelstahltasse** oder in einem **kleinen Topf**. Töpfe mit einem Bügel können leichter über das Feuer gehängt werden.

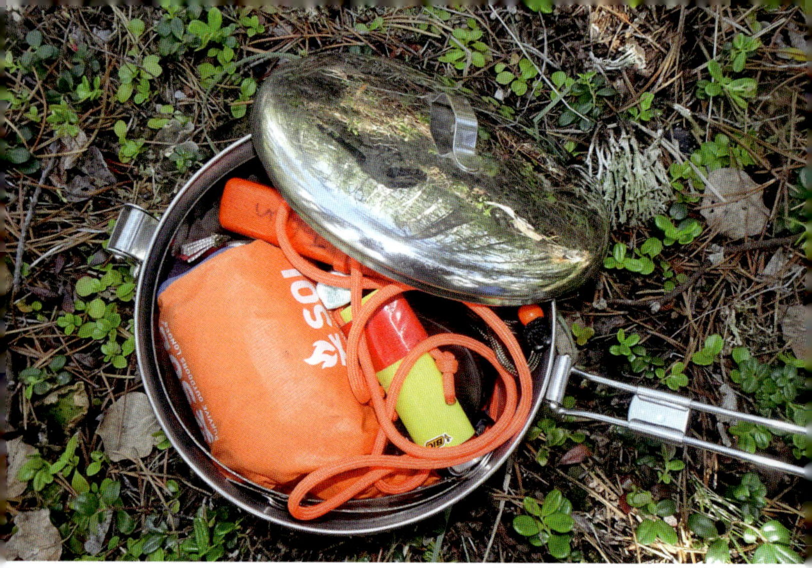

Survivalkit im Topf

Sie können den Topf auch gleich als Verpackung für weitere Teile Ihrer Ausrüstung oder des gesamten Survivalkits nutzen.

Mein kleinstes Survivalkit, das auch in der Beintasche einer Wanderhose oder in meiner Schwimmweste Platz findet, ist in eine 250 ml große Blechdose mit Deckel gepackt. Im Notfall kann ich so tassenweise Wasser abkochen.

Nicht immer ist es möglich, ein Feuer zu starten, nur damit Sie Wasser abkochen können. Für solche Fälle können Sie auch **chemische Wasserentkeimer** in Tablettenform oder als Tropfen einpacken.

Voluminöser und schwerer, aber auch hocheffizient ist ein **Wasserfilter**, der sowohl Schwebstoffe als auch Bakterien und Parasiten aus dem Wasser filtern kann.

Nahrung steht auf unserer Prioritätenliste eher auf den unteren Rängen. Dennoch sollten Sie – zusätzlich zu Ihrer normalen Tourenverpflegung – eine **Notration** mitnehmen. Das wird je nach Unternehmung und Jahreszeit variieren. Ich habe immer ein paar **zusätzliche Müsliriegel** oder etwas **Studentenfutter** im Gepäck. Auf Touren, bei denen ich eine ungeplante Übernachtung für möglich halte, kommen zusätzlich noch ein paar **Tütensuppen** und ein paar Beutel **Instantkakao** für etwas extra Wärme und Energie in meinen Rucksack.

Nahrung in der Natur zu beschaffen, ist wie bereits beschrieben kein leichtes Unterfangen. Aber es gibt ein paar hilfreiche Gegenstände, die bei der notfallmäßigen Jagd und beim Fischfang helfen können. Für diesen Zweck habe ich immer eine kleine Rolle dünnen **Drahtes** für Eichhörnchen- und Hasenfallen dabei.

Die Jagd auf Kleintiere mit einer richtigen **Schusswaffe** oder auch **Pfeil und Bogen** ist wohl eher einem Profi vorbehalten. Auch die behelfsmäßige Jagd auf Kleinwild mit improvisierten Waffen wie etwa einer **Steinschleuder** erfordert viel Übung und liegt damit eher nicht im Rahmen dieses Buches. Wenn Sie aber über solche Fähigkeiten verfügen, könnten Sie in Erwägung ziehen, diese Werkzeuge einzupacken. Bedenken Sie dabei aber realistisch, wie viele Kalorien Sie mit Ihrer Jagdwaffe erbeuten können und ob es nicht sinnvoller wäre, statt einer schweren Waffe lieber ein paar zusätzliche Vorräte einzupacken.

Auf Touren in der Nähe von fischreichen Gewässern kommt bei mir eine kleine Auswahl an **Angelhaken, Blinkern und Spinnern, Gummiwürmern** und etwas **Angelschnur** ins Notfallgepäck.

Notsignale

Ich bin im Kapitel über Notsignale bereits auf die unterschiedlichen Möglichkeiten eingegangen. Meine Favoriten auf regulären Touren sind ein **InReach-Gerät**, eine **Signalpfeife** und ein guter **Signalspiegel**. Diese Kombination erlaubt verschiedene Möglichkeiten der Kontaktaufnahme mit dem Rettungsteam bei einem verhältnismäßig geringem Volumen und Gewicht.

Bei besonderen Expeditionen oder größeren Gruppen nehme ich manchmal auch noch zusätzlich ein **Satellitentelefon** mit.

Navigation

Viele Wildnisreisende verlassen sich heute auf moderne **GPS-Geräte.** Das gesamte GPS-System ist extrem akkurat geworden und die Geräte bieten neben einer reinen Standortbestimmung viele komfortable Zusatzfunktionen. Aber sie können auch kaputtgehen und ich habe schon öfter auf den schwarzen Bildschirm eines defekten Gerätes gestarrt. Batterien sind irgendwann leer oder es kann auch gleich das ganze Gerät verloren gehen. Für solche Fälle ist es sinnvoll, die herkömmlichen Navigationshilfen wie **Karte und Kompass** dabeizuhaben.

Ein preiswerter **Kartenkompass** mit einer durchsichtigen Grundplatte samt gerader Anlegekante, drehbarem Gehäuse, 360-Grad-Einteilung, Deklinationsskala und flüssigkeitsgelagerter Kompassnadel reicht für die meisten Anwendungen aus.

Etwas besser ist ein **Spiegelkompass**, der die Peilung genauer macht. Den Spiegel können Sie auch zweckentfremden und mit seiner Hilfe Verletzungen in Gesicht und an den Augen versorgen. Außerdem kann er für Notsignale benutzt werden. Wenn Sie das Geld für einen solchen Spiegelkompass ausgeben wollen, sollten Sie auch gleich noch auf eine verstellbare Deklinationsskala achten.

Falls Sie eine gedruckte **Karte** für die reine Survivalnavigation einpacken, greifen Sie eventuell lieber auf einen kleineren Maßstab zurück, um ein größeres Gebiet abzudecken. Sie sollten die Karte unbedingt im Vorfeld mit der geplanten Route und auch potenziellen Rast- und Lagerstellen markieren. Besonders wichtig ist es, auch alternative Zugangs- und Ausstiegsrouten zu kennzeichnen. Verpacken Sie die Karte unbedingt wasserdicht.

Spiegelkompass, Kartenkompass, GPS-Gerät, Karte

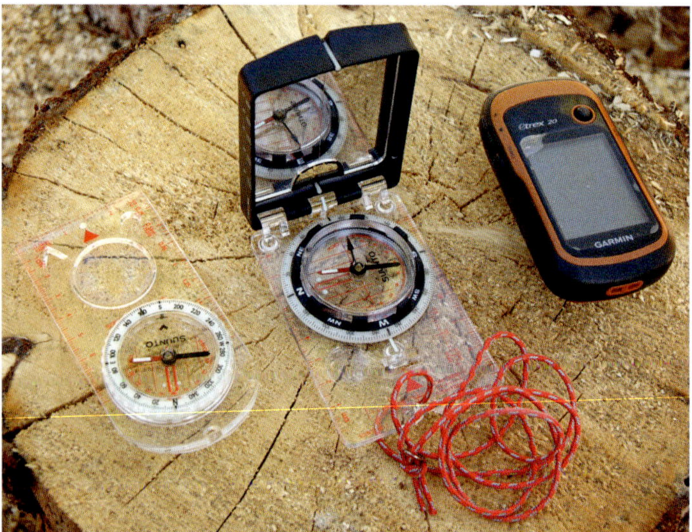

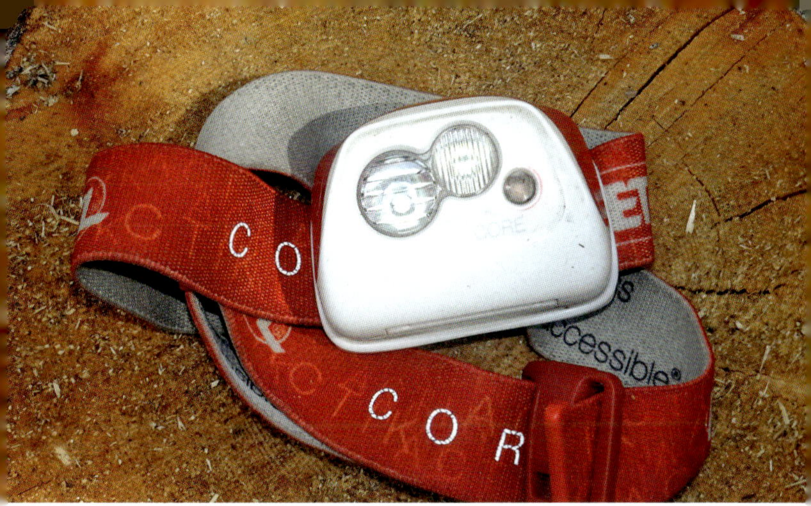

LED-Kopflampe

Eine gute **LED-Lampe** mit möglichst langer Brenndauer gehört ebenfalls in den Bereich Navigation. Ich bevorzuge Kopflampen, weil ich damit die Hände frei habe. Achten Sie darauf, dass die Lampe mit Lithiumbatterien betrieben werden kann. Diese haben ein längere Brenndauer, funktionieren auch bei extremer Kälte und können ohne Leistungseinbußen für längere Zeit gelagert werden.

Sonstiges

Ein stabiles **Messer** ist ein wichtiges Werkzeug in der Wildnis. Bei richtiger Anwendung können Sie mit einem Messer weitere Werkzeuge herstellen, Material für einen Unterschlupf sammeln, Feuerholz und Zunder vorbereiten, Tiere erlegen und ausnehmen und vieles mehr.

Bevor Sie sich ein Messer anschaffen, überlegen Sie, für welche Arbeiten es genutzt werden soll. Ein Messer dient in erster Linie

▷ zum Feuermachen. Dafür muss man Zunder vorbereiten, armdickes Feuerholz spalten, Holzlöckchen schnitzen und mit dem Messerrücken den Feuerstahl anreißen können.

▷ zum Bau eines Unterschlupfes. Hierzu muss ich etwa armdicke Bäume fällen können, indem ich das Messer mit einem Knüppel in den Baum treibe.

- ▷ zur Herstellung weiterer Werkzeuge. Man muss damit also gut schnitzen und auch feinere Holzarbeiten gut bewerkstelligen können.
- ▷ zur Nahrungszubereitung. Man muss damit Fische ausnehmen, Wild zerwirken und gesammelte Wildpflanzen zerschneiden können.

Für diese Arbeiten bevorzuge ich ein **feststehendes Messer von etwa 10-15 cm Klingenlänge**. So ein Messer ist im Gebrauch handlich und beim Tragen am Gürtel nicht zu schwer. Nur als Hack- und Haumesser eignen sich Messer dieser Größe nicht, aber da gibt es alternative Techniken, die Sie für diese Zwecke nutzen können.

Es gibt viele verschiedene Klingenformen und die meisten sind auf bestimmte Einsatzzwecke spezialisiert. Ein schlankes Messer mit feiner Spitze lässt sich im Schnittgut leichter drehen. Das ist besonders bei feinen Schnitzarbeiten und beim Versorgen von Fischen und Kleinwild hilfreich. Ich bevorzuge Messer mit ein paar Zentimetern gerader Schneide unmittelbar vor dem Griff, weil es mir erlaubt, bestimmte Schnitte auszuführen, ohne dass meine Hand dabei rotieren muss. Direkt vor der Messerspitze liegt der Bauch der Klinge, eine gleichmäßige Rundung der Schneide zur Spitze hin. Ein flacher Bauch ist eher für den allgemeinen Gebrauch und als Schnitzmesser geeignet. Ein runder Bauch ist meist bei ausgesprochenen Jagdmessern zu finden, weil sich erlegte Tiere damit leichter abziehen lassen.

Wie gut das Messer schneidet, ist auch von der Art des **Anschliffs** abhängig. Klassische Jagdmesser haben oft einen **Hohlschliff**, also einen konkaven (nach innen gewölbten) Anschliff, der das Messer zwar extrem scharf, den Bereich der Schneide aber auch weniger stabil macht. Von einem solchen Schliff würde ich für ein Survivalmesser eher abraten. Ein balliger oder auch **konvexer Anschliff** ist ein sehr stabiler Schliff für ein Messer, der sich besonders gut für Holzbearbeitung und andere allgemeine Arbeiten eignet. Er ist für die jagdliche Anwendung allerdings weniger sinnvoll und außerdem für einen Anfänger etwas schwerer zu schleifen. Und dann gibt es noch eine Reihe sogenannter **Flachschliffe**. Dazu gehören **Vollflach-** und sogenannte **Säbelschliffe**, die sich beide hervorragend für Survivalmesser eignen. Vollflache Messer sind bei ansonsten gleicher Klingengeometrie etwas schneidfreudiger, während Säbelschliffe dem Messer mehr Stabilität verleihen.

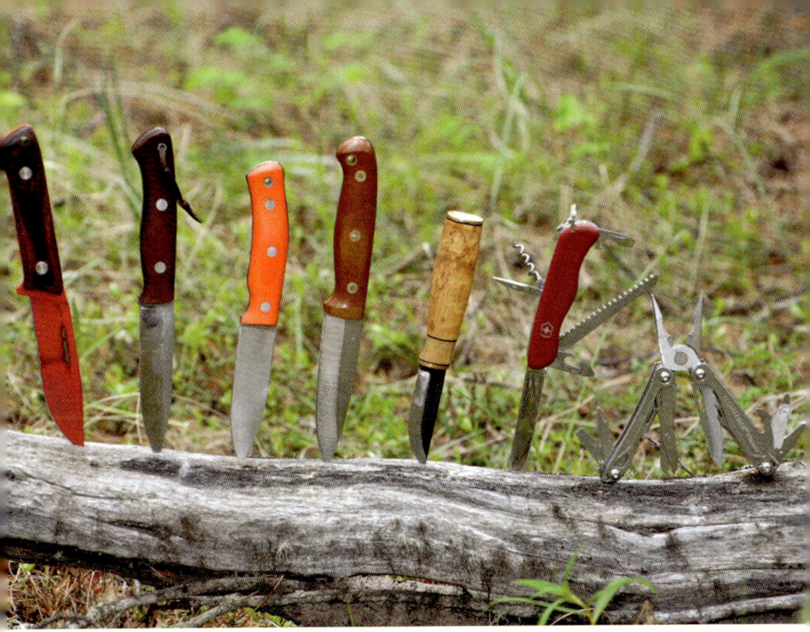

Messer für die Wildnis: Hohlschliff, balliger Schliff, Flachschliff, Säbelschliff, Scandischliff, Taschenmesser, Multitool

Eine Sonderstellung bei den Flachschliffen nehmen Messer mit einem sogenannten **Scandischliff** ein, wie sie bei traditionellen Klingen aus dem nördlichen Europa oft zu finden sind. Sie erscheinen auf den ersten Blick dem Säbelanschliff sehr ähnlich. Allerdings wird bei diesen Messern keine sekundäre Schneidfase angebracht. Stattdessen werden die Flanken direkt bis zur Schneide runtergeschliffen. Dadurch sind diese Messer extrem scharf und beißen sich hervorragend in zu bearbeitendes Holz, was sie für Schnitzarbeiten ideal macht. Sie sind auch sehr einfach zu schärfen, da die Messerflanken bereits den Schleifwinkel vorgeben.

Wichtiges Merkmal bei der Konstruktion des Messers ist die Art, wie der Griff an der Klinge befestigt wird. Bei einem **Flacherl** wird der Stahl des Messers in voller Breite und Länge durch den Griff fortgesetzt. Ein solches Messer ist extrem stabil und für den anspruchsvollen Gebrauch in der Wildnis besonders zu empfehlen.

Daneben gibt es noch eine Reihe von Erlkonstruktionen, wie etwa **Rattenschwanzerl, Spitzerl und Kurzerl**, bei denen der Erl entweder nicht in voller Griffbreite bis zum hinteren Ende des Griffes fortgesetzt wird oder nur teilweise in den Griff reicht. Solche Konstruktionen erlauben leichtere Messer, die im Gebrauch weniger ermüdend sind. Außerdem ist der Griff besser isoliert und verhindert so kalte Finger bei niedrigen Temperaturen. Allerdings sind diese Konstruktionen auch weniger stabil als ein Messer mit Flacherl.

Der **Griff** sollte ergonomisch geformt und in verschiedenen Positionen angenehm zu greifen sein. Vermeiden Sie Messergriffe mit aufwendigen Fingermulden oder anderweitigen Kanten und Spitzen, die bei längerem Gebrauch für schmerzhafte Druckstellen und Blasen sorgen können. Für den Messergriff empfehlen sich **synthetische Materialien** wie etwa Elastomere oder auch Verbundmaterialien wie Micarta oder G10, die im Vergleich zu einfachem Holz widerstandsfähiger und pflegeleichter sind.

Messer werden in verschiedensten Stahlsorten angeboten. Ganz grob wird zwischen den sogenannten **Kohlenstoffstählen** und den **rostfreien Stählen** unterschieden.

Oft wird behauptet, dass Kohlenstoffstahl leichter zu schärfen sei, doch viele moderne, rostfreie Stahlsorten lassen sich genauso gut scharf halten. Sie korrodieren aber nicht so schnell. Das ist besonders von Vorteil, wenn das Messer häufig nass wird, Salzwasser ausgesetzt ist oder oft mit Blut in Kontakt kommt.

Sollten Sie sich für ein Messer aus Kohlenstoffstahl entscheiden, können Sie die Rostanfälligkeit ein wenig reduzieren, indem Sie die Klinge in heißen Essig tauchen. Durch die Reaktion mit der Säure entsteht eine dunkle, schützende Patina auf dem Messer.

Gute Kohlenstoffstähle sind zum Beispiel O1, 1095, A2 oder D2. Unter den rostfreien Stählen sind etwa 440C, ATS 34 oder N690 zu empfehlen. All diese Stahlsorten weisen bei entsprechend guter Wärmebehandlung durch den Hersteller gute Schnitthaltigkeit auf (das Messer bleibt also lange scharf) und sind relativ einfach wieder nachzuschleifen.

In den letzten Jahren sind sogenannte **Superstähle** auf dem Messermarkt sehr beliebt geworden. Dazu gehören Stahlsorten wie CPM 3V, S90V, S30V und Elmax. Sie sind extrem schnitthaltig und stabil, allerdings sind sie schwerer zu schärfen. Außerdem brauchen Sie in der Regel spezielles Schleifgerät, wie etwa **diamantbeschichtete Schleifstähle**, um ausreichenden Abtrag zu gewährleisten.

Oft finden Sie eine Angabe zur **Rockwellhärte** eines Messers. Während der Herstellung eines Messers wird der Stahl auf bestimmte Temperaturen erhitzt und wieder abgekühlt. Dabei gibt es eine Vielzahl von Verfahren, die angewendet werden können, und je nachdem, wie der Hersteller diesen Prozess gestaltet, verändern sich das Gefüge des verwendeten Stahls und dadurch seine Härte und damit auch seine Eigenschaften.

Weichere Stähle mit Rockwellhärten von etwa 55-56 HRC sind sehr zäh und brechen dadurch weniger leicht. Allerdings halten sie eben wiederum ihre Schärfe nicht so gut. Härtere Klingen mit Rockwellwerten von 60 HRC sind dagegen spröder, können also besonders bei harten Schlägen und bei Verwindungen leichter brechen. Dafür halten sie die Schärfe meist länger. Eine Rockwellhärte um 58 HRC ist ein guter Kompromiss.

Ein wichtiges Kriterium ist auch die **Messerscheide**. Eine gute **Lederscheide** lässt sich leicht und sicher tragen.

Ich bevorzuge eine sogenannte **Danglerscheide**, bei der die Messerhülle an einer externen Gürtelschlaufe hängt. Das Messer baumelt frei und etwas tiefer am Gürtel. Ich mag diese Trageweise, weil das Messer auch unter dem Hüftgurt eines schweren Rucksacks oder unter dem Saum der Jacke zugänglich ist. Auch passt sich die Position der Scheide meiner Bewegung an, wenn ich mich ins Auto setze oder auf einem Kanusitz hocke.

Außerdem achte ich darauf, dass das Messer sehr tief in der Hülle sitzt. Dadurch brauche ich keine weiteren Fangriemen, die das Messer in der Scheide sichern. Ich habe schon Messer verloren, weil mir unterwegs der Druckknopf des Fangriemens aufgegangen ist und das Messer anschließend ungesichert aus der Scheide rutschen konnte.

Kunststoffscheiden, z. B. aus Kydex, sind ebenfalls sehr gut geeignet und besonders widerstandsfähig. Meist sind sie so konstruiert, dass das Messer mit dem Griff richtig einrastet und dann sicher am Gürtel transportiert werden kann. Sie sind wesentlich besser als Leder, wenn Messer und Scheide oft Nässe ausgesetzt sind. Allerdings klappern sie oft ein wenig und ich finde sie weniger bequem zu tragen als die flexiblen Lederscheiden.

Klappmesser können für einfache Schneidarbeiten hilfreich sein, sind jedoch aufgrund ihrer Konstruktion für den härteren Einsatz kaum geeignet. Allerdings habe ich auch manchmal ein Klappmesser oder ein **Multitool** wegen der zusätzlichen Werkzeuge als Ergänzung zum feststehenden Messer mit auf Tour.

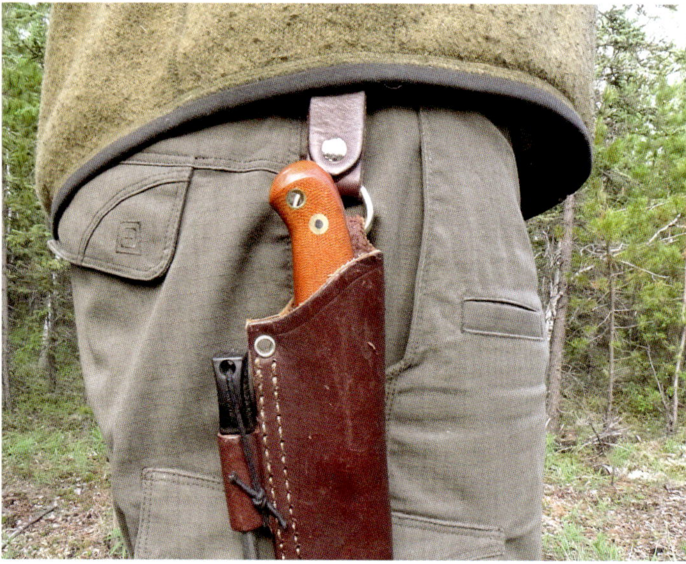

Danglerscheide

Eine **Axt** ist ein hervorragendes Werkzeug in der Wildnis. Sie ist besonders zum Spalten von Holz geeignet und kann je nach Modell, Holzart und Anwendung auch zum Anbringen von Schnitten diagonal zur Wuchsrichtung genutzt werden. Im Vergleich zur Säge ist eine Axt wesentlich robuster und leichter zu warten und erfreut sich deshalb bei Wildnisreisenden großer Beliebtheit. Allerdings geht von einer Axt bei falscher Anwendung ein erhebliches Verletzungsrisiko aus. Und leider wissen nur die wenigsten, wie man wirklich sicher mit einer Axt umgeht. Wenn Sie im Umgang mit der Axt nicht sicher sind: Lassen Sie das Ding zu Hause! Sie erhöhen Ihre Überlebenschancen in der Wildnis, wenn Sie dieses Unfallrisiko ausschließen!

Sollten Sie eine Axt einpacken wollen, gibt es hier ein paar Tipps für die Auswahl: Die ideale **Wildnisaxt** hat einen etwa armlangen Stiel. Es ist ein verbreiteter Irrglaube, dass eine kürzere Axt oder ein Beil sicherer seien. Mit einem längeren Stiel hat man bei richtiger Anwendung größere Chancen, dass ein falscher Hieb den Boden trifft, während ein unkontrolliertes kurzes Beil oft im Bein landet.

Als Kopfgewicht empfehlen sich zwischen 700 und 1.000 g. Als Stiel sollte ein stabiler Hickoryschaft gewählt werden. Für mehr Stabilität im Schaft sollte die Ausrichtung der Jahresringe im Holz längs zur Schlagrichtung liegen.

Eine **Säge** ist bei Schnitten quer zur Wuchsrichtung des Holzes wesentlich effizienter und sicherer als eine Axt. Außerdem ist eine Säge kleiner und leichter zu verpacken. Es gibt verschiedene Klappsägen und faltbare Bügelsägen. Alternativ kann man auch nur ein Sägeblatt in das Notfallgepäck stecken und den Rahmen der Säge unterwegs improvisieren (☞ Kapitel „Werkzeuge und improvisierte Hilfsmittel").

Am sichersten können Sie ein Sägeblatt aufgerollt in Ihrem Topf transportieren.

Schnur ist nur mit viel Aufwand in der Natur zu improvisieren. Deshalb sollten Sie stets genug Schnur einpacken, die Sie zum Abspannen von Zeltplanen, Verschnüren von Ausrüstung oder gesammeltem Baumaterial für Ihre Notunterkunft, zum Bau von Tierfallen oder auch einfach nur als Ersatz für die gerissenen Schnürsenkel verwenden können.

Besonders geeignet für den Gebrauch in der Wildnis ist das sogenannte **Paracord**. Dabei handelt es sich um Fallschirmleine aus dem militärischen Bereich, die auch auf dem zivilen Markt erhältlich ist. Am weitesten verbreitet ist Paracord 550-7, auch als Paracord Type III bezeichnet. Dabei handelt es sich um Schnur, die eine Reißfestigkeit von 550 Pfd., also etwa 250 kg hat. Paracord ist eine sogenannte Kern-Mantel-Konstruktion, besteht also aus einem Kern (der wiederum aus sieben einzelnen Strängen besteht) und einem schützenden Mantel. Paracord ist eine dynamische Schnur. Sie hat unter einer gewissen Belastung eine Dehnung von mindestens 30 %.

Wenn Sie nicht die volle Stärke der Schnur brauchen, können Sie die inneren Stränge herausziehen. Jeder innere Strang hat wiederum etwa 50 Pfd. Reißfestigkeit. Sie können prima als kräftige Angelschnur oder für feinere Anwendungen genutzt werden. Der Mantel alleine hat auch immer noch 200 Pfd. Reißfestigkeit, was für viele allgemeine Anwendungen völlig ausreicht. Der Mantel alleine eignet sich auch prima als Schnürsenkel.

Reepschnur aus dem Bergsportbereich ist ebenfalls extrem reißfest und hervorragend für Survivalzwecke geeignet. Sie ist im Vergleich zu Paracord jedoch eine statische Schnur, hat also keine oder nur geringe Dehnung.

Bei bestimmten Aktivitäten packe ich auch ein **Seil** ein. Dazu gehören Touren, bei denen es passieren kann, dass ich zum Beispiel mit meinem Boot oder Fahrzeug stecken bleibe. Dann kann ein stabiles Seil helfen, eine Winde oder einen Flaschenzug zu bauen, um wieder freizukommen. Solche Seile, die stark belastet und zum Zug von schweren Lasten benutzt werden, müssen unbedingt statische Seile sein. Sie dürfen – anders als dynamische Kletterseile – also keine oder nur geringe Dehnung aufweisen. Wenn dynamische Seile statisch belastet werden und dann entweder reißen oder einer der Ankerpunkte ausbricht, schnellen die Enden wie bei einem Gummiband durch die Gegend und können schwere Verletzungen verursachen. Natürlich muss man auch darauf achten, dass das zu verwendende Seil eine entsprechend hohe Reißfestigkeit aufweist.

Wenn ich ein Seil brauche, nehme ich oft einen **Wurfsack** aus dem Bootssport mit. Damit kann man zum einen das Seil prima auswerfen (zum Beispiel zu einer schwimmenden Person), aber er bietet zum anderen auch gleich einen praktischen Transportsack für das Seil. Stellen Sie sicher, dass Sie eine entsprechend stabile Wurfleine erstehen. Wenn Sie es tatsächlich im Wassersportbereich einsetzen wollen, muss es unbedingt ein schwimmendes Seil sein. In sinkenden Seilen kann man sich unter Wasser verheddern – eine tödliche Falle!

Rettung! Alles gut?

Rettungsmannschaften setzen eine **Vielzahl von Fahrzeugen** und Hilfsmitteln ein. Je nach Region, Terrain und nicht zuletzt Verfügbarkeit werden Motorboote, Luftkissenfahrzeuge, Allradfahrzeuge (ATV), Motorschlitten, Geländewagen, Wasserflugzeuge und natürlich Hubschrauber zur Suche und zur Bergung von Opfern von Notfällen eingesetzt. In der Regel werden sich die Retter Ihnen auf sichere Weise nähern. Folgen Sie immer den Anweisungen des Rettungspersonals.

Wenn Sie mit einem **Motorboot** aus dem Wasser gerettet werden, achten Sie auf den Propeller des Motors. Halten Sie sich unbedingt von diesem gefährlichen Antrieb fern. Versuchen Sie nicht, von hinten in ein Motorboot zu klettern, während der Motor läuft.

Eine besondere Beachtung verdient ein **Hubschrauber** als Rettungsgerät. Von den Rotoren eines Helikopters geht ein erhebliches Risiko aus.

Wenn Sie die Möglichkeiten haben, also entsprechende Kraftreserven aufbringen können, sollten Sie mögliche Stellen zum Landen eines Hubschraubers bereits etwas vorbereiten. Nicht alle Hubschrauber sind zur Aufnahme von Patienten mit einer Seilwinde ausgestattet.

Ein geeigneter **Hubschrauberlandeplatz** sollte mindestens 30 x 30 m groß und möglichst eben sein. Der **Landebereich** und die direkte Umgebung müssen frei von Gegenständen sein, die durch den starken Wind der Rotoren aufgewirbelt werden können. Verstauen Sie Ihre Ausrüstung sicher am Rande der Landezone und binden Sie alle losen Gegenstände fest. Räumen Sie sämtliche Äste und Zweige aus dem Weg. Flächen mit Bewuchs wie etwa Gras oder sehr niedrigen Büschen sind Sand oder feinem Schotter vorzuziehen.

Strom- und Telefonleitungen, Seilverankerungen für Gebäude und Brücken oder ähnliche **gefährliche Hindernisse** sind für einen Piloten aus der Luft nur schwer auszumachen. Markieren Sie solche Objekte, wenn möglich.

Strahlen Sie niemals den Piloten bei der Landung mit einer Lampe an. Strahlen Sie stattdessen lieber sich selbst, weitere Personen oder Hindernisse an und helfen Sie dem Piloten so bei der Orientierung. Befestigen Sie eine **Windfahne** an einer Ecke oder am Rand der Landezone. Die Besatzung des Hubschraubers kann dann die Windverhältnisse am Boden besser beurteilen. Ansonsten **halten Sie Abstand**! Nähern Sie sich auf keinen Fall dem Hubschrauber und bleiben Sie am Rand der Landezone in sicherer Entfernung.

Bei dem eigentlichen Landevorgang drehen Sie dem Hubschrauber den Rücken zu, damit Sie keine Kleinteile in das Gesicht gewirbelt bekommen. Schließen Sie den Reißverschluss Ihrer Jacke und halten Sie Brille und Mütze gut fest oder verstauen Sie sie in einer Tasche.

Wenn der Hubschrauber am Boden ist, können Sie mit dem Piloten aus sicherer Entfernung Augenkontakt aufnehmen. **Nähern Sie sich dem Hubschrauber erst, wenn Sie ausdrücklich dazu aufgefordert wurden**. Die Rotoren eines Hubschraubers sind lebensgefährlich und es hat bereits tragische Unfälle gegeben. Wenn der Pilot zur Näherung auffordert, geht man in der Regel in **gebückter Haltung** von vorne auf den Hubschrauber zu. Heben Sie Ihre Hände nicht über den Kopf.

Niemals dürfen Sie von hinten auf einen Helikopter zugehen. Der Bereich um den Heckrotor ist immer als höchst gefährlich anzusehen.

Es ist besondere Vorsicht geboten, wenn ein Hubschrauber am Hang auf- oder ansetzt. Nun sind die Rotorblatter auf hangwärtiger Seite deutlich näher am Boden. **Gehen Sie niemals bergab auf den Helikopter zu!**

Wenn der Platz dem Piloten nicht als geeignet zur richtigen Landung erscheint, kann es sein, dass Passagiere unter laufendem Motor ein- und aussteigen müssen, während der Hubschrauber über dem Grund schwebt. Springen Sie nicht in oder aus dem Hubschrauber, sondern **bewegen Sie sich langsam** und für den Piloten vorausschaubar. Er muss durch Steuerbewegungen die Gewichtsverlagerungen ausgleichen.

Einige Gegenstände dürfen aus Sicherheitsgründen nicht an Bord eines Hubschraubers mitgenommen werden und müssen in speziellen, außenliegenden Gepäckfächern verstaut werden. Informieren Sie das Rettungsteam, wenn Sie Gaskartuschen, Signalraketen, Pfefferspray, Reizgas oder Schusswaffen und Munition dabeihaben.

Seien Sie bei einer Rettung, egal mit welchen Mitteln, auch darauf vorbereitet, dass Teile Ihrer Ausrüstung, das Kanu, ein Mountainbike usw. eventuell nicht mitgenommen werden können. Packen Sie die wichtigsten Gegenstände in eine kleine Tasche, die Sie mitnehmen können, oder in die Hosen- und Jackentaschen. Seien Sie bereit für die Rettung! Wenn die Rettungsmannschaften anrücken, haben Sie eventuell nur ein paar Minuten, um Ihren Standort zu verlassen. Oft stehen Rettungsoperationen unter zeitlichem Druck, weil die Nacht hereinbricht, das Wetter schlechter wird, der Seegang stärker wird usw.

Haben Sie alle **wichtigen Informationen** für die Rettungstruppen parat, wenn sie eintreffen! Schreiben Sie alles Wichtige vorher auf, wenn Sie Papier und Stift haben.

- ▷ Ihre persönlichen Daten und Kontaktadressen von Verwandten oder Freunden.
- ▷ Was ist genau passiert?
- ▷ Geben Sie Details zu medizinischem Verlauf von Krankheiten und Verletzungen.
- ▷ Wie viele weitere Opfer gibt es?
- ▷ Wo sind die anderen Gruppenmitglieder?

Je mehr wertvolle Informationen Sie parat haben, desto effizienter kann Ihnen und den anderen Opfern geholfen werden.

Bergungstod

An dieser Stelle soll noch auf ein besonderes Phänomen aufmerksam gemacht werden, das als Bergungstod bekannt ist. Es gab Fälle, bei denen der **Tod kurz nach der Rettung** eintrat, obwohl die Opfer auf den ersten Blick gesund und bei vollem Bewusstsein waren. Je nach Art der Notfallbedingungen gibt es verschiedene Erklärungsansätze zu diesen tragischen Ereignissen.

Zum einen werden **Probleme durch Unterkühlung des Körpers** verantwortlich gemacht. Bei fortschreitender Hypothermie zieht der Körper seine warmen Blutreserven in den Körperkern zurück, wodurch die Extremitäten weiter abkühlen. Wenn nun nach der Rettung das kalte Blut wieder in den Kreislauf des Körperkerns geführt wird und es zur Abkühlung des Körperkerns kommt, kann dies zu Herzrhythmusstörungen und schließlich zum Herzstillstand führen.

Die Gründe, wie das kalte Blut zurückfließt, können vielfältig sein. Zum einen wird eine zu schnelle Erwärmung der Extremitäten im Verhältnis zum restlichen Körper angeführt. Zum anderen kann die Art, wie ein beeinträchtigter Körper zum Beispiel durch Retter behandelt wird, eine Rolle spielen. Wird eine unterkühlte Person etwa aus einer liegenden Position zu schnell aufgerichtet oder anderweitig zu grob bewegt, kann es zu solchen Komplikationen kommen. **Hypothermieopfer sollten möglichst liegend und extrem vorsichtig evakuiert werden.**

Zum anderen kann es auch zu Problemen kommen, wenn nach der Rettung der stressbedingte **Adrenalin- und Cortisolschub** nachlässt und der Kreislauf nun nicht mehr durch diese Hormone aufrechterhalten wird.

Dieses Wissen ist wichtig für alle an einer Rettung beteiligten Personen, damit das oder die Opfer entsprechend sorgfältig behandelt werden und auf etwaige Anzeichen schnell reagiert werden kann.

Psychologische Probleme

Nach einem **traumatischen Erlebnis**, etwa einem schweren Unfall, einer lebensbedrohlichen Situation oder wenn Sie Zeuge des Todes eines – eventuell sogar sehr vertrauten – Menschen geworden sind, kann es zu mehr oder weniger schweren psychologischen Problemen kommen. Schuldgefühle, Depressionen, Phobien und posttraumatische Belastungsstörungen (PTBS) sind sicher nur ein paar der möglichen Folgen.

Ich bin mehrmals Zeuge von teilweise schweren Unfällen geworden, ich habe Leichen gefunden, bin Zeuge von Leichenbergungen geworden oder habe selbst als freiwilliger Retter an dem Abtransport von Verstorbenen teilgenommen. Alle diese Fälle waren für mich emotional sehr aufwühlend und sind mir auch nach Jahren noch präsent.

Menschen, die professionell mit solchen Situationen umgehen müssen, wie etwa Polizisten, Rettungssanitäter, Bergwachtler, Feuerwehrleute und Soldaten, bekommen oft von ihren Arbeitgebern psychologische Hilfe angeboten. Man wird sich der gesundheitlichen Folgen von traumatischen Erlebnissen immer mehr bewusst.

Ziehen Sie sich mit dem Erlebten nicht zurück! **Suchen Sie aktiv nach Hilfe und Unterstützung.** Sprechen Sie mit Vertrauenspersonen über das Geschehene und scheuen Sie auch vor professioneller Hilfe nicht zurück.

Manchmal können Rettungsorganisationen Tipps zu potenziellen Ansprechpartnern geben. Der sozialpsychiatrische Dienst der Gemeinde, der Kreises oder der Stadt kann eine Anlaufstelle sein. Aber es gibt natürlich auch jede Menge niedergelassene Psychotherapeuten, die Ihnen bei der mentalen Aufarbeitung des Erlebten eine Hilfe sein können.

Es ist ganz gewiss kein Zeichen von Schwäche, die Unterstützung eines Psychologen oder eines anderen Therapeuten anzunehmen. **Sie haben nichts zu verlieren, könnten aber viel gewinnen!**

Index

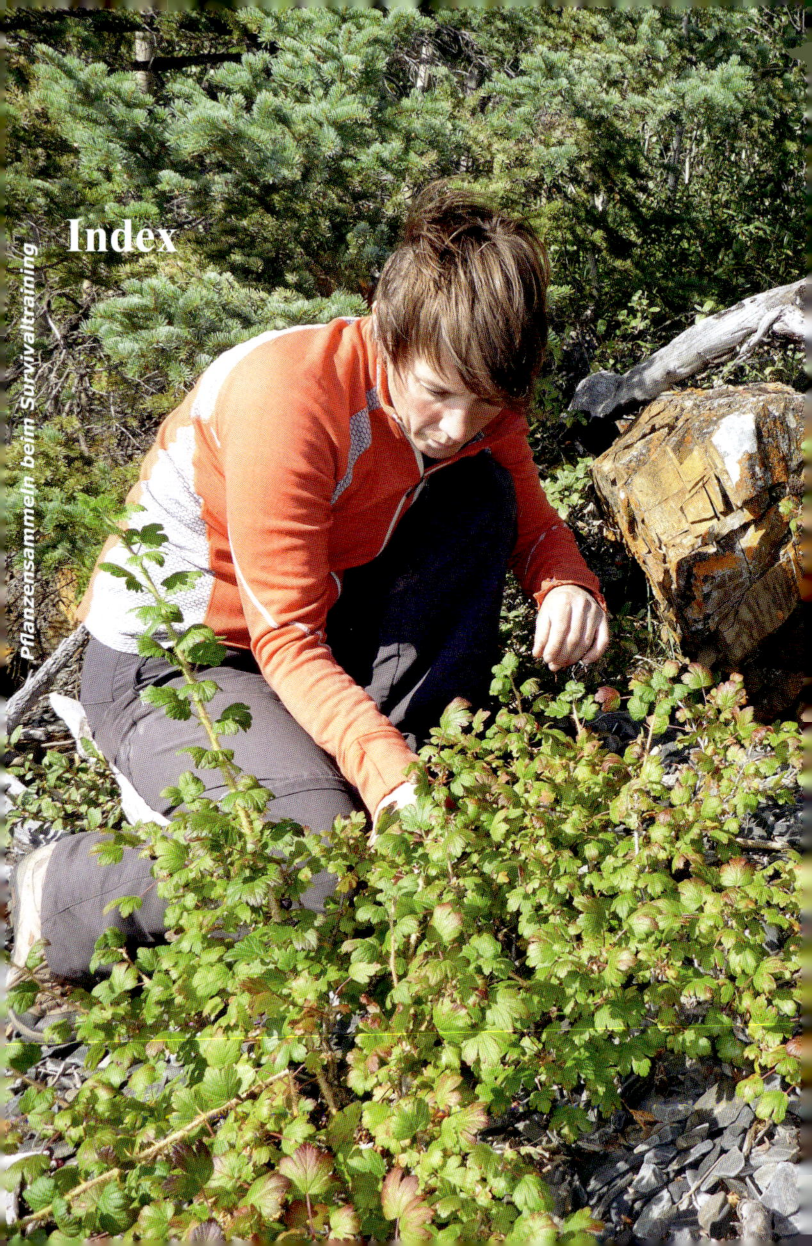

Pflanzensammeln beim Survivaltraining